TEUBNER *kochen | erleben*

DAS TEUBNER

Handbuch Backen

**Zutaten – Backschule
Backrezepte**

DAS TEUBNER

Handbuch Backen

**Zutaten – Backschule
Backrezepte**

Fotografie: Dorothee Gödert und
Teubner Foodfoto

Inhalt

ZUTATEN 6

Mehr als 130 zum Backen relevante Produkte sind hier in Text und Bild beschrieben: von Agar-Agar, einer pflanzlichen Alternative zu Gelatine, über verschiedene Mehle und Mehltypen, die Eigenschaften und Zusammensetzung von Kuvertüre und Schokolade bis hin zu Wissenswertem über Rosenwasser und verschiedene Zuckersorten wie zum Beispiel Demerara-Zucker oder Ursüße.

BACKSCHULE 72

In der praxisnahen Backschule werden alle wichtigen Techniken rund ums Backen beschrieben und in Stepfolgen gezeigt: Die Herstellung von Teigen und Massen wie Baiser, Biskuit, Blätterteig, Brandteig, Hefeteig, Mürbeteig, Pizzateig, Plunderteig, Quark-Öl-Teig, Rührteig und Sauerteig, aber auch die fachgerechte Zubereitung von Füllungen und Glasuren und der richtige Umgang mit Gelatine oder Kuvertüre.

INHALT

BACKREZEPTE 148

	GEBÄCK ZU KAFFEE UND TEE	150
	KUCHEN – KLASSISCH UND MODERN	182
	MIT OBST – TARTES UND TARTELETTS	230
	TORTEN MIT FEINER FÜLLUNG	272
	SÜSSE AUFLÄUFE UND SOUFFLÉS	314
	KALTE KUCHEN UND TÖRTCHEN	334
	PIKANTES AUS DEM OFEN	344
	BROT UND BRÖTCHEN	374

Über 150 Backrezepte für Klassiker von Apfelstrudel bis Windbeutel, zahlreiche moderne Backideen für fruchtige Kuchen und Torten oder süße Aufläufe und Soufflés, für Kuchen, die, ganz ohne Backen zubereitet, besonders schnell fertig sind, sowie Rezepte für Pikantes aus dem Backofen, Brote und knusprige Brötchen.

EXTRA

MASSE UND GEWICHTE	86
BACKFORMEN	98
BACKUTENSILIEN	110
ÜBER DEN TEE	166
KAFFEESPEZIALITÄTEN	176
KÄSEKUCHEN UND VARIANTEN	214
ÜBER DAS MEHL	244
BACKWAREN AROMATISIEREN	292
ITALIENISCHES BROT	386

ANHANG

GLOSSAR	404
REGISTER	408
IMPRESSUM	416

Zutaten
von Agar-Agar bis Zucker

ZUTATEN

Agar-Agar

Das pflanzliche Geliermittel, das aus Rotalgen gewonnen wird, ist in Form von Fäden oder gemahlen im Handel erhältlich. Kennzeichnend ist seine hohe Gelierkraft: 1 Gramm Agar-Agar lässt 100 Milliliter Flüssigkeit schnittfest gelieren.
Verwendung: als pflanzliche Alternative zu → Gelatine zum Andicken und Stabilisieren von cremigen Füllungen und Belägen sowie Gelees und Tortenguss.

Ahornsirup

Das kanadische bzw. nordamerikanische Süßungsmittel wird aus dem Saft des nordamerikanischen Zuckerahorns hergestellt. Ahornsirup hat ein karamellartiges Aroma. Gehandelt wird er in den Kategorien AA bis D, wobei Farbe und Geschmack von A nach D zunehmen – A hat eine helle Farbe und einen milden Geschmack.
Verwendung: klassisch zu Pancakes (Pfannkuchen), Pudding, Eis, als Brotaufstrich, zum Süßen von Teigen und Cremes.

Anis

Das Gewürz wie alle Gewürzsamen am besten im Ganzen kaufen und bei Bedarf frisch vermahlen, denn Anis verliert gemahlen schnell sein lakritzartiges Aroma.
Verwendung: gemahlen oder als ganzes Gewürz zum Würzen von Weihnachtsgebäck, Kuchen und Brot.

Backaromen

Bei → Backaromen (siehe Seite 292 und 293) handelt es sich um künstlich hergestellte oder aus Pflanzen gewonnene Substanzen, die, mit Trägersubstanzen wie Zucker, Stärke, Öl oder Alkohol vermischt, in Röhrchen oder Fläschchen sowie eingeschweißt in Beuteln im Backregal angeboten werden.

Schon geringe Mengen Backaroma auf Ölbasis genügen, um Gebäck den Geschmack von Zitronen, Orangen, bitteren Mandeln, Rum, Arrak oder (Butter-)Vanille zu verleihen.

Backaromen in fester Form sowie Essenzen wie → Vanilleessenz werden teelöffelweise dosiert.

Verwendung: Zum Aromatisieren von Massen, Teigen und Cremes, außerdem für Süßspeisen, Eiscremes, Dessertsaucen sowie warme und kalte Getränke.

ZUTATEN

Backpapier

Statt Backbleche und Backformen zu fetten, kann man sie mit Backpapier be- bzw. auslegen. Bedrucktes Backpapier kann nur von einer Seite benutzt werden, unbedrucktes von beiden. Häufig kann man Backpapier mehrmals benutzen. Das Auslegen von runden Formen fällt leichter, wenn das Backpapier zuvor kräftig zusammengeknüllt und dann glatt gestrichen wird.
Verwendung: Gefettetes Backpapier kann auch zum Bedecken von Kuchen während des Backens verwendet werden.

Backpulver

Ein Backtriebmittel, das aus → Natron, einer Säure und Mineralsalzen besteht. Nach Kontakt mit Feuchtigkeit in Kombination mit Hitze setzt es Kohlendioxid frei und bewirkt dadurch eine Teiglockerung. Kühl und trocken aufbewahrt, hält es sich 6 bis 8 Monate.
Verwendung: Backpulver unter das trockene Mehl mischen. Den Teig nicht zu lange rühren und anschließend sofort backen, sonst verliert das Pulver seine Wirkung. Zu viel Backpulver kann dazu führen, dass das Gebäck nach dem Backen zusammenfällt.

Backtriebmittel → Backpulver, Hefe, Sauerteig

BACKPAPIER – BRICKTEIG

Blätterteig (tiefgekühlt und gekühlt)

Tiefgekühlten Blätterteig gibt es in unterschiedlichen Packungseinheiten; er ist vor allem für Kleingebäck geeignet. Mit ausgerolltem, gekühltem Blätterteig lassen sich Backformen und -bleche leicht auslegen. Bleche und Formen, auf bzw. in denen Blätterteig gebacken wird, mit kaltem Wasser abspülen (anschließend nicht abtrocknen) oder mit Backpapier belegen.
Verwendung: Als Basis für süße und pikante Quiches, Tartes und Teilchen.

Blockschokolade

Blockschokolade, auch Kochschokolade genannt, ist eine einfache Schokolade mit meist hohem Zucker-, aber geringem Kakaoanteil. Im Gegensatz zu → Kuvertüre eignet sie sich nicht zum Überziehen von Gebäck, weil sie nach dem Schmelzen und Abkühlen matt wird.
Verwendung: gehackt oder geraspelt für Plätzchen, Kuchen und Eiscreme, geschmolzen als Zutat für cremige Füllungen, Süßspeisen und Eiscremes.

Brickteig

Diese hauchdünnen Teigblätter stammen aus Nordafrika. Sie werden aus Weizenmehl, Wasser und Salz hergestellt und kommen in Folie eingeschweißt in den Handel. Sie lassen sich durch → Yufka- oder → Filo-Teigblätter ersetzen und können, in mehreren Lagen übereinandergelegt, als Ersatz für → Blätterteig dienen.
Verwendung: Brickblätter lassen sich füllen und zu Päckchen oder Beuteln formen, werden dann gebacken oder frittiert. Schälchen aus Brickteig können süß oder herzhaft gefüllt werden.

Buchweizen

Bei diesen wie Getreide verwendeten, jedoch botanisch nicht zu den Getreidepflanzen gehörenden Körnern handelt es sich um die aromatischen Samen eines Knöterichgewächses.
Verwendung: für Biskuitmassen, Pfannkuchen, Blinis. In Russland kocht man aus geröstetem Buchweizen traditionell »Kascha«, einen Grützbrei; hierzulande verwendet man ihn, vor allem in der Vollwertküche, auch für Teigwaren, Aufläufe, Frikadellen (1 Teil Buchweizen und 2 Teile Wasser mischen; ca. 20 Minuten garen).

Butter

Butter kommt bei uns meist in der charakteristischen Ziegelform oder aber, wie hier zu sehen, als Rolle ins Angebot. Sie wird mit oder ohne Salzzugabe, gesäuert oder ungesäuert hergestellt.
Verwendung: wird wegen ihres feinen Geschmacks als Fett für Massen und Teige sowie als Zutat für Füllungen (Buttercreme) verwendet. Nicht hoch erhitzbar.

Butterschmalz

Butterschmalz oder Butterreinfett ist weitgehend von Eiweiß und Wasser befreite Butter. Es besteht zu über 98 % aus Fett und ist daher hoch erhitzbar. Man kennt dieses Kochfett nicht nur in Europa, sondern auch in Indien (Ghee).
Verwendung: Da es über längere Zeit hoch erhitzt werden kann und einen buttrigen Geschmack hat, ist es ideal zum Frittieren von Gebäck wie Berliner Pfannkuchen und Schmalznudeln geeignet.

Cream cheese

Cream cheese ist ein mild-aromatischer Frischkäse aus Nordamerika mit über 70 % F. i. Tr.; kompakt und feincremig in der Struktur. Er wird auch aufgeschäumt und mit aromatisierenden Zutaten (wie beispielsweise Kräutern) angeboten.
Verwendung: klassische Hauptzutat für den amerikanischen Käsekuchen.

Crème double

Dieses sehr dickflüssige Süßrahmerzeugnis hat einen Fettgehalt von mindestens 42 %. Ursprungsland ist Frankreich, doch inzwischen gibt es hierzulande auch einheimische Erzeugnisse.
Verwendung: für süße und herzhafte Tarte-Füllungen, außerdem für Süßspeisen und Eiscremes, für Dips und Salatsaucen. Sehr gut zum Andicken von heißen Saucen geeignet, weil Crème double hoch erhitzt werden kann, ohne auszuflocken.

Crème fraîche

Die leicht gesäuerte feste → Sahne mit mindestens 30 % Fettgehalt hat einen besonders sahnig-milden Geschmack.
Verwendung: anstelle von süßer Sahne als Beigabe zu Kuchen und Tartes. Eignet sich gut zum Kochen, flockt wegen des hohen Fettgehalts im Gegensatz zu → Sauerrahm nicht aus, wenn sie erhitzt wird; in der »Haute cuisine« zum Verfeinern von Saucen und als Ersatz für Sahne.

Dattel

Die nährstoffreichen Früchte der Dattelpalme kommen überwiegend getrocknet (im Bild) in den Handel. Beste Qualitäten sind süß, weich, saftig und hocharomatisch. Als »frische Datteln« werden Früchte angeboten, die direkt nach der Ernte schockgefroren und so lagerfähig gemacht wurden.
Verwendung: als Süßungsmittel in Backwaren. Zum Rohverzehr – oft mit Schinken oder Käse –, in Obstsalaten, auch in der warmen Küche, etwa in orientalischen Gerichten.

Dinkel

Wird auch Spelz genannt. Robuste alte Getreideart, Vorgänger des → Weizens, im Geschmack würzig aromatisch. Die → Mehltypen (siehe Seite 244) entsprechen denen des Weizenmehls.
Verwendung: eignet sich als Mehl hervorragend zum Backen, im Ganzen für Aufläufe und andere Gerichte aus der Vollwertküche; als Ersatz für Weizen bei Allergien gegen Weizeneiweiß.

Dinkelmehl

Aufgrund seines hohen Glutengehalts ist Dinkelmehl hervorragend zum Backen geeignet. Es ist, wie Weizenmehl, in unterschiedlichen Ausmahlungsgraden erhältlich. Vollkorndinkelmehl hat ein ausgeprägt nussiges Aroma.
Verwendung: zum Backen von süßem und pikantem Gebäck anstelle von Weizenmehl verwenden.

Eier

Ob zur Lockerung, Stabilisierung oder Bindung – kaum ein Backrezept kommt ohne Eier aus. Was sie zu einer so wichtigen Zutat macht, ist die leichte Trennbarkeit von Eigelb und Eiweiß sowie deren unterschiedliche Eigenschaften, die Sie sich beim Backen gezielt zunutze machen können.

Eiweiß und Dotter
Eiweiß oder Eiklar besitzt ein gutes Schaumbildungsvermögen, erhöht den Lockerungsgrad von Massen und Teigen und vermag während des Backens die Lockerungsgase gut festzuhalten. Zudem enthält es Glanzstoffe, die zur Verschönerung des Backguts beitragen.
Eigelb hingegen emulgiert aufgrund seines hohen Lecithingehaltes sehr gut, was vor allem fett- und zuckerreichen Massen oder Cremes zugute kommt – sie wären ohne Eigelbbindung vielfach undenkbar. Zudem macht Eigelb Gebäck mürbe und trägt zur Geschmacksverbesserung bei. Der schönen Farbe wegen bestreicht man Backgut oft mit verquirltem Eigelb, bevor es in den Ofen kommt.

Lagerung
Eier sind empfindliche Lebensmittel, da durch ihre poröse Schale Gerüche oder Bakterien ins Innere gelangen können. Die richtige Lagerung ist daher für die Qualität von entscheidender Bedeutung. Grundsätzlich sollte man Eier kühl (8 bis 10 °C) und bei hoher Luftfeuchtigkeit aufbewahren, am besten in einem Spezialfach im Kühlschrank, weit entfernt von stark riechenden Lebensmitteln. So gelagert, halten sich Eier in der Schale 3 bis 4 Wochen. Aufgeschlagen sind ganze Eier 2 Tage haltbar, Eigelb,

EIER

Schwimmtest: Sinkt ein Ei in einem Glas voll Wasser zu Boden, ist es frisch. Die Luftkammer des Eies ist sehr klein.

Bei einem etwa 7 Tage alten Ei ist die Luftkammer schon größer, das Ei richtet sich mit dem stumpfen Ende nach oben auf.

Schwimmt das Ei im Wasser, ist die Luftkammer noch größer – ein Zeichen dafür, dass das Ei mindestens 5 Wochen alt ist.

mit Wasser bedeckt, ebenfalls 2 Tage und Eiklar 14 Tage. Gefrorene Eimasse hält sich bis zu 4 Monate. Werden zum Backen, etwa für Baisers, sehr frische Eier benötigt, sollten Sie einen der beiden beschriebenen Tests durchführen, denn von außen sehen Sie einem Ei nicht an, wie frisch es wirklich ist.

Frischetests

Beim Schwimmtest (oben) bleibt das Ei unversehrt. Frische Eier verursachen beim Schütteln kein Geräusch. Generell gilt: Je älter das Ei, umso mehr Flüssigkeit verdunstet durch die poröse Schale. Dadurch wird die Luftkammer größer und das Ei leichter. Nach 2 bis 3 Wochen steht es beim Schwimmtest nahezu auf der Spitze, später schwimmt es ganz oben. Beim Aufschlagtest (Seite 16 oben) werden Dotter und Eiklar betrachtet. Mit zunehmendem Alter wird der Dotter flacher, das Eiklar verliert an Spannung und fließt auseinander.

Größenunterschiede

In den Rezepten dieses Buches wird von Eiern mit einem Durchschnittsgewicht von 60 g ausgegangen (Gewichtsklasse M). Bei sehr kleinen oder sehr großen Eiern muss man eventuell eines mehr oder weniger rechnen als angegeben.

Eier-Stempel

Aus welcher Haltungsweise und aus welchem Land ein Ei stammt, lässt sich von außen nicht erkennen. Als Orientierungshilfe wurde deshalb ein Stempel entwickelt, der jedes Ei innerhalb der EU kennzeichnet.

Der Stempel gibt Auskunft über die Haltungsweise der Hühner:
0 = Ökologische Erzeugung
1 = Freilandhaltung
2 = Bodenhaltung
3 = Käfighaltung
und informiert, aus welchem Mitgliedsstaat das Ei kommt:
AT = Österreich; **BT** = Belgien; **DE** = Deutschland; **DK** = Dänemark; **FR** = Frankreich; **IT** = Italien; **NL** = Niederlande

Fenchelsamen

Die in den Blütenständen des Fenchels reifenden Samen haben eine intensive Anisnote.
Verwendung: Brot- und Einmachgewürz; Zutat in Gewürzsäckchen für Suppen und Eintöpfe. Gemahlen sind Fenchelsamen Bestandteil vieler Gewürzmischungen.

Filoteig

Diese dünnen Teigblätter stammen aus Griechenland. Sie ähneln in Aussehen und Verwendung → Brick- und → Yufka-Teigblättern. Wie diese trocknen sie schnell aus und müssen daher ständig feucht gehalten werden. Zum Backen müssen Filoblätter mit Fett bestrichen werden, damit sie nicht austrocknen.
Verwendung: für süßes und herzhaftes Gebäck, bespielsweise gefüllte Teigtaschen; als gebackene Förmchen.

Fondant

Für diese Zuckerglasur wird Zucker mit Wasser dick eingekocht und anschließend tabliert, also auf einer Marmorplatte mit einem Palettmesser ausgestrichen und wieder zusammengeschoben, bis sie kalt und cremeweiß ist. Zum Überziehen von Gebäck muss Fondant über dem heißen Wasserbad erwärmt werden, damit er nicht bricht.
Verwendung: zum Überziehen von Kuchen, Torten u. a. Gebäck.

ZUTATEN

Frischkäse

Frischkäse
So werden Käse bezeichnet, die unmittelbar nach der Herstellung, ohne weitere Reifung, angeboten werden. Quark, Ricotta, Fromage blanc sind die bei uns bekanntesten Frischkäsesorten.
Verwendung: beim Backen als Zutat für Teige oder als Basis von Füllungen und Belägen. Magerquark kann in Mürbeteig einen Teil des Fettes ersetzen.

Körniger Frischkäse
Er ist oft auch unter der Bezeichnung Hüttenkäse im Handel. Wegen der besonderen Art der Herstellung, des nochmaligen Erhitzens des zerkleinerten Käsebruchs, besteht dieser Frischkäse aus kleinen weichen Körnern.
Verwendung: Ähnlich wie Frischkäse als Basis von Füllungen und Belägen beispielsweise für Käsekuchen.

Gelatine

Weiße Gelatine
Ausgangssubstanz für Gelatine ist Kollagen. Weiße Gelatine bietet sich als Geliermittel für helle Cremes und Flüssigkeiten an. Wie die rote Gelatine, so ist auch die weiße als Blätter sowie gemahlen als Pulver im Handel. Zudem wird sie als Instantgelatine angeboten. Diese muss zum Auflösen nicht erhitzt werden und kommt deshalb häufig zum Stabilisieren von Sahnemischungen und Cremes für Torten, Tartes und Desserts zum Einsatz.

Rote Gelatine
Die Farbe entsteht durch Färbemittel. Welches verwendet wurde, muss auf der Packung angegeben sein.
Rote Gelatine bietet sich für die Verwendung in Torten- und Tartefüllungen sowie Süßspeisen mit roten Beeren und/oder Kirschen an.
Bei roter und weißer Gelatine entspricht 1 Päckchen Pulvergelatine 6 Blättern Gelatine. Diese Menge reicht für 500 ml Flüssigkeit. Soll die Speise gestürzt werden, sind 8 Blatt Gelatine nötig.

ZUTATEN

Gewürznelke

Gewürznelken sind die getrockneten Blütenknospen des Nelkenbaums. Sie haben einen scharfen Geschmack und verströmen einen zartaromatischen, blumigen Duft.
Verwendung: gemahlen und ganz vielseitig verwendbar für Gebäck, Kompott und Desserts, für Suppen und Saucen, Wild-, Fisch-, Fleisch- und Gemüsegerichte.

Grieß

Weichweizengrieß
Er wird meist aus der Weizensorte Vulgaris hergestellt.
Verwendung: überwiegend für Süßspeisen und Kuchenfüllungen.
Hartweizengrieß
Er wird aus Durum-Hartweizen hergestellt.
Verwendung: ideal für Teigwaren.
Dinkelgrieß
Schmeckt kräftig nussig, kann statt Weizengrieß verwendet werden.
Verwendung: für Grießschnitten, Süßspeisen, süße und herzhafte Aufläufe.

Maisgrieß
Klassische Verwendungsart ist die Zubereitung von Polenta, einer traditionellen italienischen Beilage. In den USA ist Maisbrot sehr beliebt. Dieses wird oft statt in einer herkömmlichen Form in einer Eisenpfanne gebacken. Zum Backen muss Maisgrieß mit Weizenmehl gemischt werden, weil Maiskörner nur geringe Mengen Gluten (Klebereiweiß) enthalten.

Grünkern

Grünkern nennt man halbreif geerntete, entspelzte, gedarrte → Dinkelkörner. Würziger, leicht rauchiger Geschmack. Er ist als Korn, geschrotet und als Mehl erhältlich.
Verwendung: gemahlen für Brote; als ganzes Korn für Suppen und Eintöpfe, als Getreidebeilage – Garzeit im gequollenen Zustand etwa 40 Minuten, geschrotet für Getreidebratlinge.

Grünkernmehl

Wird aus halbreif geerntetem Dinkelkorn hergestellt. Für Kuchen sollte Grünkerngrieß mit etwas Flüssigkeit zu einem Brei gekocht werden. Nach dem Abkühlen wird dieser zum Teig hinzugefügt.
Verwendung: für herzhafte Backwaren, Aufläufe und Bratlinge besonders geeignet.

Hafer

Flocken
Haferflocken werden durch Quetschen der gedämpften gedarrten Körner (siehe das folgende Stichwort) hergestellt. Kleinblatt-Haferflocken (im Bild) werden aus grob zerteilten Körnern hergestellt. Haferflocken aus dem ganzen Korn sind dreimal so groß und sind zudem nicht so zart.

Korn
Hafer gedeiht in allen gemäßigten Klimazonen auch auf relativ armen Böden. Er ist das Getreide mit dem höchsten Fettgehalt und ist daher nur sehr begrenzt lagerfähig. Der Fettanteil ist allerdings auch für den nussigen und leicht fruchtig-süßen Geschmack des Hafers verantwortlich.

Mehl
Hafermehl hat den nussigen Geschmack des ganzen Korns, ist aber wegen des hohen Fettanteils nicht lange haltbar.
Verwendung: als Zumischmehl für Brote und anderes Gebäck; für Nudelteig; für Suppen in der Diätküche u. a.

Hefe

Hefen sind Pilze, die Kohlendioxid bilden. Daher eignet sich Hefe als Backtriebmittel, denn Kohlendioxidbläschen lockern den Teig. Frische Hefe (im Bild links) kommt meist zu Würfeln gepresst in den Handel. Trockenbackhefe (im Bild rechts) ist schonend getrocknete und damit haltbar gemachte frische Hefe. Sowohl frische als auch Trockenhefe reagiert anfangs sehr empfindlich auf Hitze. Wird ein Teig bzw. Vorteig mit zu heißer Flüssigkeit angerührt, sterben die Hefepilze, und der Teig geht nicht auf. Im Idealfall hat die Flüssigkeit in etwa Körpertemperatur, also 37 °C.
Je länger man einen Teig gehen lässt, desto geringer ist die erforderliche Hefemenge.

Verwendung: für schlichte, nicht zu schwere Teige, die im Ofen gebacken (Hefekranz), aber auch gedämpft (Germknödel), gekocht (Klöße) oder frittiert (Plundern) werden können. Zudem für Brote und Brötchen; für süße Stuten; für Obstkuchenböden; für Pizza.

Hagelzucker → Zucker
Haselnüsse → Nüsse

Hirschhornsalz

Das Backtriebmittel zerfällt beim Erhitzen in Kohlendioxid, Ammoniak und Wasser.
Verwendung: Hirschhornsalz eignet sich nur für flache Backwaren wie Spekulatius, Springerle, Amerikaner oder Lebkuchen. Bei hohem Gebäck kann das Ammoniak nicht entweichen, der Geschmack des Gebäcks wird beeinträchtigt.

Hirse

Das anspruchslose Getreide stammt aus den Gebirgslagen Zentral- und Ostasiens und ist nach wie vor in vielen Gegenden des Nahen und Fernen Ostens Grundnahrungsmittel.
Verwendung: Einige Hirsesorten liefern backfähige Mehle. Ansonsten kann man die kleinen Körner mit dem mild-würzigen Geschmack im Ganzen wie Reis pikant und süß zubereiten.

Honig

Honig hat eine höhere Süßkraft als Zucker. Er ist dickflüssig und klar, wird im Lauf der Zeit fester. Blütenhonig ist weniger süß und dunkler und hat ein kräftigeres Aroma als Waldhonig. Stammt Honig überwiegend von einer bestimmten Pflanzenart, handelt es sich um einen Sortenhonig mit charakteristischer Farbe und typischem Geschmack. Prinzipiell eignet sich jeder Honig zum Backen. Ob Wald-, Blüten- oder Sortenhonig, hängt von Gebäck und Geschmack ab.

Ingwer

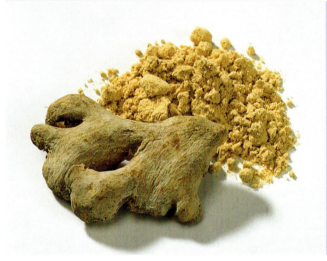

Frischer Ingwer, der Wurzelstock einer in Asien heimischen, schilfähnlichen Pflanze. Beim Kauf auf pralle Stücke mit glatter und glänzender Haut achten. Frischen Ingwer bekommt man auch in Essig (japanisch) sowie in Sirup (chinesisch) eingelegt. Im Bild die getrocknete Wurzel sowie das daraus gemahlene, sehr scharfe Pulver, das auch zum Würzen von süßem Gebäck geeignet ist.

Joghurt

Joghurt wird aus Kuhmilch, aber auch aus Schaf- oder Ziegenmilch hergestellt. Die Milch wird mit säuernden Bakterienkulturen versetzt und eine Zeit lang sanft erhitzt, bis sie dickgelegt ist. Joghurt wird mit unterschiedlichem Fettgehalt angeboten, u. a. gibt es Sorten aus Magermilch sowie solche mit höherem Fettgehalt, etwa griechischen Sahnejoghurt.

Kakao

Sorte und Verarbeitung der Kakaobohnen bestimmen maßgeblich die Qualität des daraus hergestellten Produkts, also des Kakaos und der Schokolade.

Grundmasse
Die Kakaobohnen werden nach der Ernte zunächst fermentiert, das heißt, sie gären, bis sie ihre Keimfähigkeit verloren haben, schokoladenbraun sind und das typische Kakao-Aroma aufweisen. Anschließend werden die Bohnen getrocknet, geröstet, aufgebrochen und von den Schalen befreit. Alles, was dann übrig bleibt, wird fein vermahlen. Dabei entsteht die glänzend-braune Kakaomasse, weil die in den Bohnen enthaltene Kakaobutter beim Zermahlen schmilzt und sich mit den weiteren Bestandteilen mischt.
Kakaomasse ist die wichtigste Zutat für die Herstellung von Kakaopulver, Kakaobutter und schließlich auch für → Schokoladen beziehungsweise → Kuvertüren aller Art. Je höher der Kakaomasseteil ist, desto bitterer schmeckt Schokolade.

Kakaopulver
Kakaopulver gewinnt man, indem der Kakaomasse Kakaobutter entzogen wird. Je nachdem, wie viel Fett noch im Pulver verblieben ist, unterscheidet man zwischen stark und schwach entölten Kakaos. Bevor das Pulver in den Handel kommt, wird es zunächst meist noch einem speziellen Verfahren unterzogen, das den Geschmack mildert und die Löslichkeit verbessert – ansonsten würde Kakaopulver in Flüssigkeiten einfach an der Oberfläche schwimmen.

Kandierte Früchte

Appetitlicher im Aussehen bleiben Früchte, die man in Zucker konserviert. Deshalb sind Belegkirschen oder Stückchen von anderen kandierten Früchten als Dekoration für Kuchen und Torten so beliebt. Aber auch als Backzutat zum Mitbacken, gut im Teig versteckt, eignen sich kandierte Früchte aller Art hervorragend, der beliebte Königskuchen (Rezept siehe Seite 186) ist ein gutes Beispiel dafür. Zu den bekanntesten kandierten Früchten zählen → Orangeat und → Zitronat.

Herstellung
Das frische, makellose Obst wird zunächst in eine Zuckerlösung eingelegt. Diese wird immer wieder abgegossen, aufgekocht und erneut hinzugefügt. Dadurch steigt der Zuckeranteil in der Lösung. Während des gesamten Verfahrens wird nach und nach die Zellflüssigkeit des Obstes durch Zuckerlösung ersetzt. Sobald die gewünschte Zuckerkonzentration erreicht ist, lässt man die Früchte oder die Fruchtstücke abtropfen. Wichtig ist, das kandierte Obst trocken zu lagern, da sonst wieder Wasser in die Zellen gelangt. Die kandierten Früchte würden weich werden und möglicherweise sogar schimmeln.
Im spezialisierten Fachhandel erhalten Sie unterschiedlichste kandierte Früchte wie Orangen, Zitronen, Ananas, Papaya und Ingwer in großen Stücken bzw. Scheiben, die Sie nach Rezept zerkleinern können. Häufig wird zwischen schwach und stark kandiert unterschieden – je stärker kandiert eine Frucht ist, desto süßer ist sie.

ZUTATEN

Kardamom

Unreif geerntete Samenkapseln einer Staudenpflanze, die anschließend getrocknet werden. Feines, süßlich scharfes Aroma mit säuerlichen und bitteren Anklängen. Die Samen kommen auch als Pulver in den Handel.
Verwendung: gemahlen für Backwaren und als Bestandteil von Lebkuchengewürz. Mit grünen Kardamomkapseln kann Tee zubereitet werden. In arabischen Ländern würzt Kardamom Kaffee. Kapseln und Samen kommen an viele indische Gerichte.

Kartoffelstärke

Kartoffelstärke, auch Kartoffelmehl genannt, ist eine der in Europa gängigsten Sorten von Speisestärke. Sie ist vielseitig verwendbar und bindet Flüssigkeiten bereits weit unter dem Siedepunkt (ca. 70 °C). Kartoffelstärke muss mit kalter Flüssigkeit verrührt werden, bevor sie in heiße Flüssigkeit gegeben wird. Gebäck wird lockerer, wenn man etwa ein Drittel des Mehles durch Kartoffelmehl ersetzt.

Kefir

Ein Sauermilchprodukt, aus Kuhmilch hergestellt, durch einen zugesetzten Hefepilz sauer vergoren. Kefir ist genussreif, wenn sich der Becherdeckel zu wölben beginnt. Er hat einen erfrischenden, leicht prickelnden Geschmack. Sahnekefir enthält 10 % Fett und »Kefir mild« ist frei von Alkohol – der Alkoholgehalt in Kefir beträgt ansonsten etwa 0,5 %.
Verwendung: ähnlich wie Joghurt.

Kokosfett

Reines hartes Kokosfett in Plattenform, das sehr lange haltbar und durch die Würfelform portionierbar ist.
Verwendung: für alle Zubereitungsarten, bei denen Fett hoch erhitzt wird (zum Beispiel bei Fondue), insbesondere auch zum Frittieren.

Kokosraspel und Kokoschips

Für Kokosraspel wird das getrocknete Fruchtfleisch der Kokosnuss fein zerkleinert. Mischt man Kokosraspel mit heißem Wasser und drückt sie anschließend in einem Tuch aus, erhält man Kokosmilch. Kokoschips sind gehobeltes getrocknetes Fruchtfleisch der Kokosnuss; werden sowohl naturbelassen als auch geröstet angeboten.
Verwendung: als aromatisierende Backzutat (Kokosmakronen) und zum Dekorieren von Kuchen und Torten.

Konfitüre

Der Begriff Konfitüre bezeichnet laut Gesetz im Handel befindliche Fruchtzubereitungen aus Kern- und Steinobst. Zubereitungen aus Zitrusfrüchten müssen → Marmelade genannt werden.
Verwendung: für Füllungen und Glasuren.

Koriandersamen

Die kugeligen Früchte des Korianders sind herbwürzig mit süßlichem Nachgeschmack und besonders in der orientalischen und fernöstlichen Küche ein häufig verwendetes Gewürz.
Verwendung: beliebt als Brotgewürz; gemahlen Bestandteil von Lebkuchengewürz. Passt, im Ganzen mitgekocht, in Currys, zu Fleisch, Geflügel, Fisch, Gemüse und Pasteten; gemahlen zu Salaten, Würsten, Saucen, Chutneys.

Krokant

Für Krokant wird Karamell (mit oder ohne Butter hergestellt) mit zerkleinerten Nüssen, Mandeln oder anderen Samen angereichert. Die heiße Masse wird ausgebreitet und nach dem Abkühlen gehackt oder zerbrochen.
Verwendung: für die Dekoration von Torten, als Bestandteil von Cremes oder als Konfekt.

Kuvertüre

Kuvertüre unterscheidet sich von Tafelschokolade durch einen höheren Fettgehalt. Bei Kuvertüren ist der Gehalt an Kakaomasse in exakten »Formeln« angegeben, weil die Zusammensetzung auch etwas über die Verwendungsmöglichkeiten aussagt. Aus diesen lassen sich die Mengenverhältnisse der einzelnen Bestandteile ablesen. So hat etwa extrabittere Kuvertüre die Formel 70/30/38 – die erste Zahl nennt den Prozentsatz an Kakaomasse, die zweite den an Zucker und die dritte schließlich den Gesamtfettgehalt. Die nicht ganz so bittere »Universalkuvertüre« hat die Formel 60/40/38. Je höher der letzte Wert ist, desto flüssiger wird eine Kuvertüre, wenn man sie auf dem Wasserbad temperiert. Schließlich kann Schokolade auch ganz ohne Kakaomasse hergestellt werden, nur aus Kakaobutter, Zucker und Milchpulver: Das ergibt die »weiße« Schokolade oder »weiße« Kuvertüre.

Kuvertüre, → Kakaopulver und → Schokolade sollten kühl, trocken und vor allem fern von stark aromatischen Lebensmitteln lagern, denn sie nehmen leicht fremde Aromen an. Angebrochene Kuvertüreblöcke oder Schokoladetafeln deshalb am besten sorgfältig in Folie wickeln. Bittere Kuvertüresorten halten sich auf diese Weise bis zu 15 Monate, Milchkuvertüre und weiße Kuvertüre- und Schokoladensorten nur etwa 10 Monate.

Korinthe → Rosine

ZUTATEN

Lebensmittelfarben

Im Handel sind Lebensmittelfarben in flüssiger Form und als Paste (z. B. Zuckerschrift). Alternativ kann man zum Färben von Lebensmitteln auf natürliche Substanzen wie Rote-Bete-Saft, Spinat oder Safran zurückgreifen.
Verwendung: zum Färben von Glasuren und Decken, beispielsweise aus Marzipan; zum Ersetzen von durch Erhitzen und Konservieren verloren gegangenen natürlichen Farben.

Lebkuchengewürz

Diese traditionelle Gewürzmischung besteht meist aus Zimt, Gewürznelken, Piment, Koriander, Ingwer, Kardamom und Muskat (Nuss oder Blüte).
Verwendung: für Lebkuchen; zum Aromatisieren von anderen Teigen und Massen sowie Getränken; für pikante Gerichte mit orientalischer Note.

Leinsamen

Kleine längliche, flache, braune Samen der Lein- bzw. Flachspflanze. Aus ihnen wird Leinöl gewonnen. Die gekeimten Leinsamen sind besonders reich an hochwertigen Stoffen.
Verwendung: Vor allem in bestimmten Brotsorten ist Leinsamen gebräuchlich, gekeimt dient er als Zutat für Salate.

LEBENSMITTELFARBEN – MAISSTÄRKE

Maismehl

Für Maismehl werden die Körner feiner gemahlen als für Maisgrieß (siehe auch → Grieß). Weil Maismehl relativ wenig Gluten (Klebereiweiß) enthält, muss es für Gebäck mit kleberhaltigem Mehl aus Weizen oder Dinkel gemischt werden.
Verwendung: zum Beispiel für Maisbrot und Maistortillas.

Maisstärke

Maisstärke ist in der Lebensmittelindustrie die meistverwendete Stärke – etwa für Pudding- und Saucenpulver. Sie ist geschmacksneutral und sorgt für eine glatte Bindung; kann für süße und herzhafte Zubereitungen eingesetzt werden.
Verwendung: kann bei Gebäck zum Teil das Mehl ersetzen; zum Binden von Suppen und Saucen; für Pudding, Cremes, Süßspeisen; für Maisbrei.

Limette → Zitrusfrüchte
Macadamianuss → Nüsse

ZUTATEN

Mandeln

Biologisch gesehen, sind Mandeln ein Steinobst wie Pfirsiche oder Aprikosen. Die Mandel ist der Kern der Frucht des Mandelbaums. In dessen Schale befinden sich längliche flache Nüsse mit dünner dunkelbrauner Haut und hartem, gelblich weißem Fruchtfleisch. Man unterscheidet süße Mandeln, Bittermandeln und Krachmandeln.

Süße Mandeln
Sie schmecken mild, aromatisch und leicht süß. Sie werden überwiegend geschält angeboten und roh oder geröstet verzehrt. Oder man gibt sie an Teige und Massen, Süßigkeiten (→ Marzipan), aber auch an herzhafte Gerichte, insbesondere aus der orientalischen und indischen Küche.

Bittermandeln
Sie werden in geringen Mengen an Backwaren und Süßigkeiten gegeben. Übermäßiger Rohverzehr hat schwere gesundheitliche Folgen: Bittermandeln enthalten nämlich viel Amygdalin; aus dem im Körper Blausäure ensteht. Nach dem Backen oder Kochen können Bittermandeln jedoch problemlos verzehrt werden, da Amygdalin durch Hitze zerstört und somit unwirksam wird.

Krachmandeln
Sie verdanken ihren Namen der dünnen, leicht brechbaren Steinschale. Aussehen und Geschmack entsprechen dem der süßen Mandel.

MANDELN

Ganze, blanchierte Mandeln sind eine beliebte Dekoration für Kuchen und Kleingebäck.

Mandelstifte sind wie ganze Mandeln eine passende Dekoration für Kuchen und Kleingebäck.

Halbierte Mandeln sind die klassische Dekoration für Lebkuchen oder Makronentorten.

Gehackte Mandeln können in Teige geknetet oder unter Füllungen gezogen werden; auch für Krokant.

Gehobelte Mandeln (Mandelblättchen) werden geröstet zum Bestreuen von Kuchen und Torten verwendet.

Gemahlene Mandeln sind häufiger Bestandteil von Teigen oder Massen, oft zusammen mit → Marzipan.

M ZUTATEN

Margarine

Streichfähige Wasser-in-Öl-Emulsion aus Fetten und Ölen vorwiegend pflanzlicher Herkunft.
Verwendung: als Aufstrichfett, zum Braten, Backen, Dünsten.
Diätmargarine hat einen höheren Wasser- und damit geringeren Fettanteil. Sie ist zum Kochen und Braten nicht geeignet.

Marmelade

Handel und Werbung dürfen den Begriff Marmelade ausschließlich für Fruchtzubereitungen aus Zitrusfrüchten verwenden. Ausnahmen gelten EU-weit für Österreich, Dänemark und Griechenland. Dort dürfen Fruchtzubereitungen aus anderem Obst wie Kirschen, Erdbeeren u. ä. den Namen Marmelade führen, sofern sie nicht für den Export bestimmt sind.
Verwendung: wie → Konfitüre.

Marzipan

Bei der Herstellung von Marzipan, ursprünglich eine arabische Spezialität, kommt man mit wenigen Zutaten aus: Nur Mandeln, Zucker und traditionell ein Schuss Rosenwasser sind dafür nötig. In Reformhäusern und Naturkostläden findet man darüberhinaus Marzipan, das mit Honig zubereitet ist.

Persipan wird nicht aus Mandeln, sondern aus Aprikosenkernen hergestellt. Es ist weniger hochwertig und daher billiger.

Das Selbstherstellen guter Qualitäten ist schwierig, da die Mandeln dazu fein gewalzt, also zerrieben werden müssen. Daher greift man am besten auf fertige Produkte zurück.

Zum Backen und für Konfekt benötigt man jedoch meist kein fertiges Marzipan, sondern die Rohmasse, die in Packungen mit 150 g oder 200 g angeboten wird. Sie muss noch mit der jeweils im Rezept angegebenen Menge an Puderzucker und eventuell einem Schuss Alkohol verknetet, »angewirkt«, werden. Dabei gilt: Je mehr Puderzucker, desto spröder wird die Masse. In der Vorweihnachtszeit ist häufig auch bereits angewirktes und eingefärbtes Marzipan, etwa für Dekorationszwecke, im Handel.

ZUTATEN

Mehl

Sorten und Typen

Mehl besteht größtenteils aus Stärke, doch unterscheiden sich die einzelnen Sorten in ihrem Gehalt an Eiweiß (Protein) erheblich. Wie gut sich ein Mehl zum Backen eignet, hängt stark von seinem Gehalt an Gluten, dem sogenannten Klebereiweiß, ab. Es sorgt dafür, dass sich im Teig eine Art Gerüst ausbildet, in dem sich die durch Triebmittel erzeugten Gasbläschen festsetzen. So entsteht die Teigporung und dadurch eine lockere Krume. Weizenmehl ist reich an Gluten und besonders gut zum Backen von lockeren Gebäcken geeignet.

Damit Gluten seine Wirkung gut entwickeln kann, müssen Mürbteige vor der Verarbeitung ruhen und Hefeteige eine Weile kräftig durchgeknetet werden. Außer Weizenmehl kann auch Roggenmehl pur verbacken werden, dann allerdings mit Sauerteig als Triebmittel, doch für alle übrigen Getreide empfiehlt es sich, sie mit Weizenmehl zu mischen.

Typenvielfalt

Der Mehlgeschmack hängt von der Getreidesorte und vom Ausmahlungsgrad des Mehles bzw. von der Type ab (→ Alles über Mehl, Seite 244): Je höher die Typenzahl, desto dunkler ist die Farbe und desto höher der Gehalt an Mineral-, Ballast- und Geschmacksstoffen. Zum Backen von Brot und Vollkorngebäck eignen sich hoch ausgemahlene Mehle wie Weizenmehl Type 1799 oder Roggenmehl Type 1800, für Feingebäck Weizenmehl Type 405. Mehl ist geruchsempfindlich. Es sollte luftig und trocken aufbewahrt werden. Bei langer Lagerung kann es ranzig werden. Mehle mit niedriger Typenzahl halten sich länger als solche mit hoher Typenzahl.

MEHL

Weizenmehl Type 405. Gängigste Mehlart zur Herstellung von Kuchen, Gebäck und Teigwaren.

Weizenmehl Type 550. Höher ausgemahlenes Mehl als Type 405, was auch an der dunkleren Farbe erkennbar ist.

Weizenvollkornmehl. Geeignet zur Herstellung von Vollkornbackwaren aller Art.

Roggenmehl Type 1370. Hoch ausgemahlenes, nahezu vollwertiges Mehl. Eignet sich gut zum Brotbacken.

Milch

Milch ist eine wichtige Zutat für viele Teige und Massen. Sie ist reich an lebenswichtigen Stoffen wie Eiweiß, Mineralstoffen und Vitaminen. Als »Milch« (ohne weiteren Zusatz) darf hierzulande nur Kuhmilch verkauft werden; Milch von Büffeln, Schafen, Ziegen oder anderen Tieren muss entsprechend gekennzeichnet sein.

Milchreis

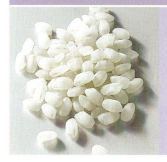

Ein Rundkornreis mit mildem Geschmack. Seine Körner sind besonders stärkereich.
Verwendung: Rundkornreiskörner eignen sich hervorragend für Süßspeisen wie Milchreis. Mit Ei vermengt, können sie als Füllung oder Belag auf Teigböden gegeben werden.

Mohn

Die ölhaltigen runden, blaugrauen oder cremeweißen Samen des Schlafmohns schmecken angenehm nussig.
Verwendung: Schwarzer Mohn (im Bild) ist ganz oder gemahlen in Mitteleuropa zum Bestreuen von Brotgebäck sowie für Beläge und Füllungen von Kuchen und süßem Kleingebäck beliebt. Im Handel erhältlich sind backfertige Mohnmischungen.

Muskatnuss

Muskatnüsse mit ihrer netzartigen Oberfläche stecken in harten Schalen, die jedoch von den Nüssen im Handel meist bereits entfernt sind (im Bild hinten). Muskatnüsse haben ein angenehm süßbitteres Aroma.
Verwendung: wird fast ausschließlich gerieben verwendet. Man würzt damit nicht nur Suppen, Saucen, Gemüse, Fisch, Fleisch, Wurst und Teigwaren, sondern auch Backwaren und Süßspeisen.

Natron

Die chemisch korrekte Bezeichnung für Natron ist Natriumhydrogencarbonat. Es ist Bestandteil von → Backpulver, kann aber auch allein als Backtriebmittel verwendet werden, da es bei Temperaturen über 50 °C instabil wird und sich unter anderem teigtreibendes Kohlendioxid bildet.
Verwendung: als Backtriebmittel für Rührteige wie Muffins.

Nougat

Der bei uns handelsübliche Nougat wird auch Gianduia genannt. Es handelt sich um eine Masse aus gerösteten Haselnüssen, Zucker und Schokolade.
Verwendung: für Trüffelmassen, Tortenfüllungen, Pralinen.

In Frankreich bezeichnet der Begriff Nougat eine Süßigkeit aus Nüssen, die ohne Schokolade hergestellt wird (Türkischer Honig).

Nüsse

Allgemeines

Nüsse liefern wichtige Nährstoffe sowie physiologisch wertvolle Öle. Gerade wegen dieser Öle, die auch für das milde Aroma und den feinen Geschmack verantwortlich sind, werden Nüsse leicht ranzig, wenn sie zu lange aufbewahrt werden. Nüsse sollten kühl, trocken und luftig und am besten nach Sorten getrennt gelagert werden. Das Aroma von Nüssen ist besonders fein, wenn man sie kurz vor dem Verbrauch frisch knackt.

Ob man von Nusskernen dann noch die hautähnliche Schale entfernt, ist eine Frage des Geschmacks und der Optik. Geschält sind Nusskerne heller und schmecken etwas milder. Haselnüsse (→ Seite 46) am besten im Ofen rösten, anschließend lässt sich das dünne Innenhäutchen mit einem Küchentuch leicht abreiben.

Kauft man Nüsse und → Mandeln zum Backen bereits geschält, sollte man unbedingt ungesalzene Kerne wählen, es sei denn, sie sollen als Dekoration für salziges Gebäck verwendet werden. Auf jeden Fall gilt es, die Qualität und Frische gründlich zu prüfen: Nur ein einziger ranziger Nuss- oder Mandelkern kann einen ganzen Kuchen verderben.

ZUTATEN

Nüsse

Cashewnuss

Cashewnüsse sind die Samen des Kaschuapfels. Sie kommen meist geschält und geröstet in den Handel.

Erdnuss

Die Erdnuss (die botanisch zu den Hülsenfrüchten zählt) stammt aus Amerika, ist aber bei uns schon lange eine der beliebtesten Nussarten.

Haselnuss

Haselnüsse schmecken kräftiger als Mandeln und harmonieren im Geschmack besonders gut mit Schokolade.

Macadamia

Die Macadamianuss, die ursprünglich aus Australien stammt, hat von allen Nüssen die härteste Schale. Sie hat einen sehr hohen Fettgehalt und einen milden Geschmack.

NÜSSE

Paranuss

Die dreikantigen, relativ weichen Nüsse wachsen wild in einigen Ländern Südamerikas. Ihr weißer Kern schmeckt ähnlich wie Mandeln.

Pinienkerne

Die cremefarbenen Pinienkerne (Pignoli) sind süßlich im Geschmack und recht ölhaltig.

Pistazien

Gehackte Pistazien sind dank ihrer leuchtend grünen Farbe eine ideale Dekoration, besonders für Kuchenbeläge aus Schokolade.

Walnuss

Vom Walnussbaum werden nicht nur die Nüsse geschätzt. Die Blätter werden in der Naturmedizin verwendet, die fleischigen grünen Hüllen der Nüsse sind ein natürliches Färbemittel.

Oblaten

Backoblaten sind dünne Platten aus ungesäuertem Mehlteig. Sie werden ohne Zugabe von Triebmitteln zwischen Heizplatten gebacken. Sie sind rund und eckig in verschiedenen Größen im Handel.
Verwendung: als Unterlage für Makronen, Lebkuchen oder Konfekt; auf Obstkuchenböden gelegt, verhindern sie das Durchweichen.

Orangeat

Bei Orangeat handelt es sich um die kandierten Schalen von Bitterorangen (Pomeranzen). Sie werden im Ganzen oder gewürfelt angeboten. Ganze Stücke sind aromatischer, weil die ätherischen Öle länger erhalten bleiben.
Verwendung: klassische Anreicherung für Christstollenteig und diverses anderes Weihnachtsgebäck.

Orange → Zitrusfrüchte

Orangenblütenwasser

Orangenblütenwasser wird meist aus den Blütenknospen der Bitterorange (Pomeranze) gewonnen. 3 Kilogramm Knospen ergeben etwa 5 Liter Orangenblütenwasser. Man kann es u. a. in Apotheken und Bioläden kaufen.
Verwendung: zum Aromatisieren von Gebäck, Cremes, Glasuren, Speiseeis.

Piment

Erinnert im Aroma an Gewürznelken, Zimt und Muskat: kräftig im Geschmack und von gewisser Schärfe – daher auch sein deutscher Name Nelkenpfeffer.
Verwendung: ganz und gemahlen für Backwaren und Desserts, zum Einlegen, für Chutneys, für Fisch- und Fleischgerichte, zum Würzen von Wurstwaren.

Pinienkerne → Nüsse

ZUTATEN

Pflanzenöl

Öle eignen sich als Fett für Hefeteige gut. Aber auch für Mürbe- oder Rührteige kann Butter oder Margarine durch Öl ersetzt werden. Der Teig erhält dadurch allerdings ein anderes Aroma.
Verwendung: Zum Fetten von Formen eignen sich Butter und neutrale Pflanzenöle. Bei Teigen mit hohem Fettanteil ist das Fetten der Form nicht nötig.

Pottasche

Das körnige, geruchlose Pulver besteht aus Kaliumcarbonat. Dieses Backtriebmittel unterscheidet sich von → Backpulver durch das Fehlen saurer Bestandteile.
Verwendung: Pottasche verwendet man vor allem für flaches Gebäck, das lange gelagert wird, etwa Lebkuchen und Honigkuchen.

Pistazien → Nüsse

PFLANZENÖL – RICOTTA

Quark

Der → Frischkäse aus gesäuerter Milch, in Österreich Topfen genannt, kann in beliebigen Fettstufen hergestellt werden: Die gebräuchlichsten sind Magerquark sowie Quark mit 20 % und 40 % F. i. Tr. Im Bild Magerquark, er enthält unter 10 % F. i. Tr. Der Eiweißgehalt ist im Vergleich dazu sehr hoch, deshalb ist die Masse fest und eher krümelig-trocken als cremig.
Verwendung: Quark kann einen Teil Fett in Mürbeteigen ersetzen; als Belag bzw. Füllung von Käsekuchen.

Ricotta

Wird aus Molkeneiweiß hergestellt. Er wird sowohl frisch (→ Frischkäse) als auch luftgetrocknet und gesalzen, teilweise auch geräuchert angeboten.
Ricotta aus Schafmolke hat oft einen höheren Fettgehalt als Ricotta aus Kuhmilch und ist cremig.
Verwendung: wie Quark und → Frischkäse.

Puderzucker → Zucker

ZUTATEN

Roggen, Korn

Nach dem Weizen das zweitwichtigste Brotgetreide in Europa; im Geschmack herzhaft-würzig.
Verwendung: das ganze Korn – über Nacht eingeweicht und etwa 1½ Stunden gegart – für herzhafte Getreidegerichte und Füllungen. Die Flocken eignen sich für Müslimischungen (Verwendung von Schrot und Mehl → Roggenschrot).

Roggenschrot

Schrot wird allgemein relativ grob gemahlenes Getreide genannt. Im Bild Vollkorn-Roggenschrot der Type 1800.
Roggenmehl ist feiner zerkleinert. Im Handel als Vollkornvariante und höher ausgemahlen, allerdings stets grauer als → Weizenmehl.
Verwendung: Schrot für rustikale (Sauerteig-)Brote und Roggenmischbrote, eingeweicht auch für Müsli; Roggenmehl für feinere Brötchen und für Brotfladen.

Rosenwasser

Rosenwasser ist ein Nebenprodukt der Destillation von Rosenblüten. Dabei schwimmt das wertvolle Öl auf dem Destillat. Rosenwasser bekommt man im türkischen Lebensmittelgeschäft, in der Apotheke und im Bioladen.
Verwendung: zum Aromatisieren von Füllungen, Süßspeisen und → Marzipan; in der orientalischen Küche auch als Gewürz für herzhafte Speisen.

Rosinen

Rosine

Die getrockneten Weinbeeren werden vor der Weiterverarbeitung häufig in Saft, Alkohol oder Wasser eingeweicht.
Verwendung: Zutat für Rosinenbrötchen und -brot, Christstollen, Apfelkuchen.

Korinthe

Für die kleinbeerigen, kernlosen, stets ungeschwefelten dunklen Weinbeeren sind Griechenland und die Türkei die Hauptproduzenten.
Verwendung: wegen des kräftigen und herben Aromas gut für Schmorgerichte geeignet.

Sultanine

Sultaninen heißen nur die getrockneten (kernlosen) Sultana- oder Thompson-Trauben. Sie sind ebenso wie die kleinen dunklen Korinthen stets ungeschwefelt.
Verwendung: für Gebäck, Desserts, Schmorgerichte.

Rosinen ist der Oberbegriff für getrocknete Weinbeeren verschiedener Rebsorten. Die Beeren werden reif geerntet und in Sonne oder Schatten getrocknet, bis ihr Feuchtigkeitsgehalt nur noch etwa 15 bis 25 % beträgt. Der Fruchtzuckergehalt beläuft sich dann auf etwa 60 %.

Damit die helle Farbe der Trauben erhalten bleibt, werden Rosinen oft mit schwefliger Säure gebleicht. Sie sollten dann nur gegart verzehrt werden. Die meisten im Handel befindlichen Rosinen stammen aus der Türkei, Australien, den USA und Südafrika.

Weinbeeren, die am Weinstock trocknen, werden als Zibeben bezeichnet. Aus ihnen wird in trockenen Erntejahren traditionell Süßwein (Trockenbeerenauslese) hergestellt.

Roggenmehl → Mehl

Safran

Bei dem kostbarsten Gewürz überhaupt handelt es sich um die leuchtend orangefarbenen Narbenfäden einer Krokusart. Echter Safran hat feine, borstige Fäden. Helle Stellen können ein Hinweis auf eine Fälschung sein. Echter Safran bewirkt selbst in starker Verdünnung noch eine intensive Gelbtönung. Er schmeckt leicht süßlich, honigartig und zartbitter. **Verwendung:** zum Färben und Würzen von Teigen, Massen und Füllungen.

Sahne

Wird auch als Rahm bezeichnet. Durch Abschöpfen oder Zentrifugieren gewonnener fetthaltiger Anteil der Milch. Enthält mindestens 10 % und bis zu 60 % Fett. Ist erst ab einem Fettgehalt von etwa 25 % schlagbar. Zum Mitkochen (ohne Ausflocken) eignet sich Sahne ab etwa 30 % Fett. Sahne ab 40 % Fett kommt als → Crème double in den Handel. (Weitere Informationen unter → Sauerrahm und → Crème fraîche.)

Salz

Sole- bzw. Speisesalz wird durch Verdampfung aus in Wasser gelöstem Steinsalz und anschließender Raffination gewonnen. Meersalz entsteht bei der Verdunstung von Meerwasser. Die ersten feinen Kristalle, die an die Wasseroberfläche steigen, gelten als das hochwertigste Salz (Fleur de sel).
Verwendung: Auch süße Massen und Teige profitieren geschmacklich von der Zugabe von etwas Salz.

Sauerrahm

Wird auch saure Sahne genannt. Sauerrahm ist mehr oder weniger stark mit Milchsäurebakterien gesäuerte → Sahne. Im Handel gibt es Produkte mit Fettgehalten zwischen 10 und 40 %. (Weitere Informationen unter → Crème fraîche und → Schmand.)
Verwendung: für Rührteige; zum Verfeinern von kalten und warmen Gerichten.

Sauerteig

Sauerteig entsteht ohne weitere Zusätze aus den in Mehl und Luft vorhandenen Essig- und Milchsäurebakterien sowie wilden Hefen, wenn man dem Mehl warmes Wasser zusetzt. Sauerteig wird als Backtriebmittel für Roggenteige benötigt, denn er hemmt die im Roggenmehl enthaltenen, ein stabiles Klebergerüst verhindernden Enzyme. Er ist als Fertigprodukt erhältlich, kann aber aus Roggenmehl und Wasser auch selbst angesetzt werden (benötigt 3 bis 5 Tage Gärzeit, für bestimmte Brotsorten sogar bis zu 2 Wochen).

Schmand

Ein → Sauerrahm mit einem Fettgehalt von 24 % Fett. Schmand ist stichfest und lässt sich hoch erhitzen. Er flockt dabei wegen seines relativ hohen Fettgehalts nicht aus. (Weitere Informationen siehe unter → Crème fraîche und → Sauerrahm.)
Verwendung: für Kuchenbeläge (Schmandkuchen); zum Verfeinern von Saucen und Cremes.

ZUTATEN

Schokolade

Sorten

Wie bitter, herb und kräftig eine Schokolade schmeckt, hängt von ihrem Kakaogehalt ab. Je höher dieser ist, desto aromatischer ist die Schokolade. Bei hohem Zuckeranteil ist der Kakaogeschmack der Schokolade am wenigsten ausgeprägt. Die Zugabe von Milch oder Sahne verleiht einer Schokolade eine milde Note und einen zarten Schmelz.

Milchschokolade
Sie hat einen Kakaoanteil von bis zu 48 %. Milchschokolade ist süß, ihr Kakaogeschmack nicht sehr ausgeprägt.

Zart- oder Halbbitterschokolade
Diese Schokoladensorte enthält mindestens 50 % Kakaomasse und weist eine leicht bittere Geschmacksnote auf.

Bitterschokolade
Weist einen Kakaoanteil von mindestens 60 % auf. Ihr Geschmack ist kräftig, bitter und – bei sehr hohem Kakaoanteil – oft leicht säuerlich.

Weiße Schokolade
Sie enthält keine Kakaomasse. Deshalb fehlt ihr das typische Schokoladenaroma. Der Zuckeranteil bei weißer Schokolade beträgt etwa 55 %. (Weitere Informationen siehe unter → Kakao und → Kuvertüre.)

SCHOKOLADE

Raspel

Geraspelte Schokolade gibt es aus Vollmilch-, Zartbitter- und weißer Schokolade. Sie eignet sich nicht nur als rasche Dekoration, sondern auch als optische und geschmacksgebende Komponente für Kuchen und Plätzchen.

Streusel

Die feinen süßen Schokoladenstreusel haften gut auf Massen und Cremes. Man wälzt deshalb vorzugsweise z. B. Rumkugeln, Trüffel und Pralinen darin. Außerdem eignen sie sich gut zum Garnieren von Torten, Kuchen und Süßspeisen.

Tropfen

Schokoladentropfen schmelzen bei Hitze nicht, deshalb werden sie für Cremes, Massen und Teige verwendet, in denen die Schokoladenstücke nach dem Backen noch sichtbar sein sollen.

Ornamente

Zum Verzieren von Torten sind Ornamente aus Schokolade ideal. Kontrastreich sind dunkle Ornamente auf hellem Untergrund (z. B. auf Sahnetupfen), Ornamente aus weißer Schokolade auf dunklem Untergrund (z. B. auf einer dunklen Schokoladendecke).

Schokoladenfettglasur

Sie wird auch als Kakaoglasur bezeichnet. Erhitzen über dem heißen Wasserbad macht die feste Masse streichfähig. Damit Schokoladenfettglasur gut schmilzt und nach dem Trocknen schön glänzt, hat sie einen hohen Anteil an pflanzlichem Fett und häufig auch Butterreinfett.
Verwendung: zum Überziehen von Torten und süßem Kleingebäck.

Sesam

Brauner Sesam
Diese Samen einer Ölpflanze werden auch als Indischer Sesam bezeichnet. Brauner Sesam ist wie auch der schwarze immer ungeschält und schmeckt intensiv nussig. Geschält sind beide Sorten cremefarben und milder. Rösten verstärkt das Aroma.
Verwendung: zum Bestreuen von Gebäck; für → Krokant. Grundzutat für viele orientalische, auch indische und afrikanische Gerichte und Würzmischungen.

Schwarzer Sesam
Die Pflanze gehört zur selben Art wie der braune Sesam (siehe oben), sie entwickelt aber dunkle Samen von etwas erdigem Geschmack.
Verwendung: zum Bestreuen von Fladenbroten; für asiatische/exotische Gerichte, wird z. B. in Japan geröstet über Reisgerichte gestreut.

SCHOKOLADENFETTGLASUR – SIRUP

Sirup

Zuckerrübensirup
Erhält man durch Einkochen von Rübenschnitzeln. Dabei entsteht die typische dunkle Farbe.
Verwendung: als Brotaufstrich und zum Süßen von dunklen Teigen und Massen.

Melasse
Wird auch (Zucker-)Rübenkraut genannt. Dickflüssiger Zuckersirup, der bei der Zuckerherstellung als Nebenprodukt anfällt.
Verwendung: als Brotaufstrich; zum Süßen von Backwaren.

Heller Zuckerrüben- oder -rohrsirup
Heller Rübensirup wird aus Fruchtzucker, Traubenzucker und Saccharose hergestellt. Heller Zuckerrohrsirup wird aus frischem Zuckerrohr gewonnen und nicht raffiniert. Beide Sorten schmecken leicht nach Karamell.
Verwendung: als Brotaufstrich; zum Süßen von Teigen.

ZUTATEN

Sonnenblumenkerne

Die Samen der Sonnenblume sind recht fettreich und schmecken nussig. Das Aroma lässt sich verstärken, indem man die Sonnenblumenkerne ohne Fett in einer Pfanne röstet, bis sich ihr Duft entfaltet.
Verwendung: zum Anreichern von Brot- und Kuchenteigen; zum Bestreuen von süßem und herzhaftem Gebäck; für Müslis, Müsliriegel, Salate.

Sternanis

Sternanis sind die holzigen Früchte eines immergrünen Baumes, der in Südostasien und der Karibik verbreitet ist. Jedes Segment der sternförmigen Früchte enthält einen Samen mit dezentem süßlichem Aroma.
Verwendung: für Currygerichte, Pickles; ist Bestandteil des Fünf-Gewürze-Pulvers; auch zum Aromatisieren von Tees.

Tortenguss

Tortengusspulver ist in Tütchen im Handel. Der Inhalt wird mit Saft angerührt und auf dem den Tortenboden bedeckenden Obst verteilt. Das Pulver besteht aus Stärke und weiteren Verdickungsmitteln. Rotes Tortengusspulver wird mit Cochenillerot gefärbt. Bio-Tortenguss verdankt seine Farbe anderen natürlichen Substanzen.
Verwendung: Schützt Früchte auf Tortenböden vor dem Austrocknen, sorgt für Schnittfestigkeit und verleiht dem Gebäck attraktiven Glanz.

Trockenfrüchte

An der Luft getrocknet oder gezuckert bzw. in Honig eingelegt: Dass, so behandelt, viele Früchte auch noch lange nach ihrer Saison zur Verfügung stehen können, weiß man schon von alters her. Für beide Konservierungsmethoden eignen sich jedoch nur vollreife und makellose Früchte. Trocknen lassen sich viele Kern- und Steinobstsorten, aber auch Feigen oder Bananenscheiben und, das bekannteste Beispiel von allen, Weintrauben.

Kleinere Früchte bleiben zum Trocknen meist ganz. Äpfel, Aprikosen oder Pfirsiche dagegen werden in Ringen, Schnitzen oder Scheiben getrocknet. Wo das Klima dies zulässt, kann das Trocknen in der Sonne geschehen. In den großen Anbaugebieten in Australien oder in Kalifornien errichtet man dafür eigene Trockenkammern.
Manche Obstsorten werden zusätzlich mit Schwefeldioxid behandelt, um Verfärbungen zu vermeiden. Vor Gebrauch kocht man geschwefelte Trockenfrüchte am besten ab und schüttet das Kochwasser weg; in der Vollwertbäckerei, bei der Trockenfrüchte als natürliches Süßungsmittel beliebt sind, werden ausschließlich ungeschwefelte Sorten verwendet. Diese müssen nur kurz gewaschen werden.

Trockenhefe → Hefe

ZUTATEN

Vanille

Vanilleschote

Vanilleschoten sind die unreif gepflückten und anschließend fermentierten Schoten einer tropischen Orchideenart. Erst durch die Fermentation entstehen die dunkle Farbe und das typische Aroma. Die in der Schote befindlichen Samen sind von einer öligen Flüssigkeit umgeben, die sehr viel Aroma liefert. Daher werden die Vanilleschoten aufgeschlitzt, und das Mark wird herausgeschabt, um es an Cremes, Massen, Teige und Süßspeisen zu geben.

Doch auch in der Schote befinden sich extrem viele Aromastoffe. Aus diesem Grund lässt man in Flüssigkeiten für Vanillecremes, -puddings und -saucen, beispielsweise in Milch, die ausgeschabte Schote mitkochen und entfernt sie vor der Weiterverwendung der Flüssigkeit.

In der klassischen Küche ist das Aroma der Vanille süßen Speisen und süßem Gebäck vorbehalten. In der neuen Küche gibt man Vanille auch an herzhafte Gerichte, würzt beispielsweise Fisch- und Geflügelgerichte damit. Denn ohne Zugabe von Zucker hat Vanille einen aromatisch-scharfen Geschmack, der bei vielen pikanten Speisen die zugrunde liegende Süße unterstreicht, wie bei Geflügelleber, Jakobsmuscheln, Wild oder Kaninchen.

Vanilleessenz

Im Handel in kleinen Flaschen erhältlich. Nicht zu verwechseln mit Vanillearoma (→ Backaromen). Für Vanilleessenz bzw. -extrakt wird aus den Vanilleschoten das Aroma mittels Alkohol extrahiert.
Verwendung: zum Aromatisieren von Teigen und Massen, Cremes und Süßspeisen. Vanilleessenz teelöffelweise an Teige, Massen, Cremes, Süßspeisen usw. geben.

Vanillezucker (Bourbon)

Ob es sch bei der in Tütchen angebotenen Zucker-Vanille-Mischung um »richtigen« Vanillezucker handelt, erkennt man daran, dass beim Bourbon-Vanillezucker das Vanillemark als schwarze Pünktchen zu erkennen ist. Sehr fein gemahlener Vanillezucker zeichnet sich durch eine leicht bräunliche Farbe aus.
Verwendung: zum Aromatisieren von Teigen und Massen, Cremes und Süßspeisen.

Vanillinzucker

Der in der Vanilleschote vorhandene Aromastoff Vanillin kann auch künstlich erzeugt werden. Vanillinzucker wird genauso verwendet wie → Vanillezucker.

ZUTATEN

Weinstein

Weinstein ist das Salz einer organischen Säure, die früher Bestandteil jedes Backpulvers war. Heute ist sie nur noch in Bio-Backpulvern. Weinstein wird außerdem z. B. zum Säuern von Brause- und Puddingpulver sowie von Süßwaren genutzt.

Weizen

Die meisten Backwaren bei uns werden mit Weizenmehl hergestellt. Weizen enthält viel Gluten (Klebereiweiß), das für das Gelingen eines Gebäcks fast unverzichtbar ist. Das zum Backen übliche → Weizenmehl ist das der Type 405 (sehr fein), Weizenmehl der Type 550 eignet sich für Feingebäck, aber auch für Weißbrot. (Weitere Informationen unter → Mehl.)
Verwendung: zum Backen. Vorgegarte ganze Weizenkörner (als Fertigprodukt im Handel) lassen sich wie Risottoreis zubereiten.

Vollkornmehl → Mehl
Walnuss → Nüsse

Weizenkleie

Weizenkleie weist den höchsten Gehalt an Vitaminen und Mineralstoffen auf. Wird meist mit Mehl gemischt.
Verwendung: Anreicherung von Teigen und Massen; für Müslis und Müsliriegel.

Weizenmehl

Vermahlene Weizenkörner.
Verwendung: Weizenmehl wird überwiegend zur Herstellung von Kuchen, Gebäck und Teigwaren verwendet. Zudem dient es zum Binden von Saucen. (Weitere Informationen unter → Mehl.)

Weizengrieß → Grieß

ZUTATEN

Yufka

Die hauchdünnen türkischen Teigblätter werden in runder, dreieckiger oder rechteckiger Form in türkischen Lebensmittelläden oder gut sortierten Supermärkten angeboten.
Verwendung: Yufkablätter können herzhaft oder süß gefüllt werden; mit ihnen kann auch eine Art Blätterteig hergestellt werden, indem die einzelnen Blätter mit Fett oder einer Joghurt-Fett-Mischung eingepinselt übereinandergeschichtet werden. (Weitere Informationen unter → Brickteig und → Filoteig.)

Zimt

Im Bild rechts der feinere Ceylonzimt. Er ist relativ hell, sehr dünn und zerbrechlich. Links die von einer anderen Pflanze stammende, im Geschmack brennend würzige Kassiarinde, auch Cassia oder Chinesischer Zimt genannt. Sie ist dunkler und dicker. Ganz rechts gemahlener Zimt.
Verwendung: passt hervorragend zu Äpfeln und Zwetschen, an Weihnachts- und Hefegebäck und an süße Milch- und Grießspeisen, auch zu Lamm, Wild und Fisch.

YUFKA – ZITRUSFRUCHTSCHALEN

Zitronat

Zitronat wird nicht aus gewöhnlichen Zitronen, sondern aus den Schalen der dickschaligen, hocharomatischen Zedratzitronen hergestellt. Zitronat kommt, wie → Orangeat, im Stück oder bereits gewürfelt in den Handel. Der Vorteil der großen Stücke, auch wenn man sie noch selbst zerkleinern muss: Sie sind viel aromatischer, da bei ihnen die in der Schale enthaltenen ätherischen Öle länger erhalten bleiben.

Zitrusfruchtschalen

Durch Zugabe von Zitrusfruchtschalen kann man Gebäck, Süßspeisen und herzhaften Gerichten ein intensives Zitrusaroma verleihen, weil die Schalen ätherische Öle, aber im Gegensatz zum Fruchtfleisch keine Säure enthalten. Die weiße Innenhaut muss zuvor entfernt werden, da sie bitter schmeckt.

Zitrone → Zitrusfrüchte

ZUTATEN

Zitrusfrüchte

Herkunft und Sortenvielfalt

Zitrusfrüchte gibt es ganzjährig. Sie werden vorwiegend frisch gegessen, aber auch zu Saft und Konserven verarbeitet und zum Aromatisieren von Teigen und Massen verwendet.

Orangen und Mandarinen
Apfelsinen bzw. Orangen unterteilt man in Gewöhnliche Orangen, Navel-, Blut- und Zuckerorangen; Letztere haben bei uns keine Bedeutung. Navelorangen sind kernlos und eignen sich besonders gut zur Saftgewinnung. Bei Mandarinen unterscheidet man Gewöhnliche Mandarine, Satsuma und King-Mandarine sowie die in den USA beliebte Tangerine. Alle Mandarinen lassen sich leicht schälen, haben wenig Kerne und ein zartes Fruchtfleisch.

Pampelmuse und Grapefruit
Die Pampelmuse ist die größte Zitrusfrucht mit bis zu 25 cm Umfang und bis zu 6 kg Gewicht. Im Handel sind jedoch vor allem Grapefruits, eine Zufallskreuzung aus Pampelmuse und Orange. Schale und Fleisch sind je nach Sorte hellgelb (herber und bitterer im Geschmack) bis rosarot.

Kumquat und Bergamotte
Kumquats und ihre Hybriden sind mit nur etwa 4 cm Länge die Minis unter den Zitrusfrüchten. Sie schmecken hervorragend und eignen sich zudem gut als Dekoration auf Salaten und Desserts. Weitere Zitrusfrüchte sind Pomeranzen, die man allerdings nicht roh essen kann (sie werden zu Orangenmarmelade verarbeitet), sowie die Bergamotte, aus deren Schalen man ein ätherisches Öl zum Aromatisieren von Getränken, Tee (z. B. Earl Grey), Tabak und Parfüm gewinnt.

ZITRUSFRÜCHTE Z

Limette

Wird auch Tahiti-Limette genannt. Die mittelgroßen, delikaten, kernlosen Früchte sind dünnschalig und beinahe doppelt so saftig wie Zitronen. Meist unbehandelt auf dem Markt.

Mandarine

Die bekannte japanische Mandarinenart wird vor allem in Ostasien und in Spanien kultiviert.

Orange

Saft und/oder Fruchtfleisch passen in pikante und süße Saucen, Cremes, Gebäck; man stellt daraus Konfitüre und Eis her. Die Schalen unbehandelter Früchte dienen als aromatisierende Zutat zu Süßem und Pikantem und als Garnitur.

Zitrone

Zitronen werden weltweit in den Subtropen angebaut. Im Gegensatz zu anderen Zitrusarten können Zitronenbäume das ganze Jahr über blühen und fruchten. Verwendung: Schale und Saft würzen Massen und Teige, Cremes sowie pikante und süße Speisen.

Zucker

Sorten

Zucker wird in den verschiedensten Formen aus Zuckerrüben und Zuckerrohr sowie in den Farben Weiß und Braun angeboten.

Brauner Zucker, auch Farinzucker genannt, ist nicht vollständig gereinigter (raffinierter) Rohzucker, dem noch braune Melasse anhaftet. Dieser Zucker enthält somit mehr Bräunungsstoffe und dadurch ein stärkeres und karamelliges Aroma gegenüber dem völlig gereinigten weißen Zucker (der Raffinade). Zum Süßen von gewürztem dunklem Gebäck schätzt man das Aroma des braunen Zuckers; für Feingebäck wird jedoch weißer Zucker eingesetzt. Weißer wie brauner Zucker kommen in unterschiedlicher Körnung in den Handel.

Zum Backen wählt man am besten eine recht feinkörnige Sorte, denn je kleiner die Zuckerkristalle sind, desto besser lösen sie sich auf und verbinden sich mit dem Teig.

Ob brauner oder weißer Zucker, alle Sorten müssen kühl und trocken aufbewahrt werden, denn Feuchtigkeit lässt jeden Zucker klumpen.

ZUCKER

Kristallzucker

Er ist die erste Stufe von reinem Zucker, der aus Zuckerrüben durch Extraktion und Kristallisation gewonnen wird. Als Raffinade bezeichnet man Zucker, der nochmals aufgelöst und kristallisiert wird; er ist noch reiner und hochwertiger.

Puderzucker

Für Puderzucker wird Raffinade so fein gemahlen, dass die Kristalle mit bloßem Auge nicht mehr sichtbar sind. Er eignet sich besonders gut für Biskuit und Plätzchen und wird zum Bestauben von Gebäck sowie für Zuckerguss verwendet.

Ursüße

Wird auch Vollrohrzucker oder Succanat genannt. Ursüße ist ein nicht raffinierter Zucker aus getrocknetem Zuckerrohrsaft. Sie hat einen hohen Gehalt an Mineralstoffen und wird deshalb besonders gern in der Vollwertküche verwendet.

Demerara-Zucker

Der grobkörnige Rohrzucker ist rotbraun und hat einen karamellartigen Geschmack. Es gibt ihn auch in Würfelform. Demerara-Zucker ist vielseitig verwendbar, beispielsweise zum Backen oder für Desserts, auch zum Süßen von Heißgetränken.

Backschule
von Baiser bis Zuckerdekorationen

Teige
und Massen

Baisermasse

Nur aus Eiweiß und Zucker, eventuell noch mit ein wenig Speisestärke, wird die im Grunde einfachste Masse überhaupt zubereitet, die Baisermasse, auch Mering(u)emasse genannt. Aus ihr können feine Schäumchen zum puren Verzehr ebenso gemacht werden wie knusprigsüße Böden für Torten oder Schalen für Törtchen, luftige Hauben für Obstkuchen oder zarte Dekorationen.

Die Zubereitung einer Baisermasse ist nicht weiter aufwendig, doch gibt es einige hilfreiche Tipps für sicheres Gelingen. So sollten alle verwendeten Utensilien – Schüssel, Schneebesen, Quirle von Handrührgerät oder Küchenmaschine – absolut fettfrei sein. Entscheidend ist auch das saubere Trennen der Eier. Läuft auch nur ein bisschen Eigelb in das Eiweiß, ist Letzteres für eine Baisermasse nicht mehr zu gebrauchen. Am besten schlagen Sie die Eier deshalb einzeln über einer Tasse auf. Der verwendete Kristallzucker sollte möglichst fein sein, damit sich die Kristalle gut auflösen. Der Eischnee ist steif genug geschlagen, wenn er schnittfest ist. Das heißt, sobald kleine Spitzen stehen bleiben, wenn Sie den Schneebesen aus dem steif geschlagenen Eiweiß herausheben.

Gebacken werden Baisers bei relativ niedriger Temperatur im vorgeheizten Backofen. Wie hoch die Temperatur ist, hängt davon ab, ob die Schäumchen weiß bleiben sollen (das dauert bei 120 °C etwa 3 Stunden) oder ob sie bräunen und dabei einen Karamellgeschmack entwickeln sollen (bei 150 °C nach Sicht backen – kontrollieren Sie unbedingt bereits nach 1 Stunde!). Lassen Sie während des Backens in jedem Fall die Backofentür einen Spaltbreit offen: dafür einen Kochlöffel in die Backofentür klemmen, damit die Feuchtigkeit abziehen kann.

Aromatisieren können Sie eine Baisermasse mit Kaffee, Schokolade, gemahlenen Nüssen oder Alkoholika.

Eier trennen

Das Ei an einer scharfen Kante aufschlagen und mit dem Daumen aufbrechen. Das Eiklar in eine saubere, fettfreie Schüssel laufen lassen.

Den Dotter mehrmals von einer Schalenhälfte in die andere gleiten lassen. Dabei darauf achten, dass die Dottermembran nicht verletzt wird.

BACKSCHULE

Baisermasse zubereiten

Entscheidend für das Gelingen einer Baisermasse ist, neben fettfreien Gerätschaften, die Frische der Eier (siehe Seite 17). Eiweiße lassen sich mit einem Schneebesen oder mit dem elektrischen Handrührgerät zu steifem Schnee schlagen.

Grundrezept: Baisermasse

4 Eiweiße
125 g feiner Zucker
100 g gesiebter Puderzucker
15 g Speisestärke

Außerdem
Backpapier für das Blech

Mit dem Schneebesen herstellen

Die Eiweiße in eine fettfreie Schüssel geben. Zuerst mit dem Schneebesen ganz ohne Zucker aufschlagen, dann so lange weiterschlagen, bis der Eischnee locker und weiß ist. 100 g Zucker auf ein Blatt Papier schütten und unter Schlagen einrieseln lassen, nach und nach den Rest mit dem Puderzucker zufügen. Die Speisestärke vorsichtig unterziehen. Die Baisermasse in beliebiger Form auf ein mit Backpapier belegtes Blech spritzen. Im vorgeheizten Ofen entweder bei 120 °C oder bei 150 °C (je nach Angabe im Rezept) backen.

Mit dem Handrührgerät herstellen

Bereitet man eine Baisermasse mit dem Handrührgerät oder der Küchenmaschine zu, zunächst auf kleinster Stufe beginnen, dann nach und nach die Drehzahl steigern. Solange der Zucker einrieselt, wieder auf die kleinste Stufe zurückschalten, dann die Masse auf mittlerer Stufe fertigschlagen.

Die Eiweiße in eine fettfreie Schüssel geben und mit dem Schneebesen ohne Zucker aufschlagen.

So lange mit dem Schneebesen weiterschlagen, bis ein lockerer weicher Eischnee entstanden ist.

TEIGE UND MASSEN – BAISERMASSE ZUBEREITEN

Zuerst 100 g Zucker unter ständigem Schlagen einrieseln lassen, dann nach und nach den restlichen Zucker mit dem Puderzucker zufügen.

Die Speisestärke mit dem Schneebesen unter den Eischnee ziehen – vorsichtig, damit die Masse nicht an Volumen verliert.

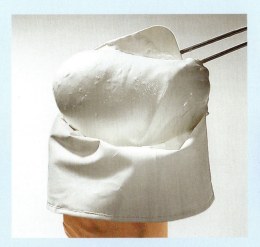

Den Rand eines Spritzbeutels nach außen umschlagen und die Baisermasse in den Beutel füllen.

Die Baisermasse in beliebigen Formen auf ein mit Backpapier belegtes Blech spritzen.

BACKSCHULE

Biskuitmasse zubereiten

Die Hauptzutaten für eine Biskuitmasse sind Eier, Zucker und Mehl, das teilweise durch Speisestärke ersetzt werden kann. Wichtig ist, dass eine lockere, luftige Masse entsteht. Dafür gibt es zwei Methoden: die »Wiener Masse«, bei der ganze Eier mit dem Zucker aufgeschlagen werden, und das Rezept für Biskuitrouladen, bei denen die Eier getrennt verarbeitet werden. Das Eigelb wird hier schaumig gerührt und das Eiweiß steif geschlagen, so entsteht eine standfeste Masse.

Wiener Masse

Ihre Stabilität erhält diese Masse dadurch, dass die Eier und der Zucker über dem Wasserbad warm aufgeschlagen werden. Der Zucker löst sich dabei besser und schneller auf, und durch das anschließende Kaltschlagen ergibt sich eine besonders feinporige, glatte Masse.
Dieser Masse kann nach Belieben noch etwas warmes Fett zugesetzt werden mit dem Ergebnis, dass sie zwar beim Backen nicht ganz so luftig und locker aufgeht, aber dafür die Krume etwas feinporiger wird und der Kuchen besonders gut schmeckt.

Grundrezept: Biskuitboden

5 ganze Eier
2 Eigelbe
150 g feiner Zucker
½ TL abgeriebene Schale von 1 Bio-Zitrone
150 g Mehl
30 g Speisestärke
90 g Butter

1 Eier, Eigelbe, Zucker und Zitronenschale warm schlagen, wie in der Bildfolge gezeigt. Dafür die Schlagschüssel auf ein Gefäß mit warmem – nicht kochendem – Wasser setzen und die Masse bei schwacher Hitze aufschlagen.

2 Die Schüssel vom Wasserbad nehmen und weiterverfahren, wie in der Bildfolge gezeigt.

3 Den Backofen auf 190 °C vorheizen. Die Biskuitmasse in 30 bis 35 Minuten backen. Den gebackenen Biskuit aus dem Ofen nehmen und etwas abkühlen lassen. Dann stürzen, indem man ihn vom Blech nimmt, dieses mit Mehl bestaubt und den Boden mit der Oberseite nach unten wieder darauflegt. Das Papier vorsichtig abziehen und den Boden aus dem Ring lösen.

Eier und Eigelbe mit Zucker und Zitronenschale in eine Metallschüssel geben.

Im Wasserbad schaumig aufschlagen, die Masse soll dabei aber nicht heiß werden.

TEIGE UND MASSEN – BISKUITMASSE ZUBEREITEN

Die Eigelb-Zucker-Masse in 5 bis 8 Minuten kalt schlagen, bis sie dick und cremig ist.

Das Mehl und die Speisestärke langsam einrieseln lassen und unterziehen.

Die Butter schmelzen, in einem dünnen Strahl einlaufen lassen und unterziehen.

Einen Tortenring auf Backpapier stellen, die Masse einfüllen und glatt streichen.

Nach dem Backen den Biskuitboden auskühlen lassen und mit einem Messer vom Rand lösen.

Nach Bedarf mit einem langen Tortenmesser 2 oder 3 gleichmäßig dicke Böden schneiden.

Biskuitmasse zubereiten

Bei einer solchen Masse – die auch für Tortenböden oder andere Gebäckstücke aus Biskuit verwendet werden kann – wird der Eiweiß- bzw. Eigelbanteil oft variiert. So besteht die nach dem folgenden Rezept hergestellte Biskuitmasse für Rouladen aus mehr Eigelb und weniger Eiweiß, damit der gebackene Biskuit flexibler bleibt und sich leichter rollen lässt.

In Rezepten für Biskuitböden ist das Verhältnis Eigelb zu Eiweiß meist eins zu eins. Für Löffelbiskuits ist dagegen eine besonders standfeste Masse nötig, die sich durch einen geringen Eigelb- und einen hohen Eiweißanteil auszeichnet.

Grundrezept: Biskuitroulade

8 Eigelbe
100 g Zucker
4 Eiweiße
80 g Mehl
20 g Speisestärke

1 Die Biskuitmasse zubereiten, wie in der Bildfolge unten und rechts gezeigt. Ein Backblech mit Backpapier auskleiden und die Masse mit einer Palette gleichmäßig daraufstreichen.

2 Den Backofen auf 220 °C vorheizen. Das Blech mit der Biskuitmasse auf der mittleren Schiene in den heißen Ofen schieben; den Biskuit 10 Minuten backen. Wie bei allen dünnen Gebäckstücken sollten Sie vor Ablauf der angegebenen Backzeit den Bräunungsgrad prüfen.

3 Die gebackene Biskuitplatte auf ein feuchtes Tuch stürzen und mit einem zweiten feuchten Tuch bedecken. Erkalten lassen, dann erst das Backpapier abziehen. Den gebackenen Biskuit je nach Rezept mit Konfitüre, Creme oder Sahne bestreichen.

4 Die bestrichene Biskuitplatte zur Roulade formen, indem Sie das Tuch an einer Längsseite anheben und die Platte vorsichtig aufrollen. Die Roulade mit Puderzucker bestauben und zum Servieren in nicht zu dünne Scheiben schneiden.

Die Eigelbe mit der Hälfte des Zuckers mit dem Handrührgerät schaumig schlagen.

Die Eiweiße zu steifem Schnee schlagen, dabei den restlichen Zucker einrieseln lassen.

TEIGE UND MASSEN – BISKUITMASSE ZUBEREITEN

Den Eischnee unter die Eigelbmasse heben und das Mehl mit der Speisestärke daraufsieben.

Mehl und Speisestärke locker unter die Eigelb-Eischnee-Masse ziehen, damit die Masse luftig wird.

Die Biskuitmasse gleichmäßig auf ein mit Backpapier ausgekleidetes Blech streichen.

Die gebackene Biskuitplatte auf ein feuchtes Tuch stürzen; erkalten lassen, dann das Papier abziehen.

Die Biskuitplatte nach Belieben bestreichen. Aufrollen, dabei das Tuch an einer Längsseite anheben.

Die Roulade mit Puderzucker bestauben, in dicke Scheiben schneiden und servieren.

BACKSCHULE

Blätterteig zubereiten

Gebäck aus frisch hergestelltem Blätterteig gehört zum Feinsten aus der Backstube. »Mille-feuille«, tausend Blätter, heißt er auf Französisch, und das beschreibt genau seine Struktur.

Seine Herstellung erfordert viel Sorgfalt und einige Zeit, daher lohnt es sich auch nur die Zubereitung einer größeren Menge, denn dieser Teig braucht recht lange Ruhephasen zwischen den einzelnen »Touren« – so nennt man das wiederholte Zusammenlegen und Ausrollen des Teiges. Je mehr »Touren« man dem Blätterteig gibt, desto feiner und vielschichtiger wird er später. Zwischen den Touren sollte man den Teig kurz kühl stellen, damit die Butter die einzelnen Schichten später besser trennt: Beim Backen verdunstet nämlich das Wasser in der Butter, was für die Trennung und den Auftrieb der Schichten sorgt.

Das Grundrezept rechts beschreibt die Herstellung des klassischen oder auch sogenannten Deutschen Blätterteigs. Bei diesem liegen die Fettschichten innen, wohingegen beim Französischen Blätterteig es umgekehrt ist: die Fettschichten umhüllen den Mehlteig.
Für den Blitzblätterteig, auch Holländischer Blätterteig genannt, wird dagegen kalte Butter in Würfeln rasch unter den Teig geknetet (siehe Seite 85).

Grundrezept: Klassischer Blätterteig

1,1 kg Mehl
20 g Salz
½ l Wasser
1 kg kalte Butter

1 1 kg Mehl auf eine Arbeitsfläche sieben und weiterverfahren, wie in der Bildfolge rechts auf den ersten drei Bildern gezeigt.

2 Den Mehlteig zu einer Kugel formen. Die Teigkugel in Klarsichtfolie wickeln und für 15 Minuten in den Kühlschrank legen.

3 Inzwischen die Butter in Würfel schneiden und das restliche Mehl darübersieben. Alles rasch verkneten, damit die Butter nicht zu weich wird. Der Butterteig sollte die gleiche Konsistenz haben wie der Mehlteig.

4 Den Butterteig zu einer Platte von 40 x 35 cm ausrollen.

5 Weiterarbeiten, wie in der Bildfolge rechts gezeigt. Den Teig danach wieder ausrollen und ihm noch eine weitere einfache sowie noch eine doppelte Tour (letztes Bild) geben, dazwischen jeweils 20 Minuten kühlen.

TEIGE UND MASSEN – BLÄTTERTEIG ZUBEREITEN

In die Mitte des Mehles eine Mulde drücken. Salz hineinstreuen und kaltes Wasser zugießen.

Mit einer Hand Wasser und Mehl von innen nach außen vermischen.

Immer mehr Mehl vom Rand in die Mitte schieben. Alles zu einem glatten Teig verkneten.

Mehlteig 45 x 75 cm groß ausrollen. Butterteig ausrollen und mittig auf den Teig legen.

Teigränder mit Wasser bestreichen, Butter in den Teig einschlagen. Ränder zusammendrücken.

Zu einer Platte (45 x 75 cm) ausrollen, abwechselnd von vorn nach hinten, links nach rechts.

Den Teig für etwa 20 Minuten kühl stellen. Für eine einfache Tour ein Drittel des Teiges über das mittlere Teigdrittel klappen.

Das letzte Drittel darüberklappen und alles im Kühlschrank 20 Minuten ruhen lassen. Anschließend den Teig nochmals ausrollen.

Für eine doppelte Tour den Teig zur Mitte hin einschlagen, dann alles zusammenklappen und ebenfalls 20 Minuten kühlen.

TEIGE UND MASSEN – BLITZBLÄTTERTEIG

Blitzblätterteig

Typisch für die im Folgenden vorgestellte deutlich schnellere Variante des Blätterteigs ist das rasche und unvollständige Unterwirken der Butter. Doch nicht nur das Kneten des Teiges geht hier schneller, auch die Ruhezeiten zwischen den einzelnen Touren können beim Blitzblätterteig entfallen. Zwar geht dadurch der Teig insgesamt nicht so stark und nicht so gleichmäßig auf wie der klassische Blätterteig, doch ist er besonders mürbe und eignet sich deshalb hervorragend für Tortenböden.

Grundrezept: Blitzblätterteig

500 g Mehl
400 g Butter
7 g Salz
225 ml Wasser

Das Mehl auf eine Arbeitsfläche sieben und in die Mitte eine Mulde drücken. Die in Würfel geschnittene Butter auf dem Rand verteilen und mit etwas Mehl bestauben. Das Salz in die Mulde streuen und das Wasser hineingießen. Möglichst viel Mehl mit dem Wasser in der Mulde zu einem zähen Teig vermischen, ohne bereits Butter unterzukneten. Dann erst alle Zutaten rasch zusammenkneten. Dem Blätterteig zwei einfache und zwei doppelte Touren geben, wie auf Seite 83 beschrieben.

Tiefkühl- und gekühlter Blätterteig

In allen gut sortierten Supermärkten gibt es fertige Blätterteige zu kaufen. Mit ihnen lässt sich eine Menge Zeit sparen, ohne dass man auf gute Backergebnisse verzichten muss. Daher wird in einigen Rezepten in diesem Buch von vornherein die Verwendung von fertigem Blätterteig empfohlen.

In die Mitte des gesiebten Mehles eine Mulde drücken. Butterstückchen auf dem Rand verteilen.

Möglichst viel Mehl mit dem Wasser in der Mulde zu einem zähen Teig vermischen.

Dem Blätterteig zwei einfache und zwei doppelte Touren geben.

EXTRA

Schnapsgläser eignen sich zum Abmessen kleiner Flüssigkeitsmengen; wird mehr Flüssigkeit benötigt, sind Messbecher mit Ausgusstülle hilfreich.

Maße und Gewichte

Genaues Wiegen und Messen

Beim Backen kommt es noch viel mehr als beim Kochen darauf an, dass Sie die Mengen der Zutaten genau bemessen. In manchen Rezepten ist sogar das Gewicht der Eier ausschlaggebend dafür, ob das Gebäck gut gelingt. Wiegen und messen Sie die Zutaten deshalb stets genau ab, bevor Sie mit dem Backen beginnen.

Küchenwaage
Unverzichtbar ist eine Küchenwaage. Verwenden Sie am besten eine Digitalwaage, denn je genauer Sie eine Zutat abwiegen können, desto besser. Mechanische Küchenwaagen, die auf mindestens 5 g genau abwiegen können, sind ebenfalls sehr gut geeignet.

Messbecher
Ein Messbecher ist zum exakten Abmessen von Flüssigkeiten oder auch von Grundzutaten wie Mehl, Zucker oder Grieß unerlässlich. Der Messbecher sollte eine feine Maßeinteilung haben und verschiedene Einheiten wie Gramm, Liter oder Milliliter anzeigen. In hohen, schmalen Messbechern können Sie zudem gut Sahne oder Eischnee steifschlagen oder auch Früchte pürieren.

So viel wiegt ein Ei
1 Ei (S = Small) = bis unter 53 g
1 Ei (M = Medium) = 53 bis unter 63 g
1 Ei (L = Large) = 63 bis unter 73 g
1 Ei (XL = Extra Large) = mindestens 73 g

MASSE UND GEWICHTE

Löffel- oder Grammangaben

In vielen Backrezepten werden Mengen uneinheitlich angegeben, nämlich mal in Löffelmengen, mal in Gramm. Wer wissen möchte, wie viel Gramm jeweils einem Löffelmaß entsprechen, kann sich an folgender Tabelle orientieren:

1 EL Butter = 10 g
1 EL Haselnusskerne (gemahlen) = 6 g
1 EL Haselnusskerne (gehackt) = 10 g
1 EL Honig = 15 g
1 EL Kakaopulver = 5 g
1 EL Kokosraspel = 5 g
1 EL Mandeln (gemahlen) = 6 g
1 EL Mehl = 10 g
1 EL Mohnsamen = 10 g
1 EL Puderzucker = 10 g
1 EL Rosinen = 15 g
1 EL Speisestärke = 10 g
1 EL Zucker = 15 g

Umrechnungstabelle für Gewichte

1 kg	=	1000 g	=	100 Dag
¾ kg	=	750 g	=	75 Dag
½ kg	=	500 g	=	50 Dag
¼ kg	=	250 g	=	25 Dag
⅛ kg	=	125 g	=	12,5 Dag

Umrechnungstabelle für Flüssigkeiten

l (Liter)		ml (Milliliter)		cl (Zentiliter)		dl (Deziliter)
1 l	=	1000 ml	=	100 cl	=	10 dl
¾ l	=	750 ml	=	75 cl	=	7,5 dl
½ l	=	500 ml	=	50 cl	=	5 dl
¼ l	=	250 ml	=	25 cl	=	2,5 dl
⅛ l	=	125 ml	=	12,5 cl	=	1,25 dl

1 Schnapsglas = 2 cl (Zentiliter)

Für genaues Abwiegen ist eine Digitalwaage unerlässlich, für kleine Mengen reicht meist ein Löffel.

BACKSCHULE

Brandteig zubereiten

Brandteig ist eine ganz besondere Masse, denn er wird zweimal gegart. Zuerst wird der Teig »abgebrannt«, das heißt, das Mehl wird in die kochende Butter-Wasser-Mischung gegeben und gut untergerührt, bis sich ein Teigkloß bildet, der sich vom Topfboden löst. Unter diesen Kloß werden die Eier gerührt.

Die geschmeidige Masse wird dann entweder auf das gefettete Backblech gestrichen oder mit einem Spritzbeutel daraufgespritzt. Meist wird Brandteiggebäck im Ofen gebacken, wobei es umso höher aufgeht, je mehr mit Dampf gebacken wird. Um Dampf zu erzeugen, gießt man eine Tasse Wasser in den Ofen, nachdem das Blech eingeschoben wurde, und schließt dann schnell die Ofentür.

Brandteig kann aber auch in heißem Fett ausgebacken, also frittiert, oder in Flüssigkeit gegart werden. Beliebte Brandteiggebäcke sind Windbeutel, Éclairs, Spritzkuchen und Schmalzgebäck.

Grundrezept: Brandteig

¼ l Wasser
100 g Butter
1 Prise Salz
250 g Mehl
5 bis 6 Eier

Den Brandteig zubereiten, wie in der Bildfolge rechts beschrieben. Den Backofen auf 220 °C vorheizen. Die Masse auf ein ganz leicht eingefettetes Backblech streichen oder in der gewünschten Form daraufspritzen. Die Masse im vorgeheizten Ofen 15 bis 20 Minuten backen. Anschließend mit Sahne- oder Cremefüllungen versehen, wie im jeweiligen Rezept angegeben.

Tipps Gefülltes Gebäck aus Brandteig sollte noch am Tag der Zubereitung verzehrt werden. Ungefülltes Gebäck können Sie einfrieren. Später lässt man es bei Raumtemperatur auftauen und und backt es anschließend 5 Minuten bei der im Rezept angegebenen Backofentemperatur auf.

Aus Brandteigresten lassen sich Suppeneinlagen oder Tortengarnituren herstellen. Dafür einfach die restliche Masse als Kugeln mit auf das Backblech spritzen und mit dem eigentlichen Gebäck mitbacken.

Zum Einfrieren den Brandteig formen, auf einem Blech oder Tablett gefrieren lassen, dann in Gefrierdosen einfrieren.

TEIGE UND MASSEN – BRANDTEIG ZUBEREITEN

Das Wasser, die Butter und das Salz in eine Kasserolle geben und unter ständigem Rühren einmal aufkochen lassen.

Das gesiebte Mehl auf einmal in die kochende Flüssigkeit schütten, dabei ununterbrochen kräftig weiterrühren.

So lange rühren, bis sich die Masse als Kloß vom Topf löst (abbrennt) und eine weiße Haut den Topfboden überzieht.

Die Masse in eine Schüssel umfüllen und etwas abkühlen lassen. 1 Ei unterrühren, bis es sich völlig mit der Masse verbunden hat.

Die restlichen Eier nacheinander zugeben, dabei darauf achten, dass jedes einzelne gut untergerührt ist, bevor das nächste folgt.

Die Teigkonsistenz prüfen. Dafür den Kochlöffel anheben: Die Masse soll glatt sein, glänzen und weich vom Löffel fallen.

BACKSCHULE

Hefeteig zubereiten

Hefeteig zeichnet sich durch seinen typischen, leicht säuerlichen Geschmack und darüber hinaus auch durch eine besondere Luftigkeit aus. Grund dafür sind die zugesetzten lebenden Hefezellen, die sich unter den richtigen Bedingungen – sie benötigen Luft, Feuchtigkeit und Nahrung in Form von Zucker und Wärme – stark vermehren. Finden die Pilzzellen ein entsprechendes Milieu vor, teilen sie sich sehr schnell und verwandeln dabei den Zucker in Alkohol und Kohlendioxid. Dieses tut sich mit dem Kleber des Mehls zusammen, der Teig gärt. Dabei entstehen zahllose winzige, gasgefüllte Bläschen, die das Volumen des Teiges ständig vergrößern: Er »geht auf«.

Zubereiten kann man Hefeteig grundsätzlich nach zwei verschiedenen Methoden, in der Bäckerfachsprache unterscheidet man zwischen »warm geführt« und »kalt geführt« (siehe Seite 92). Man könnte sie aber auch indirekte und direkte Methode nennen, da bei der ersten Methode zunächst ein Vorteig hergestellt wird, der etwa 20 Minuten gehen muss, bevor die restlichen Zutaten hinzukommen und der Hefeteig fertiggestellt werden kann. Insbesondere bei der »warm geführten« Zubereitung macht man sich die chemischen, durch Hefepilze in Gang gesetzten Prozesse zunutze, ja man verstärkt sie sogar noch. Zum einen durch kräftiges Kneten und Schlagen des Teiges, wodurch ihm immer neue Luft zugeführt wird – je mehr, desto höher geht er auf –, zum anderen durch Wärme, die das Gehen noch beschleunigt.

Grundrezept: Warm geführter Hefeteig

500 g Mehl
¾ Würfel Hefe
¼ l lauwarme Milch
60 g zerlassene Butter
60 g Zucker
2 Eier
1 TL Salz

Den Teig zubereiten, wie rechts in der Bildfolge beschrieben.

Sobald er das Doppelte seines Volumens erreicht hat, weiterverarbeiten, wie im jeweiligen Rezept angegeben.

TEIGE UND MASSEN – HEFETEIG ZUBEREITEN

In die Mitte des Mehles eine Mulde drücken. Die Hefe hineinbröckeln und in etwas lauwarmer Milch auflösen.

Den Ansatz mit Mehl bestauben und mit einem Tuch bedecken. An einem warmen Ort gehen lassen, bis sich Risse zeigen.

Die zerlassene Butter mit Zucker, Eiern und Salz verrühren; zum Vorteig geben und alles vermischen.

Mit den Händen weiterarbeiten: Den Teig schlagen, bis er glatt ist, glänzt, Blasen wirft und sich von der Schüsselwand löst.

Die Schüssel mit einem Tuch bedecken. Den Teig gehen lassen, bis er sein Volumen verdoppelt hat.

BACKSCHULE

Hefeteig zubereiten

Mit der Küchenmaschine herstellen

Kalt geführten Hefeteig kann man auch in der Küchenmaschine zubereiten. Dazu die Hefe zunächst in der Milch auflösen. Mehl und die restlichen Zutaten in die Küchenmaschine geben und mit dem Knethaken bearbeiten. Den Teig so lange kneten, bis er sich gut von der Schüsselwand löst. Den Hefeteig aus der Rührschüssel nehmen und von Hand weiterkneten, wie in der Bildfolge rechts gezeigt.

Hefeteig einfrieren

Soll Hefeteig eingefroren werden, bereitet man ihn ohne Gehzeiten zu. Den Teig auf einer bemehlten Arbeitsfläche zu einem flachen Rechteck formen und dieses fest in Klarsichtfolie wickeln. Dieses Päckchen in Gefrierbeutel oder -dose verpacken und in das Tiefkühlgerät geben. Dort hält sich der Teig 6 bis 8 Monate. Zum Weiterverarbeiten den Teig über Nacht im Kühlschrank auftauen lassen, anschließend, wie im jeweiligen Rezept angegeben, gehen lassen und formen.

Manchmal soll ein Hefeteig während der Verarbeitung aber gar nicht aufgehen, sondern erst später, etwa ein Plunderteig (siehe Seite 104). Hier ist dann der »kalt geführte« Hefeteig der richtige. Die Hefe wird entweder in lauwarmer Milch aufgelöst, muss dann aber vor dem Zugießen wieder abgekühlt werden, oder gleich in kalter Milch, bevor man alle Zutaten miteinander verknetet. Und man stellt ihn bis zur Weiterverarbeitung auch nicht warm, sondern kühl (z. B. in den Kühlschrank). Wie man ihn zubereitet, erklärt die Bildfolge rechts.

Grundrezept: Kalt geführter Hefeteig

1 Würfel Hefe
¼ l Milch
550 g Mehl
50 g weiche Butter
75 g Zucker
6 g Salz
2 Eier

Den Teig zubereiten, wie in der Bildfolge rechts gezeigt. Nach einer kühlen Ruhezeit weiterverarbeiten, wie im jeweiligen Rezept angebeben.

TEIGE UND MASSEN – HEFETEIG ZUBEREITEN

In einer Schüssel die zerbröckelte Hefe in der nur leicht lauwarmen Milch auflösen.

In die Mitte des Mehles eine Mulde drücken, Butterstücke, Zucker, Salz und Eier hineingeben. Die Hefe-Milch dazugießen.

Alle Zutaten von der Mitte her vermischen, dabei nach und nach das Mehl untermengen und den Teig kräftig kneten.

Den Hefeteig von Hand weiterkneten, bis er schön glatt ist, glänzt und Blasen wirft.

Den Teig in einer Schüssel mit Folie bedecken und – je nach Rezept – eine Zeit lang kühl ruhen lassen.

BACKSCHULE

Hefeteig für Brot zubereiten

Für reine Weizenmehlbrote oder Brote, die überwiegend aus Weizenmehl gebacken werden, ist der Zusatz von Sauerteig (siehe Seite 112) nicht nötig – hier reicht Hefe zum Lockern aus.

Für einen Hefeteig sollten alle Zutaten Raumtemperatur haben, das zugegebene Wasser sollte 40 bis 45 °C warm sein, damit der Teig eine Temperatur hat, bei der sich die Hefe optimal vermehren kann.

Backhefe gibt es frisch, in Würfel von 42 g gepresst, oder als Trockenhefe zu kaufen, wobei ein Tütchen Trockenhefe (Inhalt 7 g) 25 g frischer Hefe entspricht.

Grundrezept: Hefeteig für Brot

½ Würfel Hefe
2 EL Öl
300 g Weizenmehl Type 550
½ TL Salz

Die Zutaten, wie in der Bildfolge rechts beschrieben, zuerst mit einem Kochlöffel, dann mit den Händen zu einem glatten, elastischen Teig verarbeiten.

Hefemenge und Gehzeit

Wird für Backwaren, beispielsweise für Brötchen oder Weißbrot, Großporigkeit gewünscht, verringert man die Hefemenge und verlängert die Gehzeit. So genügen für ein Weißbrot 5 g frische Hefe oder 1 gestrichener Teelöffel Trockenhefe für 600 g Mehl – bei einer Gehzeit von 4 bis 6 Stunden.

Samen und Kerne

Soll der Hefeteig mit Samen und Kernen, beispielsweise Sonnenblumen- oder Kürbiskernen, gehackten Nüssen oder Sesamsamen, angereichert werden, mischt man diese mit dem Mehl, bevor die Hefe zugegeben und der Vorteig hergestellt wird.

TEIGE UND MASSEN – HEFETEIG FÜR BROT ZUBEREITEN

Die Hefe zerbröckeln und in 150 ml lauwarmes Wasser rühren. Das Öl dazugeben.

Mehl und Salz mischen. Das Hefe-Wasser zu dem Mehl-Salz-Gemisch gießen.

Die Flüssigkeit mit einem Rührlöffel nach und nach mit immer mehr Mehl verrühren, bis der Teig fester wird.

Den Teig mit einem Teigschaber herausnehmen und mit den Händen auf einer bemehlten Arbeitsfläche weiterverarbeiten.

Den Teig mindestens 5 Minuten kräftig mit den Händen durchkneten, damit er glatt und elastisch wird.

Den Teig zu einer Kugel formen, mit etwas Mehl bestauben und an einem warmen Ort gehen lassen, bis er sein Volumen verdoppelt hat.

Mürbeteig zubereiten

Mürbeteig lässt sich auf unterschiedliche Art herstellen. Weiche Butter kann mit Zucker, Salz und Eiern vermischt und dann mit Mehl gehackt werden. Bei der Verwendung von kalter Butter können gleich alle Zutaten miteinander gehackt werden.

Grundrezepte: Süßer und salziger Mürbeteig

Die in den beiden Rezepten auf dieser Seite angegebenen Mengen kann man teilen oder vervielfachen, je nachdem, wie viel Teig benötigt wird. Als Faustregel gilt: 200 bis 250 g Teig für einen Boden von 26 cm Durchmesser ohne Rand (Tarte- oder Quicheform), 350 bis 400 g für einen genauso großen Boden mit Rand, etwa 65 g für ein Tortelettförmchen von 12 cm Durchmesser und 35 g für eines von 8 cm. Bleibt etwas übrig, ist das kein Problem: Luftdicht in Frischhaltefolie verpackt, hält sich der Mürbeteig im Kühlschrank ungefähr 1 Woche frisch. Im Tiefkühlgerät kann man ihn etwa 3 Monate aufbewahren. Auch gebackene Mürbeteigböden lassen sich gut einfrieren – dafür sollten sie allerdings nur hell gebacken sein, damit sie nach dem Auftauen aufgebacken werden können.

Manuell herstellen

200 g Mehl
100 g weiche Butter in Stücken
50 g Puderzucker
1 Eigelb
1 Prise Salz

Den Teig zubereiten, wie in der Bildfolge rechts beschrieben.

Mit dem Handrührgerät herstellen

Mürbeteige mit einem relativ hohen Fettanteil sollten mit dem Handrührgerät zubereitet werden. Dabei wird die im Verhältnis zur Butter relativ geringe Mehlmenge rasch untergearbeitet, und es wird verhindert, dass der Teig »brandig« (zu kurz und brüchig) wird.

180 g weiche Butter
50 g Puderzucker
1 Prise Salz
1 Ei
1 EL Milch
250 g Mehl

1 Die Butter mit dem Puderzucker und dem Salz mit den Knethaken auf mittlerer Stufe verrühren, bis die Masse geschmeidig, aber nicht schaumig ist. Nacheinander das Ei und die Milch untermischen.

2 Das gesiebte Mehl auf einmal hinzuschütten und möglichst schnell auf niedrigster Stufe einarbeiten. Zur Kugel formen und vor der Weiterverarbeitung mindestens 1 Stunde im Kühlschrank ruhen lassen.

Salziger Mürbeteig

Bei Mürbeteig für pikantes Gebäck wird der Zucker weggelassen. Stattdessen kann der Teig mit Kräutern, Chili, Paprikapulver o. Ä. gewürzt werden. Ebenso kann ein Teil des Mehls beispielsweise durch gemahlene Nüsse oder Mandeln, aber auch durch geriebenen Parmesan ersetzt werden.
Wird der salzige Mürbeteig, beispielsweise für eine Pie, ohne Ei zubereitet, kann es geschehen, dass er nur mit Mühe bindet. In diesem Fall können Sie esslöffelweise kaltes Wasser unterkneten, bis der Teig, wie gewünscht, glatt und geschmeidig ist.

TEIGE UND MASSEN – MÜRBETEIG ZUBEREITEN

In die Mitte des Mehles eine Mulde drücken, die restlichen Zutaten hineingeben.

Diese mit den Fingern oder einer Gabel vermischen, dabei etwas Mehl mit einarbeiten.

Mit Palette oder Messer das Mehl vom Rand zur Mitte schieben und alles grob vermengen.

Die Palette mit beiden Händen fassen und die Masse zu feinen Krümeln hacken.

Die Krümel mit beiden Händen rasch verkneten, dabei immer von außen zusammendrücken.

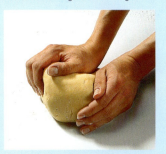

Nur so lange kneten, bis der Teig glatt ist, sonst wird die Butter zu warm und der Teig brüchig.

Mürbeteig kann auch mit dem Handrührgerät zubereitet werden, ist dann allerdings weicher.

Den Teig zur Kugel formen, fest in Folie wickeln und 1 bis 2 Stunden in den Kühlschrank legen.

Anschließend schnell auf einer leicht bemehlten Arbeitsfläche ausrollen und zurechtschneiden.

EXTRA

Sie haben die Wahl zwischen eckigen, runden, langen, hohen und flachen Formen in unterschiedlichen Ausführungen.

Backformen

Grundausstattung und Qualitäten

Backformen gibt es in vielen verschiedenen Formen, Größen und Qualitäten. Zur Grundausstattung gehören diverse Backformen für Kuchen, Torten, Tartes.
Wenn Sie sich die folgenden Backformen anschaffen, können Sie damit die meisten Kuchen und Torten backen. Darüber hinaus gibt es noch zahlreiche Formen für spezielle Backwerke wie Panettone, Rehrücken, Frankfurter Kranz und kleinere Gebäcke wie Madeleines, Brioches, Savarins, Shortbread und Löffelbiskuits. Besondere Formen zum Brotbacken wie eine spezielle Brotbackform oder eine Baguette-Backform lohnen sich nur, wenn Sie solches Gebäck regelmäßig herstellen.

Springform

Es gibt sie mit unterschiedlich breitem Durchmesser. Für die meisten Kuchen in diesem Buch wird eine Springform mit 26 cm Durchmesser verwendet. Springformen haben einen abnehmbaren Rand und einen Bodeneinsatz. Springformen mit Glasboden sind praktisch, da Sie den Kuchen auf diesem Untersatz gleich servieren und schneiden können, da der Boden zudem kratzfest ist.

Kastenform

Die längliche Form, auch Königskuchenbackform genannt, ist ein Klassiker unter den Backformen und wird für viele längliche Kuchen, vor allem aus Rührteig, oder auch für Brote gebraucht.

BACKFORMEN

Gugelhupfform

Die klassische Backform ist auch unter der Bezeichnung Bundform oder Napfkuchenform erhältlich. Es gibt sie mit verschiedenen Durchmessern, zum Beispiel auch für kleine Portionsnapfkuchen. Die Gugelhupfform wird traditionell für Geburtstagskuchen aller Art verwendet.

Obstkuchenform und Tortelettformen

Für größere Obstkuchenböden oder für kleinere Torteletts in vielen Größen erhältlich. Alle haben den für Obstkuchen und Torteletts typischen gewellten Rand. Auch herzhafte Quiches und Tartes gelingen in diesen Formen gut.

Qualität von Backformen

Wichtiger als ein großer Bestand an Backformen ist ihre gute Qualität. Von billigen Weißblechformen aus verzinntem Feinblech ist eher abzuraten. Sie sind nicht spülmaschinenfest und recht rostanfällig. Das Backgut lässt sich nicht gut herauslösen, weil sie nicht antihaftbeschichtet sind und außerdem keine gute Wärmeleitung aufweisen.
Greifen Sie daher besser zu einem etwas teureren Produkt. Zu empfehlen sind Backformen aus verchromtem Feinblech mit guter Antihaftbeschichtung und Wärmeleitung. Eine besonders gute Wärmeleitung haben sogenannte Energiesparformen, mit denen Sie bis zu 30 Prozent Energie gegenüber Weißblechformen sparen können. Grundsätzlich sind alle diese Backformen nur bedingt säurebeständig, was bei der Zubereitung von Aufläufen oder Sauerteig zu beachten ist. Für diese Gerichte sollten Sie eventuell zu flexiblen Backformen aus Silikon greifen; diese sind nämlich sowohl säurebeständig als auch spülmaschinenfest. Da sie zudem Kälte bis -40 °C vertragen, können Sie das Backgut darin auch gleich einfrieren.

Backbleche

Auch Backbleche gibt es in zahlreichen Formen und Ausfertigungen, ob rechteckig, quadratisch, rund oder auch mit Vertiefungen, zum Beispiel für Muffins.
Zur Grundausstattung gehört ein verschiebbares Herdbackblech, das sich vergrößern lässt. Auch hier lohnt die Anschaffung eines Blechs mit Antihaftbeschichtung anstelle eines Blechs aus Weißblech. Ein spezielles Back- und Pizzablech ist hilfreich, wenn Sie oft Pizza backen. Diese runden Bleche gibt es in verschiedenen Größen und auch mit gelochtem Boden. Quiche können Sie in einer Porzellanform mit gewelltem Rand gut backen, oder Sie schaffen sich eine Quicheform mit herauslösbarem Boden an.

In klassischen Porzellanformen mit gewelltem Rand können Sie Tartes und Quiches backen und auch servieren.

BACKSCHULE

Mürbeteig backen

Damit Mürbeteig nicht durchweicht, wenn man ihn mit einem relativ feuchten Belag, wie beispielsweise Obst oder Gemüse mit Eier-Sahne-Guss, belegen möchte, empfiehlt es sich, den Teig vorher blindzubacken. Dafür wird der Teigboden mit Backpapier und getrockneten Hülsenfrüchten belegt und anschließend im vorgeheizten Ofen vorgebacken.
In der Bildfolge auf der rechten Seite wird Schritt für Schritt gezeigt, wie es geht.

Tipps Die zum Blindbacken erforderlichen getrockneten Hülsenfrüchte lassen sich mehrmals verwenden. Dafür die Hülsenfrüchte nach dem Blindbacken auskühlen lassen, dann in ein Schraubdeckelglas füllen und an einem kühlen, dunklen Ort aufbewahren.

Falls Sie häufig Mürbeteig zubereiten, lohnt sich für Sie möglicherweise die Anschaffung von Backkugeln. Sie bestehen aus Keramik und werden anstelle der Hülsenfrüchte auf das Backpapier gegeben.

Ein Mürbeteigboden kann – nachdem er mit einer Gabel mehrmals eingestochen wurde – auch ohne Backpapier und Hülsenfrüchte bzw. Backkugeln vorgebacken werden. In diesem Fall empfiehlt es sich, den Rand des Teigbodens mit einem gefalteten Streifen Alufolie am Rand der Form zu fixieren, damit er während des Backens nicht nach unten rutscht.

TEIGE UND MASSEN – MÜRBETEIG BLINDBACKEN

Den Mürbeteig auf das Rollholz wickeln und über einer Tortenbodenform abrollen.

Den Rand mit einem Teigrest andrücken, überstehende Teigränder abschneiden.

Mit einer Gabel Löcher in den Teigboden stechen, den Teigboden mit Backpapier auslegen.

Getrocknete Hülsenfrüchte auf das Papier geben, den Teigboden bei 190 °C 10 Minuten vorbacken.

Den goldgelb gebackenen Teigboden aus dem Ofen nehmen, das Backpapier mitsamt den Hülsenfrüchten entfernen.

Den vorgebackenen Boden nach Belieben füllen und anschließend nach den Angaben im Rezept fertigbacken.

BACKSCHULE

Pizza backen

Der Boden einer Pizza besteht aus einem einfachen Brotteig, der aus Mehl, Hefe, Wasser und etwas Olivenöl hergestellt wird. Darauf wird eine Tomatenmischung gegeben, die ganz nach Belieben und Geschmack belegt wird. Den Abschluss bildet ein gut schmelzender Käse.

Grundrezept: Pizza Margherita

Für 2 Stück
300 g Mehl
½ Würfel Hefe
⅛ l lauwarmes Wasser
½ TL Salz
2 EL Olivenöl

Für den Belag
1 große Dose geschälte Tomaten (850 g)
250 g Mozzarella
Salz, frisch gemahlener Pfeffer
20 Basilikumblätter
⅛ l Olivenöl

Außerdem
Öl für die Backbleche

1 Für den Teig das Mehl in eine Schüssel sieben. In die Mitte eine Mulde drücken.

2 Die Hefe in die Mulde bröckeln, das Wasser dazugießen und die Hefe darin unter Rühren auflösen, dabei etwas Mehl vom Rand untermischen. Den Ansatz mit Mehl bestauben. Die Schüssel mit einem Tuch abdecken und den Teig an einem warmen, zugfreien Ort gehen lassen, bis die Oberfläche Risse zeigt.

3 Das Salz und das Öl zum Vorteig geben und alles zu einem glatten Teig verkneten. Zu einer Kugel formen und den Teig erneut gehen lassen, bis er sein Volumen verdoppelt hat.

4 Zwei Backbleche mit Öl fetten. Den Teig kräftig durchkneten, dann halbieren und auf einer bemehlten Arbeitsfläche zu Kugeln formen. Diese zu runden, dünnen Teigplatten ausrollen und auf die Backbleche legen. Die Teigböden mehrmals mit einer Gabel einstechen.

5 Den Backofen auf 220 °C vorheizen. Jede Pizza mit Tomaten, Mozzarella und Basilikum belegen, wie in der Bildfolge rechts gezeigt.

6 Die Pizza mit dem Belag erneut 10 bis 15 Minuten gehen lassen, dann erst das Öl darüberträufeln. Die Pizzen nacheinander im vorgeheizten Ofen (Mitte) 18 bis 22 Minuten backen.

Tipps Den Pizzateig können Sie mit den verschiedensten Belägen zubereiten. Klassisch ist »Pizza aglio e olio«, ein Belag aus Knoblauch, Olivenöl und Oregano.

Die beschriebene Pizza Margherita können Sie nach dem Backen noch mit frischem Rucola und geriebenem Parmesan bestreuen. Oder Sie belegen die Pizza noch mit Salami oder Schinken, Artischocken aus dem Glas (Pizza Capricciosa), Champignons, Oliven, Sardellen oder Venusmuschelfleisch (Pizza alla Vongole).

TEIGE UND MASSEN – PIZZA BACKEN

Die Tomaten in einem Sieb abtropfen lassen, dann grob zerkleinern. Die Teigböden damit belegen, dabei einen Rand frei lassen.

Den Mozzarella in Scheiben schneiden und diese gleichmäßig auf den Tomaten verteilen. Alles mit Salz und Pfeffer würzen.

Die ganzen oder klein geschnittenen Basilikumblätter auf den Pizzen verteilen.

Die belegten Pizzen 10 bis 15 Minuten gehen lassen, dann mit Olivenöl beträufeln.

Eine perfekt gebackene Pizza hat einen saftig-weichen Belag auf einem knusprigen Boden.

Es gibt zahllose Pizzavarianten: Im Bild sehen Sie eine Pizza Capricciosa.

BACKSCHULE

Plunderteig herstellen

In der Herstellung erinnert der für Croissants oder Plunderstückchen benötigte Teig an den klassischen Blätterteig. Genau wie bei diesem werden dem Plunderteig »Touren« gegeben, damit die Butter in gleichmäßig dünnen Schichten zwischen den Hefeteig kommt. So entsteht beim Backen die blättrige Struktur.

Grundrezept: Plunderteig

500 g Mehl, ½ Würfel Hefe
300 ml lauwarme Milch
1½ TL Salz
40 g Zucker
300 g Butter

Außerdem
Mehl zum Arbeiten
Eigelb zum Bestreichen

1 Das Mehl auf eine Arbeitsfläche sieben, in die Mitte eine Mulde drücken. Hefe hineinbröckeln und in der Milch auflösen, dabei etwas Mehl vom Rand untermischen. Salz und Zucker zufügen und alles zu einem geschmeidigen Teig verkneten.

2 Den Teig zudecken. Bei Raumtemperatur gehen lassen, bis er sein Volumen verdoppelt hat – das dauert etwa 1 Stunde. Den Teig nochmals kurz durchkneten, dann mit Klarsichtfolie zudecken und für 1 bis 2 Stunden in den Kühlschrank legen.

3 Inzwischen die Butter Raumtemperatur annehmen lassen, geschmeidig kneten und zu einem flachen Ziegel formen. Die Butter sollte die gleiche Konsistenz haben wie der Teig.

4 Den Teig aus dem Kühlschrank nehmen und auf einer leicht bemehlten Arbeitsfläche in alle vier Richtungen so ausrollen, dass er nach außen hin dünner wird.

5 Weiterverfahren, wie in der Bildfolge rechts gezeigt und beschrieben. Diesen Vorgang, der in der Fachsprache »touren« genannt wird, noch zweimal wiederholen. Den Teig zwischendurch jeweils 10 Minuten kühl ruhen lassen, damit die Butter nicht zu weich wird.

6 Anschließend den Teig zu einer Platte von 60 x 40 cm ausrollen und nochmals kurz ruhen lassen. Nun können Sie den Teig je nach Rezept zu Hörnchen, Dreiecken oder was auch immer weiterverarbeiten.

TEIGE UND MASSEN – PLUNDERTEIG HERSTELLEN

Den Butterziegel in die Mitte des ausgerollten Plunderteigs legen.

Die Teigränder mit Wasser bestreichen und die Butter vollständig in den Teig einhüllen.

Den Teigblock mit einem Rollholz zu einer Platte von 35 x 50 cm ausrollen.

Den Teig von zwei Seiten so übereinanderklappen, dass drei Lagen aufeinanderliegen.

Kühl ruhen lassen, wieder ausrollen und den Vorgang noch zweimal wiederholen (»drei Touren«).

Quark-Öl-Teig herstellen

Ein Quark-Öl-Teig ähnelt in Geschmack und Konsistenz einem Hefeteig. Er lässt sich aber wesentlich schneller und unkomplizierter zubereiten. Dieser Teig eignet sich vor allem als Grundlage für Blechkuchen mit Streuseln oder Obstbelag oder auch für Quarktaschen. Verwenden Sie möglichst frischen Quark, damit das Gebäck keinen säuerlichen Geschmack bekommt. Außerdem sollten Sie Kuchen mit Quark-Öl-Teig am Zubereitungstag, also frisch, servieren.

Grundrezept: Quark-Öl-Teig mit Zimt-Mandel-Belag

Für den Teig
300 g Magerquark
6 EL Milch
7 EL Öl
50 g Zucker
1 TL abgeriebene Schale von 1 Bio-Zitrone
1 Prise Salz
400 g Mehl
1 Päckchen Backpulver

Für den Belag
100 g Sahne
200 g Zucker
2 TL gemahlener Zimt
100 g Butter
100 g gemahlene Mandeln

Außerdem
Fett für das Blech
Mehl für die Arbeitsfläche

1 Den Backofen auf 200 °C vorheizen und das Backblech fetten. In einer Schüssel den Quark mit der Milch, dem Öl, dem Zucker, der Zitronenschale und dem Salz verrühren. Das Mehl mit dem Backpulver mischen und unter den Quark kneten.

2 Den Teig auf einer leicht bemehlten Arbeitsfläche in Größe des Backblechs ausrollen und auf das Blech legen. Mit den Fingerspitzen kleine Vertiefungen in den Teig drücken und den Teig mit Sahne bestreichen.

3 Den Zucker mit dem Zimt mischen und über den bestrichenen Teig streuen. Die Butter in Flöckchen in die Mulden geben, den Teig mit Mandeln bestreuen und im vorgeheizten Backofen (Mitte) in etwa 30 Minuten goldgelb backen.

Für den Teig das Öl mit einem Löffel genau abmessen und mit den anderen Zutaten unter den Quark rühren.

Den Teig sofort nach dem Verkneten auf einer leicht bemehlten Arbeitsfläche auf Backblechgröße ausrollen.

Mit den Fingern Vertiefungen in den Teig drücken und den Teig anschließend gleichmäßig mit Sahne bestreichen.

TEIGE UND MASSEN – RÜHRTEIG ZUBEREITEN

Rührteig zubereiten

Klassischer Rührteig wird ohne Backpulver hergestellt, denn dieses beeinflusst immer ein wenig den Geschmack. Für die Lockerung sorgen allein die Eier. Sie werden entweder im Ganzen verarbeitet oder getrennt, wobei das Eiweiß steif geschlagen und als Eischnee unter die Butter-Zucker-Eigelb-Mischung gehoben wird.

Einfacher lässt sich die Rührmasse allerdings mit Backpulver herstellen. Wichtig ist, dieses stets mit dem Mehl zu vermischen und zu sieben.

Grundrezept: Rührteig

6 Eier
4 Eigelbe
200 g Zucker
1 Prise Salz
abgeriebene Schale von
 1 Bio-Zitrone
200 g Butter
180 g Mehl
120 g Speisestärke

1 Die Form mit Backpapier auskleiden (siehe Seite 184). Den Backofen auf 190 °C vorheizen.

2 Wie in der Bildfolge unten gezeigt, Eier, Eigelbe, Zucker, Salz und Zitronenschale schaumig aufschlagen, bis die Masse deutlich an Volumen zugenommen hat.

3 Die Butter zerlassen und lauwarm abkühlen lassen. In dünnem Strahl in die Masse geben und unterziehen.

4 Das Mehl mit der Speisestärke mischen und auf ein Stück Papier sieben. Langsam in die Masse einrieseln lassen und unterziehen.

5 Die Rührmasse in die vorbereitete Kastenform füllen und mit einem Teigschaber glatt streichen. 45 bis 50 Minuten im vorgeheizten Ofen (Mitte) backen.

Tipps In einer Küchenmaschine können Sie die Rührteigzutaten auf einmal zusammen verarbeiten. Wichtig ist, wie beim Rührteig generell, dass alle Zutaten dieselbe Temperatur haben.

Eier und Eigelbe mit Zucker und Gewürzen schaumig aufschlagen, bis die Masse an Volumen zugenommen hat.

Die zerlassene, lauwarme Butter in dünnem Strahl langsam in die Masse einlaufen lassen und unterziehen.

Mehl mit Speisestärke auf ein Papier sieben und in die Masse einrieseln lassen, dabei vorsichtig unterziehen.

EXTRA

Für die Herstellung von Massen, Teigen und Cremes benötigen Sie eine Grundausstattung an Backpinseln, Schneebesen, Kochlöffeln und mehr.

Backutensilien

Nützliche Geräte rund ums Backen

Es gibt zahlreiche Backutensilien und Backzubehör im Handel. Einige Geräte davon gehören zur Grundausstattung, andere sollten Sie sich anschaffen, wenn Sie eine bestimmte Vorliebe, beispielsweise Brot- oder Pizzabacken, haben.

Die Grundausstattung von A–Z

Backblechrolle
Mit einer kleinen Backblechrolle (im Bild oben links in der Mitte) können Sie bereits auf dem Blech liegenden Teig bis in die Ecken hinein flach rollen.

Backpapier
Auch unter der Bezeichnung Backtrennpapier erhältlich. Mit diesem beschichteten Papier werden Backformen und Bleche ausgelegt, um das Ankleben des Backgutes zu verhindern. Sie brauchen dann nicht mehr eingefettet zu werden. Zu empfehlen ist Backpapier, das von beiden Seiten und mehrfach verwendbar ist.

Backpinsel
Der Handel bietet verschiedene Größen. Achten Sie auf Qualität und kaufen Sie zum Beispiel einen guten Backpinsel mit Naturborsten. Billige Pinsel können leicht Borsten verlieren.

Backofenthermometer
Da die tatsächlichen Temperaturen der unterschiedlichen Backofentypen teilweise von der in Rezepten angegebenen Temperatur abweichen können, können Sie sich eventuell ein Backofenthermometer anschaffen. Es wird mit in den Backofen gegeben und verhindert Temperaturungenauigkeiten.

BACKUTENSILIEN

Handrührgerät
Ein Handrührgerät sollte Schneebesen und Knethaken als Aufsätze haben. Damit können Sie Teig rühren oder kneten, Sahne oder Eiweiß schlagen.

Holzlöffel
Holzkochlöffel zum Rühren und Mischen von Teigen, Massen, Eiweiß, Sahne sollten in keinem Haushalt fehlen.

Kuchengitter
Auf einem Gittergestell kann der Kuchen, nachdem er aus der Form genommen wurde, auch von unten schnell auskühlen.

Küchenmaschine
Eine Küchenmaschine mit den nötigen Rühr- und Knetaufsätzen ist eine Alternative zum Handrührgerät.

Pizzaschneider
Pizza- oder Kuchenschneider gibt es in verschiedenen Edelstahlqualitäten. Die Rädchen haben einen glatten oder gezackten Rand und schneiden Pizza oder flache Blechkuchen bequem im Stücke.

Rollholz
Ein Rollholz, auch Nudelholz oder Teigrolle genannt, ist unverzichtbar für alle Teige, die ausgerollt werden müssen. Praktisch ist auch ein Rollholz mit aufstellbaren Griffen, mit dem Sie den Teig direkt auf dem Blech ausrollen können, ohne an die Blechränder zu stoßen.

Rührschüssel
Backen beginnt mit einer stabilen Schüssel (zum Beispiel aus Edelstahl), in der Sie den Teig rühren oder gehen lassen.

Schneebesen
Ein guter Rührbesen, am besten aus Edelstahl, hilft beim Schlagen von Eiweiß und bei weiteren Zubereitungsschritten. Zum Schmelzen von Kuvertüre ist auch ein etwas kleinerer Rührbesen hilfreich.

Spritzbeutel mit Tüllen
Ein Spritzbeutel und ein Sortiment an verschieden großen glatten und gezackten Tüllen brauchen Sie zum Beispiel für Brandteiggebäck sowie zum Verzieren und Garnieren.

Teigschaber
Ein Gummispatel hilft Ihnen, Teigreste aus der Rührschüssel zu kratzen und Teig in der Form glatt zu streichen.

Tortenheber
Er wird zum Servieren von Kuchenstücken und Gebäck benötigt.

Winkelpaletten
Es gibt sie aus Edelstahl mit unterschiedlichen Klingenlängen. Durch die abgeknickte Form kann man mit ihnen problemlos innerhalb von Backblechen hantieren.

Zum Rühren und Schlagen, Ausrollen und Verzieren sind solide Geräte unerlässlich.

BACKSCHULE

Sauerteig ansetzen

Teige für Brotlaibe bedürfen einer Lockerung, die man mit Sauerteig, mit Hefe oder mit einer Kombination von beidem erzielen kann. Sowohl Sauerteig als auch Hefe verursachen einen Gärprozess, bei dem Gasbläschen erzeugt werden. Diese durchsetzen den Teig und bilden dadurch mehr oder weniger große Poren.

Sauerteig

Sauerteig kann man selbst ansetzen, aber auch getrocknet oder flüssig in Reformhäusern, Supermärkten oder beim Bäcker kaufen. Der Gärprozess geht hier ohne weitere Zusätze vonstatten: Milch- und Essigsäurebakterien in der Luft und im Mehl beginnen spontan mit der Gärung, wenn dem Mehl Wasser zugesetzt und der Ansatz an einen warmen Ort gestellt wird. Ideal ist es, wenn der Teig möglichst konstant eine Temperatur von 25 °C behält. Das Wasser, das man zugibt, sollte deshalb eine Temperatur von 40 bis 45 °C haben. Nur dann werden die Milchsäurebakterien richtig aktiv.

Bei niedrigeren Temperaturen beginnen überwiegend Essigsäurebakterien zu arbeiten, wodurch der Sauerteig unbrauchbar werden kann. Man erkennt das an einem starken Essiggeruch des Ansatzes. Während der Gärphase sollten Sie den Sauerteig mit einem Stück Frischhaltefolie abdecken; so werden Feuchtigkeit und Temperatur besser gehalten.

Grundrezept: Sauerteig

400 g Roggenmehl Type 997

Den Teig ansetzen, wie in der Bildfolge rechts beschrieben.

TEIGE UND MASSEN – SAUERTEIG ANSETZEN

Sauerteig ansetzen: 100 g Roggenmehl Type 997 mit 100 ml Wasser (Temperatur 40 bis 45 °C) verrühren.

Den Teig mit Folie und einem Tuch bedecken. 1 bis 2 Tage an einem warmen Ort (bei 25 °C) stehen lassen, bis er säuerlich riecht.

Den Vorgang wiederholen, also den Ansatz mit weiteren 100 g Roggenmehl und 100 ml warmem Wasser verrühren.

Den Ansatz wiederum mit Folie und Tuch bedecken und erneut 24 Stunden an einem warmen Ort stehen lassen.

Für den letzten Schritt die Mengen verdoppeln: , also den Ansatz mit 200 g Roggenmehl und 200 ml warmem Wasser verrühren; erneut abdecken.

Den Teig einen weiteren Tag stehen lassen. Er sollte jetzt säuerlich, aber nicht nach Essig riechen, dann ist er gebrauchsfertig.

Füllungen
und Glasuren

Aprikotur zubereiten

Eine der gebräuchlichsten Glasuren ist die Aprikotur, die man aus Zuckersirup und Aprikosenkonfitüre leicht selbst herstellen kann. Wichtig ist dabei, dass der Zuckersirup so lange kocht, bis sich alle Kristalle aufgelöst haben und die Flüssigkeit völlig transparent ist. Erst dann kommt die passierte Konfitüre hinzu. Auf diese Weise bleibt die Aprikotur klar und von einheitlicher Konsistenz.

Aufbewahren

Verbraucht man sie nicht sofort, lässt sich die Aprikotur einige Zeit im Kühlschrank aufbewahren. Vor Gebrauch muss sie dann nur wieder erhitzt und verflüssigt werden.

Verwendung

Kleineres Gebäck und Plunder werden häufig ausschließlich mit Aprikotur überzogen, was dem Gebäck einen schönen Glanz und ein zusätzliches Fruchtaroma verleiht. Oft jedoch dient die Aprikotur als eine Art »Isolierschicht« zwischen dem Gebäck und einer zweiten Glasur, meist Fondant (siehe Seite 122).
Die Aprikotur sorgt für eine makellos glatte Oberfläche und verhindert ein Eindringen des Fondants in die Poren des Gebäcks. Der Fondantbelag oder -mantel wird dadurch weniger schnell matt und spröde und behält länger seinen attraktiven Glanz. Auch unter einer Marzipanschicht kann Aprikotur aufgestrichen werden.

Grundrezept: Aprikotur

80 g Zucker
100 ml Wasser
1 EL Zitronensaft
200 g passierte Aprikosenkonfitüre

1 Zucker, Wasser und Zitronensaft in einem Topf aufkochen, bis ein klarer Zuckersirup entstanden ist.

2 Den Zuckersirup anschließend mit der Konfitüre verrühren und weiterverfahren, wie in der Bildfolge unten beschrieben.

Für die Aprikotur Zuckersirup und Konfitüre um ein Drittel einkochen, das dauert etwa 10 Minuten.

Die Aprikotur durch ein feines Sieb passieren, weitere 2 bis 3 Minuten kochen. Bis zur Verwendung zugedeckt aufbewahren.

BACKSCHULE

Bayerische Creme

Die Bayerische Creme ist genau genommen nur eine Kombination von Vanillecreme und geschlagener Sahne, die nötige Stabilität erhält sie durch Gelatine. Zum Stürzen der Creme braucht man auf ½ l Milch 7 Blatt Gelatine, um ihr genügend Halt zu verleihen. Wird die Creme als Tortenfüllung verwendet, reichen 5 Blatt Gelatine vollkommen aus.

Grundrezept: Bayerische Creme

½ l Milch, 1 Vanilleschote
4 Eigelbe, 100 g Zucker
5 bis 7 Blatt Gelatine
500 g Sahne, geschlagen

Aus Milch, Vanilleschote, Eigelben, Zucker eine Vanillecreme (siehe Seite 144) herstellen. Wie unten gezeigt, weiterverfahren.

Tipps Leichter und luftiger wird eine Bayerische Creme, wenn man statt geschlagener Sahne Eischnee unter die Vanillecreme hebt.

Die Bayerische Creme lässt sich vielfältig abwandeln. So können Sie 150 g gehackte Bitterschokolade in die Creme rühren oder die Creme mit 5 Teelöffeln löslichem Espressopulver aromatisieren.

Die eingeweichte Gelatine unter die warme Vanillecreme rühren, bis sich die Gelatine vollständig aufgelöst hat.

Die Creme durch ein Sieb in eine Schüssel auf Eiswasser passieren; dadurch werden eventuell vorhandene Klümpchen herausgefiltert.

Die Creme auf Eiswasser kalt rühren. Dabei keinesfalls schlagen, sondern nur rühren, denn die Creme soll nicht schaumig werden.

Ist die Creme genügend ausgekühlt und leicht dickflüssig, die geschlagene Sahne mit dem Schneebesen unterziehen.

Canache-Glasur

Soll die Oberfläche einer Torte weich und anschmiegsam sein, eignet sich eine Canache-Glasur; sie wird auch als Ganache-Glasur oder als Pariser Creme bezeichnet. Dabei handelt es sich um eine weiche Schokoladenglasur, die beim Abkühlen nicht ganz fest wird. Sie lässt sich sogar zum Glasieren von Torten verwenden, die mit Mousse oder Creme überzogen sind. Darüber hinaus ist sie genau richtig für feines Konfekt. Die Canache-Glasur kann mit Zartbitter- oder mit Milchkuvertüre zubereitet werden.

Ist die Glasur einmal fertiggestellt, muss sie über Nacht kühlen, bevor sie verwendet wird. Im Kühlschrank lässt sie sich auch einige Tage aufbewahren. Bei Bedarf kann die Canache einfach auf einem warmen Wasserbad unter gelegentlichem Rühren oder in der Mikrowelle wieder erwärmt werden. Verarbeiten sollten Sie die Canache bei einer Temperatur von 30 °C.

Während die Zubereitung selbst ganz einfach ist, kann die Beschaffung von Glucosesirup etwas problematisch sein. Im Einzelhandel ist er derzeit kaum erhältlich; man bittet am besten seinen Bäcker oder Konditor darum. Der Vorteil gegenüber Läuterzucker: Glucosesirup kann nicht auskristallisieren.
Wenn Sie Glucosesirup nicht bekommen, können Sie die Canache-Glasur auch mit Butter zubereiten. Schmelzen Sie dafür 350 g Zartbitterkuvertüre über dem Wasserbad und erhitzen Sie separat 300 g Sahne mit 40 g Butter und 1 EL Zucker in einem Topf (nicht zu stark erhitzen!). Diese Mischung zur geschmolzenen Kuvertüre gießen und alles glatt rühren.

Grundrezept: Canache

380 g Kuvertüre nach Wahl
⅛ l Milch
85 g Sahne
50 g Zucker
65 ml Wasser
65 g Glucosesirup

Die Kuvertüre reiben oder fein hacken. Die Glasur zubereiten, wie in der Bildfolge unten beschrieben.

Tipp Anstelle von Zartbitterkuvertüre können Sie hochwertige Schokolade mit einem Kakaoanteil von mindestens 70 % verwenden.

Canache-Glasur: Milch, Sahne, Zucker, Wasser und Glucosesirup gut miteinander verrühren.

Die Mischung unter Rühren aufkochen lassen, dann vom Herd nehmen.

Die geriebene oder feingehackte Kuvertüre zufügen und darin schmelzen lassen.

Eiweißglasur

Die einfachste Methode, eine Zuckerglasur herzustellen, ist die, einfach gesiebten Puderzucker mit Wasser und Zitronensaft oder einer anderen aromatisierenden Flüssigkeit anzurühren. Oder Sie rühren den Puderzucker, wie in diesem Rezept, mit Eiweiß und Zitronensaft an. Erhöht man entweder die Puderzucker- oder die Eiweißmenge, kann man die Konsistenz der Glasur steuern – je höher der Anteil an Puderzucker, desto zäher wird sie.

Möchten Sie eine solche Eiweißglasur für Spritzdekorationen verwenden, sollten Sie sie in kleineren Portionen und nicht mit dem Rührgerät zubereiten, da sie sonst zu schaumig wird. Auf jeden Fall aber sollten Sie die Glasur mit einem feuchten Tuch abdecken, wenn sie nicht gleich verbraucht wird, damit die Oberfläche nicht austrocknet.

Grundrezept: Eiweißglasur

150 bis 180 g Puderzucker
1 Eiweiß
2 TL Zitronensaft

Den Puderzucker sieben. Im Anschluss daran weiterverfahren, wie in der Bildfolge unten beschrieben, dabei das Handrührgerät auf höchster Stufe laufen lassen.

Tipps Nach Belieben können Sie die Eiweißglasur auch mit Orangensaft zubereiten. Oder Sie verleihen ihr mit Fruchtsaft, wie Rote-Bete- oder Möhrensaft, oder mit Lebensmittelfarbe einen attraktiven Pastellton.

Zum Herstellen von Ornamenten und Figuren aus Eiweißspritzglasur muss die Glasur einen spritzfähigen Stand haben.

Die Ornamente lassen sich gut auf Vorrat herstellen, indem Sie die Glasur in den gewünschten Formen auf leicht gefettetes Backpapier spritzen und im 50 °C warmen Backofen langsam trocknen lassen. Die getrockneten Garnituren können Sie anschließend mit einem Messer vorsichtig vom Papier lösen und bis zur Verwendung trocken und kühl aufbewahren.

Für die Eiweißglasur den Puderzucker, das Eiweiß und den Zitronensaft in eine Schüssel geben.

Alle Zutaten verrühren, bis eine glatte, seidig glänzende Masse entstanden ist.

BACKSCHULE

Fondant herstellen

Einen Fondant selbst zu machen, ist etwas aufwendig. Alternativ können Sie fertigen Fondant verwenden, der nur noch erhitzt werden muss, bis er sich optimal verarbeiten lässt. Wie das geht, zeigt die Bildfolge rechts. Beachten Sie dabei, dass der Fondant höchstens auf 35 °C erhitzt werden darf – sonst setzen sich Zuckerkristalle ab, und die Glasur glänzt nach dem Trocknen nicht. Fondant kann übrigens mit Milch, Eiweiß oder Wasser verdünnt, mit Zuckercouleur oder Lebensmittelfarbe eingefärbt oder mit Bränden und Likören aromatisiert werden.

Grundrezept: Fondant

Für Fondant kocht man einen Zuckersirup – etwa aus 500 g Zucker und ¼ l Wasser – unter ständigem Rühren, bis er eine Temperatur von 113 °C erreicht hat. Dann wird der Sirup auf einer Marmorplatte mit einer Palette so lange durchgearbeitet – in der Fachsprache nennt man dies »tablieren« –, bis er gleichmäßig milchig-weiß ist. Mit diesem oder einem fertig gekauften Fondant weiterverfahren, wie in der Bildfolge rechts und unten gezeigt.

Tipps Fondantmasse ist knetbar. Deshalb eignet sie sich auch für die Herstellung kleiner Süßigkeiten wie Fondantkringel. Diese können Sie zusätzlich noch ganz oder teilweise in geschmolzene Kuvertüre tauchen.

Bevor Sie Torten mit Fondant überziehen, ist es wichtig, diese vorher mit Aprikotur zu bestreichen. Sie sorgt für eine völlig glatte Oberfläche und verhindert ein Eindringen des Fondant in die Poren des Gebäcks. Zudem wird die Fondantglasur weniger schnell matt und behält ihren schönen Glanz länger.

Die Ringe von innen nach außen verziehen, dabei das Messer oder die Palette nach jedem Zug an einem Tuch abwischen.

FÜLLUNGEN UND GLASUREN – FONDANT HERSTELLEN

Fertigen Fondant vor der Verwendung auf dem Wasserbad auf 35 °C erwärmen, bis er dickflüssig vom Löffel läuft.

Die Tortenoberfläche mit Aprikotur (siehe Seite 115) überziehen, diese etwas antrocknen lassen.

Den hellen Fondant gleichmäßig und zügig darauf verstreichen. Ein wenig Fondant mit Zuckercouleur einfärben.

Soll die Torte ganz mit Fondant überzogen werden, diese auf ein Kuchengitter setzen und den Fondant über den Rand laufen lassen.

Den dunklen Fondant – er muss die gleiche Konsistenz haben wie der helle – in einer weiten Spirale auf die Torte spritzen.

Gelatine auflösen

Blattgelatine

Blattgelatine muss man vor dem Auflösen für etwa 3 Minuten in kaltem Wasser einweichen und einige Minuten quellen lassen. Anschließend nimmt man die gequollenen Blätter aus dem Wasser und drückt sie behutsam mit den Händen aus.

In warme Cremes und Flüssigkeiten kann die Gelatine nun direkt eingerührt werden. Rühren Sie so lange, bis sie sich ganz aufgelöst hat.
Wichtig: Die gequollene Gelatine niemals in kochende Flüssigkeiten geben, weil sie dann ihre Gelierkraft verlieren würde.
Ist die Gelatine für eine kalte Creme oder Flüssigkeit bestimmt, muss sie vor dem Einrühren aufgelöst werden. Dies geschieht, indem man entweder die ausgedrückten Blätter in eine Suppenkelle gibt und über Wasserdampf schmelzen lässt (siehe Bild links). Oder man gibt die ausgedrückte Gelatine in einen Topf mit wenig heißer Flüssigkeit und löst sie darin bei schwacher Hitze unter Rühren auf.

Die geschmolzene Gelatine wird zuerst mit einigen Esslöffeln von der kalten Creme bzw. Flüssigkeit verrührt. Diese Mischung gibt man anschließend zur restlichen Creme bzw. Flüssigkeit und rührt sie zügig unter.

Pulvergelatine

Pulverisierte Gelatine muss mit etwas kaltem Wasser verrührt werden (beachten Sie die Packungsanleitung). Ohne Ausdrücken wird sie danach weiterverarbeitet, wie für Blattgelatine beschrieben.

Sofort- oder Instant-Gelatine

Diese Gelatine können Sie direkt aus dem Tütchen an warme oder kalte Massen oder Flüssigkeiten geben (beachten Sie die Packungsanleitung).

Tipp Sie können Gelatine auch im Mikrowellengerät auflösen. Hierfür die ausgedrückten Gelatineblätter bzw. die gequollene Pulvergelatine in eine kleine Schale geben und bei höchster Leistungsstufe flüssig werden lassen.

Pulvergelatine mit wenig kaltem Wasser verrühren und einige Minuten quellen lassen.

Gequollene Blattgelatine muss vor dem Schmelzen behutsam, aber gründlich ausgedrückt werden.

Karamell kochen

Karamell wird zum Aromatisieren von Cremes sowie zum Verzieren von Gebäck und Desserts verwendet.

Die klassische Herstellungsmethode ist, Zucker in einem Topf zu erhitzen, bis er die gewünschte Farbe angenommen hat (siehe Bildfolge unten).

Eine andere Möglichkeit der Karamellherstellung besteht darin, dass man 500 g Zucker mit 80 ml Wasser aufkocht und diese Mischung so lange kochen lässt, bis der gewünschte Bräunungsgrad erreicht ist.
Bei beiden Verfahren ist wichtig, dass nicht umgerührt werden darf, weil dann der Zucker auskristallisieren könnte – in der Fachsprache nennt man diesen Vorgang »absterben« –, und der Karamell wäre unbrauchbar.

Ein Kristallisationsprozess kann aber auch ausgelöst werden, wenn sich Zucker an der Wand des Topfes festsetzt. Deshalb muss man unbedingt mit einem Pinsel, den man zwischendurch immer wieder anfeuchtet, ständig an der Topfwand entlangfahren, um entstehende Kristalle gleich wieder aufzulösen.

Je nach Verwendungszweck kann der gebräunte Zucker mit Wasser oder Fruchtsaft abgelöscht werden, damit er nicht vollständig erstarrt.

Karamellgitter

Um Gebäck, wie links im Bild gezeigt, mit einem feinen Karamellgitter zu versehen, nimmt man den heißen, flüssigen Karamell auf eine Gabel und bewegt diese so über dem Gebäck, dass der Karamell in Fäden herunterlaufen kann. Dies muss rasch geschehen, bevor der Karamell fest wird.

Träufelt man den Karamell auf die beschriebene Weise auf Backpapier, erhält man kleine Ornamente, die sich beispielsweise zum Garnieren von Torten, Kleingebäck, Süßspeisen und Eisbechern eignen.

Zucker in den Topf geben und erhitzen, bis er flüssig ist. Nicht rühren, sondern allenfalls den Topf leicht schwenken, damit sich der Zucker verteilt.

Den geschmolzenen Zucker weitererhitzen, bis er den gewünschten Bräunungsgrad (hell, mittel, dunkel) erreicht, dann rasch weiterverarbeiten.

BACKSCHULE

Konditorcreme herstellen

Bei der Konditorcreme – auch Crème pâtissière genannt – handelt es sich um eine vielseitig verwendbare Grundcreme. Ihre Bindung erhält sie durch Speisestärke, die zuvor mit Zucker, Eigelben und etwas Milch angerührt wurde. Meist wird die Konditorcreme mit Vanille aromatisiert, doch lässt sie sich ebenso mit Zitronenschale, Likören, Kaffee oder Schokolade abschmecken.

Je nach gewünschter Konsistenz lässt man die Konditorcreme in einem Gefäß erkalten oder rührt sie nach dem Kochen kalt, wodurch sie besonders cremig gerät. Wird noch geschlagene Sahne oder Eischnee untergehoben, eignet sich die Masse ganz hervorragend als Füllcreme für viele verschiedene Kuchen und Torten sowie Kleingebäck wie Törtchen und Schnitten.

Grundrezept: Konditorcreme

½ l Milch
½ Vanilleschote, aufgeschlitzt
100 g Zucker
4 Eigelbe
40 g Speisestärke

1 Von der Milch ⅛ l abnehmen und beiseitestellen. Die übrige Milch mit der Vanilleschote und der Hälfte des Zuckers in einem Topf aufkochen.

2 Inzwischen die Eigelbe mit dem restlichen Zucker (50 g), der Speisestärke und der beiseitegestellten Milch mit einem Schneebesen verrühren, wie unten im ersten und zweiten Bild gezeigt.

3 Die Eiermilch langsam unter ständigem Rühren zur heißen Vanillemilch gießen, wie im dritten Bild gezeigt.

4 Die Creme einige Male aufkochen lassen, dabei gleichmäßig durchrühren.

5 Die fertige Creme vom Herd nehmen und mit Puderzucker bestauben. So verhindert man, dass sich während des Abkühlens eine Haut bildet.

Variante: Buttercreme

Buttercremes sind zwar üppig, aber für manche Torten braucht man sie doch. Dafür wird eine Konditorcreme einfach mit 350 g Butter angereichert. Am besten die Butter mit einem Handrührgerät schaumig rühren und unter die Konditorcreme mischen, dabei darauf achten, dass Creme und Butter die gleiche Temperatur haben, damit die Buttercreme nicht gerinnt.

Die Eigelbe mit 50 g Zucker und der Speisestärke in eine Schüssel geben. ⅛ l Milch zugießen.

Alles gut verrühren. Restliche Milch mit restlichem Zucker und der Vanilleschote aufkochen.

Die Eiermischung kurz durchrühren. Langsam in die kochende Vanillemilch gießen; unterrühren.

BACKSCHULE

Krokant herstellen

Für klassischen Krokant wird Karamell mit gehackten oder gehobelten Mandeln oder Nusskernen, aber auch mit Sonnenblumenkernen oder Sesamsamen vermengt.

Butterkrokant entsteht, indem man den Zucker mit Butter karamellisiert, bevor Mandeln, Nüsse oder Samen zugefügt werden.

Für Blätterkrokant wird die noch warme Nuss-Karamell-Masse ausgerollt und dann wie Blätterteig »getourt« (siehe Seite 83).

Klassischer Krokant wird nach dem Erstarren zerkleinert und vorzugsweise zum Garnieren von Torten und Biskuitrouladen verwendet. Soll er aufgestreut werden, zerkleinert man ihn recht fein – ein Blitzhacker ist da sehr hilfreich. Zum Verzieren eines Tortenrandes jedoch ist grob zerkleinerter Krokant besser geeignet.

Grundrezept: Krokant

250 g Zucker
1 EL Zitronensaft
125 g Mandelblättchen, etwas angewärmt

Eine Arbeitsfläche mit Öl bepinseln und den Krokant zubereiten, wie in der Bildfolge rechts beschrieben. Den Krokant nach dem Abkühlen mit einem Fleischklopfer oder einem Gewicht zerschlagen, dabei zum Schutz vor umherspringenden Splittern mit Folie bedecken.

FÜLLUNGEN UND GLASUREN – KROKANT HERSTELLEN

Zunächst nur die Hälfte des Zuckers mit dem Zitronensaft in einem Topf erhitzen.

Sobald der Zucker geschmolzen ist, den restlichen Zucker in 2 bis 3 Portionen zufügen.

Mit einem Pinsel, den man immer wieder anfeuchtet, ständig am Topfrand entlangfahren.

Die Mandelblättchen in den Karamell schütten und sofort unterrühren, bis sie davon überzogen sind.

Die Masse auf die Arbeitsfläche schütten und sofort verteilen, damit der Krokant nicht aufeinanderklebt.

Den heißen Krokant mit einem gut mit Öl bepinselten Rollholz zu einer Platte ausrollen.

BACKSCHULE

Kuvertüre temperieren

Kuvertüre ist die Schokolade, die auf die Anforderungen von Patisserie und Confiserie optimal abgestimmt, also beispielsweise zum Überziehen von Kuchen mit einer knackigen, festen Glasur oder für Pralinen-Tauchbäder geeignet ist. Denn beim Erhitzen wird sie wesentlich dünnflüssiger als normale Tafelschokolade (das liegt an ihrem höheren Anteil an Kakaobutter) und schmiegt sich damit den Oberflächen von Gebäck oder Konfekt hervorragend an.

Zur fachmännischen Verwendung muss Kuvertüre sorgfältig temperiert werden, das heißt, sie wird zunächst bei maximal 40 °C geschmolzen und dann ganz langsam und vorsichtig auf die für die Weiterverarbeitung ideale Temperatur gebracht. Diese liegt für bittere Kuvertüre zwischen 30 und 33 °C, für weiße und Milch-Kuvertüre zwischen 30 und 32 °C.

Unterschreitet man diese Richtwerte, ist die Schokolade zu dickflüssig und wird beim Erstarren matt, überschreitet man sie dagegen, bekommt die Oberfläche beim Erstarren Schlieren, weil sich die Kakaobutter abgesetzt hat. Sollte das bei aller Vorsicht dennoch einmal passieren, muss man die Kuvertüre nochmals sorgfältig temperieren. Wer genügend Erfahrung im Umgang mit Kuvertüre besitzt, hat die notwendigen Temperaturen vermutlich im Gefühl. Doch zu Beginn ist ein genaues (Zucker-)Thermometer ein unverzichtbares Hilfsmittel.

Aber nicht nur die Temperatur der Kuvertüre ist ausschlaggebend für das Gelingen, sondern auch die Temperatur dessen, was damit überzogen werden soll. Konfekt, Torten und alles, was einen knackigen, glänzenden Schokoladenüberzug erhalten soll, muss etwa zwischen 20 und 27 °C warm sein – bei niedrigerer Temperatur wird die geschmolzene Kuvertüre zu schnell fest und erstarrt ungleichmäßig.

FÜLLUNGEN UND GLASUREN – KUVERTÜRE TEMPERIEREN

Die Kuvertüre mit einem schweren Messer in kleine Stücke schneiden oder hacken.

Die Hälfte der Kuvertürestücke auf dem warmen Wasserbad unter Rühren schmelzen.

Dabei sollte die Temperatur der Kuvertüre 40 °C auf keinen Fall übersteigen.

Vom Wasserbad nehmen. Restliche Kuvertürestücke zufügen und in der Masse unter Rühren schmelzen.

Die Kuvertüre wieder auf etwa 32 °C erwärmen, das geht am besten mit einem Thermometer auf dem Wasserbad.

Glänzt die Oberfläche nach dem Erstarren seidig wie auf der Palette vorn, ist die Kuvertüre zum Auftragen richtig temperiert.

BACKSCHULE

Marzipanmantel mit Glasur

Besonders gleichmäßig lässt sich Gebäck glasieren, wenn man dafür eine einheitliche, glatte Oberfläche zur Verfügung hat. Sehr gut eignet sich beispielsweise ein Marzipanmantel, der eine Torte umschließt.

Dabei sollte man allerdings daran denken, dass diese Marzipan-Trennschicht auch geschmacklich mit dem jeweiligen Gebäck harmonieren muss; besonders gut passt der intensive Mandelgeschmack des Marzipans zu Früchten oder zu Schokolade. Oft wird deshalb ein Marzipanmantel anschließend noch mit Kuvertüre überzogen.

Der im folgenden Rezept angegebene Marzipanmantel, für den man handelsübliche Marzipanrohmasse mit Puderzucker verknetet, reicht für eine Torte von 24 cm Durchmesser.

In der Bildfolge rechts wird im vierten, fünften und sechsten Bild die Torte anschließend noch mit Canache (siehe Seite 119) glasiert. Soll die Glasur knackig sein, können Sie den Marzipanmantel genauso gut mit temperierter Zartbitterkuvertüre (siehe Seite 132) überziehen.

Grundrezept: Marzipanmantel

200 g Marzipanrohmasse
80 g Puderzucker

1 Die Marzipanrohmasse in Stücke schneiden. Den Puderzucker sieben und unter die Marzipanrohmasse kneten. Die Masse lässt sich mit Spirituosen, wie Kirschwasser, aromatisieren (siehe Bildfolge unten).

2 Eine Arbeitsfläche mit Puderzucker besieben und das Marzipan darauf zu einer 2 bis 3 mm dicken runden Platte ausrollen. Weiterverfahren, wie in der Bildfolge rechts (erstes bis drittes Bild) beschrieben.

Marzipanrohmasse kneten

Marzipanrohmasse mit dem Puderzucker auf eine Arbeitsfläche geben, Kirschwasser zugießen.

Mit den Händen alles möglichst zügig zu einer glatten Masse verkneten.

FÜLLUNGEN UND GLASUREN – MARZIPANMANTEL MIT GLASUR

Marzipanmantel: Die Marzipanmasse ausrollen, in der Mitte zusammenklappen und über eine Hälfte der Torte legen.

Die Oberfläche der Marzipanplatte mit den Händen von der Mitte aus glatt streichen. Den Rand mit einer Palette andrücken.

Das überstehende Marzipan mit einem Messer entlang der Unterkante der Torte abschneiden und die Marzipanreste entfernen.

Die Torte auf ein Kuchengitter setzen, alles auf ein Blech stellen und die Glasur auf die Torte gießen.

Die Glasur mit einer Palette auf der Oberfläche verteilen, dabei darauf achten, dass die Glasur auch über den Rand läuft.

Die Glasur auch am Rand glattstreichen und zum Schluss noch einmal die Oberfläche glätten.

BACKSCHULE

Ornamente

Für Spritzdekorationen können Sie entweder einen handelsüblichen Spritzbeutel oder eine selbst gemachte Papiertüte (siehe rechts) verwenden. Die Papiertüte eignet sich besonders gut für Filigranes, da man den Durchmesser der Linien oder Tupfen exakt bestimmen kann.

Zu Spritzbeuteln gibt es stets passende Loch- und Sterntüllen aus Metall oder Kunststoff. Die Größe der Tülle hängt von der Beschaffenheit der Masse ab, die gespritzt werden soll. Solche mit lockerer, luftiger Konsistenz, wie geschlagene Sahne oder Baisermasse, verlangen nach einer größeren Tülle als gehaltvolle Cremes. Doch die Breite einer Linie oder Rosette hängt nicht nur von der Tülle ab, sondern auch von dem Druck, den man beim Spritzen auf den Beutel ausübt. Gerade wenn Sie durchgehende Muster wie Linien oder Wellen spritzen, sollten Sie daher möglichst mit gleich bleibendem Druck arbeiten. Darüber hinaus darf während des Spritzens der »Faden« nicht reißen. Ursache dafür können Luftblasen im Spritzbeutel sein. Deshalb die Masse schon während des Einfüllens immer wieder einmal an das untere Ende des Beutels schütteln. Ein Tipp für das Spritzen von Rosetten: Beim Absetzen den Beutel abrupt nach oben hin wegziehen, damit eine saubere Spitze entsteht.

Spritzbeutel aus Papier

Aus Pergamentpapier ein gleichschenkliges Dreieck mit einer langen Grundseite ausschneiden. Die Grundseite mit Daumen und Zeigefinger einer Hand mittig halten, mit der anderen Hand das Papier erst eindrehen, dann ganz aufrollen; die Spitze der Tüte muss vollständig geschlossen sein. Um die Form der Tüte zu fixieren, eines der nach oben überstehenden Enden nach innen knicken. Nach dem Füllen die Luft aus der Tüte drücken, die hochstehenden Enden zusammenfalten. Die Spitze der Tüte je nach gewünschter Linien- oder Tupfenstärke abschneiden.

FÜLLUNGEN UND GLASUREN – ORNAMENTE

Für filigrane Schokoladenblüten die geschmolzene Schokolade in einen selbst gemachten Spritzbeutel aus Papier (siehe links) füllen.

Die Schokolade mit gleichmäßigem Druck auf Backpapier oder Frischhaltefolie spritzen, evtl. Papier mit vorgezeichneten Blüten darunterlegen.

Buttercreme in einen Spritzbeutel mit entsprechender Tülle füllen (im Bild gezeigt: eine Lochtülle).

Eine gerillte Oberflächenstruktur erhalten Linien aus Buttercreme, wenn Sie eine Sterntülle verwenden.

Klassische Sahnetupfen spritzt man mit einer großen Sterntülle auf. Beim Absetzen den Beutel abrupt nach oben hin wegziehen.

Sahne steif schlagen

Als Begleitung zum Kuchen und beim Backen ist Sahne unverzichtbar. Aber Sahne ist nicht unbedingt gleich Sahne. Denn es gibt sie in verschiedenen Fettstufen, die dadurch entstehen, dass das durch das Zentrifugieren gewonnene Milchfett zu unterschiedlichen Anteilen wieder mit Magermilch versetzt und dann homogenisiert wird, damit sich beides gut vermischt.
Der Fettgehalt entscheidet bei der Sahne über die Verwendungsmöglichkeiten. Die magerste Sahne ist Kaffeesahne, die mindestens 10 % Fett enthält. Sie wird bei der Zubereitung von Torten für manche Glasuren verwendet. Sahne hat 20 bis 30 % Fett. Nach dem deutschen Lebensmittelrecht darf Sahne nur als Schlagsahne bezeichnet werden, die einen Fettgehalt von 30 % oder mehr aufweist. Zum Steifschlagen eignet sich Schlagsahne mit mindestens 32 % Fett am besten. Kochsahne gibt es auch mit 15 % Fett.
Für Cholesterinbewusste gibt es einen rein pflanzlichen Schlagsahne-Ersatz, der allerdings geschmacklich nicht mit echter Sahne mithalten kann.

Schlagsahne als Füllung

Für Cremes und Füllungen eignet sich ausschließlich Schlagsahne: Nur sie lässt sich, wie der Name schon sagt, mit Schneebesen oder Handrührgerät luftig aufschlagen, wie in der Bildfolge rechts oben gezeigt. Geht man dabei fachmännisch vor (Schüssel, Schneebesen oder die Quirle des Handrührgeräts sollten gut gekühlt sein, und am besten arbeitet man auch in einem nicht zu warmen Raum), bleibt steif geschlagene Sahne

FÜLLUNGEN UND GLASUREN – SAHNE STEIF SCHLAGEN

Die Sahne in einer gekühlten Schüssel mit dem Handrührgerät bei mittlerer Stufe aufschlagen.

Weiterschlagen, bis die Sahne ganz deutlich an Volumen zugenommen hat.

bei entsprechender Kühlung 6 bis 8 Stunden standfest. Danach beginnt sie an Volumen zu verlieren und »setzt ab«, das heißt, die festen Bestandteile trennen sich von den flüssigen. Um dies zu verzögern, kann man geschlagene Sahne mit Gelatine oder stärkehaltigen Mitteln versetzen; Letztere beeinträchtigen allerdings ein wenig den Geschmack.

Manuell oder elektrisch schlagen

Wird ein Handrührgerät oder eine Küchenmaschine mit Schneebesen verwendet, sollte man das Gerät nicht auf der höchsten Stufe in Betrieb nehmen – das Aufschlagen braucht etwas Zeit, damit die Sahne luftig und locker wird. Wichtig ist auch, die Sahne nicht zu lange zu schlagen; sie wird sonst zu kompakt, flockt aus und bekommt eine butterähnliche Konsistenz. Für gesüßte Schlagsahne wird der Zucker vor dem Aufschlagen zugefügt; dabei rechnet man etwa 30 g Zucker auf 500 g Sahne. Nimmt man Vanillezucker, ist die Sahne nicht nur gesüßt, sondern gleichzeitig auch aromatisiert.

Aromatisieren

Um Sahne noch mehr Geschmack zu verleihen, gibt es zahllose Möglichkeiten: So verleihen 500 g Sahne beispielsweise 2 EL lösliches Kaffeepulver, 4 cl Kirschwasser oder andere geschmackvolle Alkoholika ganz neue Nuancen. Eingerührt werden die Aromaten stets in die halbsteif geschlagene Sahne. Auch 120 g Mandel- bzw. Nusskrokant oder 100 g geröstete Nüsse (beides sehr fein gemahlen) sorgen für eine interessante Note; sie werden erst unter die steif geschlagene Sahne gehoben.

Sahnecremes

Vielfach wird Sahne auch unter Cremes gezogen, um diese im Geschmack abzurunden. Die Vanillecreme und die Weincreme sind gute Beispiele dafür. Dafür wird in der Grundcreme, solange sie noch warm ist, Gelatine aufgelöst, um sie zu binden. Später kommt die geschlagene Sahne dazu. Dabei muss man jedoch ein wenig aufpassen: Ist die Grundcreme noch zu warm, wird die Sahne wieder flüssig, ist sie schon zu sehr erstarrt, verbindet sich beides nicht mehr richtig. Der optimale Zeitpunkt ist erreicht, wenn der Schneebesen beim Rühren der gelierenden Creme erstmals sichtbare Spuren hinterlässt: Dann zeigt die Gelatine ihre Wirkung, und die Creme beginnt fest zu werden – der optimale Zeitpunkt, um die geschlagene Sahne behutsam unterzuziehen.

Schokoladen-Sahne-Creme

Für Schokoladen-Sahne-Creme benötigt man 150 g Kuvertüre und 550 g Sahne. Sie herzustellen ist kein Kunststück, aber auch hier gibt es etwas zu beachten.

Die Kuvertüre nach Belieben – das Rezept funktioniert mit jeder Kuvertüresorte, auch mit weißer – zerkleinern und in erhitzter Sahne schmelzen, wie in der Bildfolge unten zu sehen. Wichtig ist, die noch warme Mischung mit dem Mixstab schön glatt zu rühren – zu homogenisieren –, damit sich Sahne und Schokolade komplett vermischen. Die Mischung kühl stellen und erst dann aufschlagen. Lässt man sie lange genug durchkühlen, am besten über Nacht, kann man sie problemlos aufschlagen, und sie bleibt auch eine ganze Weile steif.

Tipp Wird die Schokoladen-Sahne-Creme mit Zartbitterkuvertüre hergestellt, eignet sie sich auch als Dessert, ähnlich einer Mousse au chocolat. Zum Servieren von der Masse am besten Nocken abstechen und diese nach Belieben mit Obst, beispielsweise Beeren oder Kirschen, anrichten.

Die Sahne aufkochen und die zerkleinerte Kuvertüre zugeben.

Die Schokoladenstückchen unter ständigem Rühren in der heißen Sahne schmelzen.

Die Schokoladensahne mit dem Mixstab homogenisieren. Zugedeckt 24 Stunden kühl stellen.

Vor Gebrauch die Schokoladensahne mit dem Handrührgerät aufschlagen.

BACKSCHULE

Schokoladen-Dekorationen

Schokoladenblätter herstellen

Nicht nur zum Überziehen, sondern auch für Dekorationen eignet sich Kuvertüre hervorragend. So kann man damit ganz einfach Schokoladenröllchen oder Schokoladenblätter herstellen, wie in den beiden Bildfolgen rechts gezeigt.

Die echten Blätter, die man als Vorlage für die Schokoladenblätter benötigt, müssen vor der Verwendung gründlich gewaschen und trocken getupft werden. Gut eignen sich feste Blätter mit glatter Oberfläche, wie Efeu-, Lorbeer- oder Zitrusblätter.

Für die Schokoladenblätter ein echtes, möglichst glattes Blatt über die Oberfläche der Kuvertüre ziehen. Oder die Oberfläche eines Blattes mit einem kleinen Pinsel gleichmäßig mit Kuvertüre bestreichen. Wenn die Kuvertüre vollständig erstarrt ist, das Blatt am Stiel fassen und vorsichtig abziehen. Schokoladenblätter sind eine ebenso effektvolle wie ideale Dekoration für Torten, vor allem natürlich für eine feinherbe Schokoladentorte.

Schokoladenröllchen machen

Die temperierte Kuvertüre hauchdünn auf eine glatte Oberfläche, beispielsweise eine Marmorplatte, streichen und fast erstarren lassen. Mit einem Messer Streifen in der gewünschten Röllchenbreite einritzen. Einen Spachtel in flachem Winkel ansetzen und die Röllchen abschaben. Die Röllchen bis zur Verwendung kühl stellen.

FÜLLUNGEN UND GLASUREN – SCHOKOLADEN-DEKORATIONEN

Schokoladenblätter

Entweder ein echtes Blatt über die Oberfläche der geschmolzenen Kuvertüre ziehen.

Oder die Oberfläche eines Blattes mit einem Pinsel mit Kuvertüre bestreichen.

Sobald die Kuvertüre erstarrt ist, das Blatt am Stiel fassen und vorsichtig abziehen.

Schokoladenröllchen

Die temperierte Kuvertüre auf eine glatte Oberfläche streichen und fast erstarren lassen.

Mit einem Messer in der gewünschten Breite einritzen und mit einem Spachtel Röllchen abschaben.

BACKSCHULE

Vanillecreme

Die Vanillecreme, auch Englische Creme genannt, ist Ausgangsrezept für eine ganze Reihe von Desserts und Tortenfüllungen. Ihre zarte Struktur verdankt sie dem Eigelb, das beim Gerinnen die Flüssigkeit bindet.
Wichtig bei der Zubereitung ist: Es dürfen keinerlei Eiweißreste an den Eigelben haften. Das Eiweiß würde sonst beim Erhitzen zu Klümpchen gerinnen. Ebenfalls wichtig: Die Creme darf keinesfalls kochen, sonst würde das Ei stocken, und die Creme würde nicht mehr geschmeidig werden.

Grundrezept: Vanillecreme

½ l Milch
¼ Vanilleschote
6 Eigelb
100 g Zucker
eventuell 5 Blatt Gelatine

In einer Kasserolle die Milch mit der aufgeschlitzten Vanilleschote aufkochen. Die Schote herausnehmen und das Mark in die heiße Milch zurückstreifen. Die Vanillemilch warm stellen und weiterverfahren, wie in den Bildfolgen unten und rechts gezeigt.

Tipps Will man der Vanillecreme eine größere Festigkeit geben, kann man geschmolzene weiße Gelatine (siehe Seite 125) in die noch heiße Creme rühren.

Eine Alternative zur Herstellung einer Vanillecreme ist die Konditorcreme (siehe Seite 128). Sie erhält zusätzliche Bindung durch Speisestärke.

Die Eigelbe und den Zucker in einer Schüssel mit dem Schneebesen zuerst leicht vermischen, dann etwas kräftiger schlagen.

Die Eigelb-Zucker-Masse mit dem Schneebesen cremig, aber nicht schaumig rühren, da die Creme sonst zu viel Luft enthält.

FÜLLUNGEN UND GLASUREN – VANILLECREME

Die noch heiße Vanillemilch nach und nach zur Eigelb-Zucker-Masse gießen, dabei ständig rühren.

Die Creme in einen Topf umfüllen und unter ständigem Rühren vorsichtig erhitzen.

Die Creme so lange erhitzen, bis sie leicht angedickt auf dem Kochlöffel liegen bleibt. Sie darf dabei aber nicht kochen.

Die Creme durch ein feines Sieb passieren. Falls sich doch Klümpchen gebildet haben sollten, werden sie dabei entfernt.

BACKSCHULE

Zucker-Dekorationen

Die einfachste Art, Gebäck mit Zucker zu dekorieren, ist, es dünn mit Puderzucker zu bestauben. Nach Belieben kann man auf die Oberfläche des Kuchens vorher noch eine Schablone legen, um ein Muster zu erzeugen. Schablonen gibt es im Fachhandel zu kaufen, sie lassen sich aber auch aus Karton zuschneiden. Raffiniert, aber dennoch einfach sind die beiden folgenden Zucker-Dekorationen.

Gezuckerte Blütenblätter

Aus ungespritzten essbaren Blütenblättern wie Rosen- oder Veilchenblättern sowie Eiweiß und feinem Zucker können Sie ganz einfach effektvolle Dekorationen herstellen.
Die süßen Blütenblätter passen gut auf Torten und Törtchen, die mit zarter Creme oder Sahne gefüllt sind. Ebenfalls können Sie natürlich cremige Desserts damit garnieren. In der Bildfolge unten erfahren Sie Schritt für Schritt, wie die süßen Blütenblätter hergestellt werden. Ausgangsmaterial sind gesäuberte Blütenblätter (sie lassen sich gut mit einem weichen Pinsel abwischen), die keine Wasserrückstände aufweisen dürfen.

In einer flachen Schale Eiweiß und Zucker mit dem Schneebesen verschlagen.

Die Blütenblätter in der Eiweißmischung wenden, um sie auf beiden Seiten damit zu überziehen.

Die mit Eiweiß überzogenen Blütenblätter auf eine Backmatte (nicht auf Backpapier!) legen und mit Puderzucker bestauben.

Die Blütenblätter bei 60 °C (Umluft) im Backofen 1 bis 2 Stunden trocknen lassen. Zwischendurch prüfen, ob der Zuckerüberzug getrocknet ist.

FÜLLUNGEN UND GLASUREN – ZUCKER-DEKORATIONEN

Kandierte Fruchtscheiben

Hauchdünn geschnittene Fruchtscheiben lassen sich ohne großen Aufwand mit Puderzucker im Backofen kandieren. Verwenden Sie Obst wie Bio-Äpfel, Bio-Birnen, unbehandelte Zitrusfrüchte oder Karambolen.

Mit kandierten Fruchtscheiben lassen sich Torten und Kuchen garnieren – entweder die Scheiben ganz lassen oder halbieren bzw. vierteln. Weil die Früchte gezuckert und vollständig getrocknet sind, kann man sie eine Weile in einer fest verschlossenen Dose aufbewahren.

Stellen Sie die fruchtig-süße Garnitur her, wie in der Bildfolge unten beschrieben.

Tipp Legen Sie die Blütenblätter und die Obstscheiben für die beiden Dekorationen auf eine Backmatte, nicht auf Backpapier. Dieses würde durchweichen und die Blütenblätter bzw. das Obst würden darauf festkleben. Ofenfeste Backmatten aus Silikon erhalten Sie in unterschiedlichen Größen und Farben im gut sortierten Fachhandel.

Die Früchte am besten mithilfe der Aufschnittmaschine in hauchdünne Scheiben schneiden.

Eine Backmatte auf ein Backblech legen und mit Puderzucker bestauben.

Die Fruchtscheiben nebeneinander auf die Backmatte legen und anschließend mit Puderzucker bestauben.

Backblech in den 60 °C (Umluft) heißen Backofen schieben und die Fruchtscheiben darin in 3 bis 4 Stunden trocknen lassen, bis sie knusprig sind.

Backrezepte
von Beerenmuffins bis Kürbisbrot

Gebäck
zu Kaffee und Tee

Muffins mit Beeren

360 g Mehl oder Weizen-
vollkornmehl
2 TL Backpulver
½ TL Natron
½ TL gemahlener Zimt
60 g gemahlene Haselnusskerne
150 g Rote Johannisbeeren
1 Ei
140 g brauner Zucker
80 ml Maiskeimöl
300 g Buttermilch

Für die Füllung
350 g Doppelrahmfrischkäse
40 g Sahne
40 g Zucker
4 cl weißer Rum

Außerdem
Muffinblech mit 12 Mulden
Butter für das Blech
Biskuit- oder Semmelbrösel
12 Johannisbeerrispen
Zitronensaft
etwas Zucker
Puderzucker zum Bestauben

1 Den Backofen auf 180 °C vorheizen. Das Mehl in eine Schüssel sieben. Backpulver mit Natron, Zimt und Haselnüssen mischen und unter das Mehl mengen. Die Johannisbeeren waschen und von den Rispen streifen.

2 Das Ei verquirlen, Zucker, Öl und Buttermilch einrühren. Die Mehlmischung untermengen und die Beeren unterheben.

3 Die Mulden des Muffinblechs mit Butter fetten und mit Biskuit- oder Semmelbröseln aus- streuen. Den Teig in die Vertiefungen füllen, die Mulden dabei nur zu etwa zwei Dritteln füllen. Im vorgeheizten Ofen (Mitte) etwa 20 Minuten backen. Herausnehmen; auskühlen lassen.

4 Für die Füllung den Frischkäse mit der Sahne, dem Zucker und dem Rum cremig rühren. Die Muffins horizontal halbieren, mit der Füllung bestreichen und zusammensetzen.

5 Für die Garnitur die Johannisbeerrispen durch Zitronensaft ziehen und in Zucker wälzen. Jeden Muffin mit Johannisbeeren garnieren und mit Puderzucker bestauben. Sofort servieren.

Tipp Die Zutaten für einen Muffin-Teig sollten Sie nicht zu lange und zu kräftig miteinander verrühren, sonst geht der Teig beim Backen nicht so gut auf.
Es kommt darauf an, dass der Teig klümpchenfrei ist – am besten gelingt dies, wenn Sie einen Holzkochlöffel zum Rühren verwenden.

BACKREZEPTE

Haselnussmuffins

Für 20 Stück
160 g Zucker
4 Eier
120 g Mehl
160 g Butter
100 g gemahlene Haselnusskerne
50 g gehackte Haselnusskerne
abgeriebene Schale
  von 1 Bio-Zitrone
1 Prise Salz
2 cl brauner Rum

Außerdem
Muffinblech mit 12 Mulden
  und/oder Papierförmchen
Butter für das Blech
Puderzucker zum Bestauben

1 Den Backofen auf 180 °C vorheizen. Die Mulden des Muffinblechs mit Butter fetten oder Papierförmchen in die Mulden setzen.

2 Den Zucker mit den Eiern in einer Schüssel weißschaumig schlagen. Das Mehl darübersieben und unterheben, dabei nicht zu kräftig rühren.

3 Die Butter zerlassen, etwas abkühlen lassen und unter die Masse rühren. Die Haselnüsse unter den Teig heben; die Zitronenschale, das Salz und den Rum untermischen.

4 Den Teig in Muffinmulden bzw. die Papierförmchen füllen, wie unten gezeigt. Die Muffins im vorgeheizten Ofen (Mitte) in 30 bis 35 Minuten goldbraun backen.

5 Die Muffins aus dem Ofen nehmen, kurz in den Mulden abkühlen lassen, dann herausnehmen, mit Puderzucker bestauben und am besten sofort servieren.

Tipp Nach Belieben die Muffins mit etwas Schokoladenguss oder temperierter Kuvertüre überziehen, statt sie nur mit Puderzucker zu bestauben.

Die Mulden der Muffinform mit zerlassener Butter auspinseln oder ein Papierförmchen in jede Vertiefung stellen.

Den Teig mit einem Esslöffel gleichmäßig in die gefetteten Mulden oder in die Papierförmchen füllen.

Die Muffins nach dem Backen kurz in der Form auskühlen lassen, dann erst aus den Mulden nehmen.

Kirschmuffins

Für 12 Stück
300 g Kirschen
150 g weiche Butter
4 Eigelbe
200 g Zucker
abgeriebene Schale und Saft
 von ½ Bio-Zitrone
4 Eiweiße
1 Prise Salz
50 g Mehl
50 g gemahlene Mandeln
50 g Speisestärke
1 TL Backpulver

Außerdem
Muffinblech mit 12 Mulden
12 Papierförmchen

1 Die Kirschen waschen, abtropfen lassen und entsteinen. Den Backofen auf 180 °C vorheizen. In die Vertiefungen der Muffinform jeweils ein Papierförmchen stellen.

2 Die Butter, die Eigelbe und 150 g Zucker in einer Schüssel weißschaumig rühren. Zitronenschale und -saft sowie die Kirschen unterheben. Die Mandeln mit Mehl, Speisestärke und Backpulver mischen und unter die Eigelbmasse heben.

3 Die Eiweiße mit dem Salz zu steifem Schnee schlagen, dabei nach und nach den restlichen Zucker einrieseln lassen.

4 Vom Eischnee zuerst 2 EL abnehmen und unter den Teig rühren, dann den restlichen Eischnee vorsichtig unterheben.

5 Den Teig gleichmäßig, aber nur zwei Drittel hoch in die Förmchen füllen. Die Muffins im vorgeheizten Ofen (Mitte) etwa 20 Minuten backen. Aus dem Ofen nehmen, in der Form abkühlen lassen; sofort servieren.

Tipp Außerhalb der Kirschsaison können Sie diese Muffins mit gut abgetropften Kirschen aus dem Glas, mit Beeren oder anderen Früchten, wie in Stückchen geschnittenen Aprikosen oder Pfirsichen, zubereiten.

BACKREZEPTE

Windbeutel

mit dreierlei Fruchtkompott

Für etwa 16 Stück
Für den Teig
100 g Butter
1 Messerspitze Salz
250 g gesiebtes Mehl
5 bis 6 Eier
Puderzucker zum Bestauben

Für das Nektarinenkompott
400 g Nektarinen
2 EL Orangenblütenhonig
80 g Zucker
100 ml Orangensaft
20 ml Zitronensaft
abgeriebene Schale von
   1 Bio-Orange
½ TL Speisestärke

Für das Zitrusfrüchtekompott
2 Orangen
1 rosa Grapefruit
Saft und abgeriebene Schale
   von 1 Bio-Limette
Mark von ½ Vanilleschote
30 g Zucker
½ TL Speisestärke
2 Clementinen

Für das Ananaskompott
100 ml ungesüßter frischer
   Ananassaft
70 g Zucker
½ Vanilleschote
½ TL Speisestärke
400 g Ananasfruchtfleisch
2 cl weißer Rum

Für die Creme
400 g Sahne
40 g Zucker

1 Aus ¼ l Wasser, der Butter, dem Salz, dem Mehl und den Eiern einen Brandteig herstellen, wie auf den Seiten 88 und 89 beschrieben.

2 Den Backofen auf 220 °C vorheizen. Ein Backblech mit Wasser benetzen. Den Teig in einen Spritzbeutel (Sterntülle Nr. 10) füllen; Rosetten auf das Blech spritzen. 15 bis 20 Minuten im vorgeheizten Ofen (Mitte) backen. Die noch heißen Windbeutel quer halbieren und auskühlen lassen.

3 Für das Nektarinenkompott die Früchte kurz in kochend heißem Wasser ziehen lassen, häuten und das Fruchtfleisch 1 cm groß würfeln. Honig, Zucker,

Die Windbeutel sofort nach dem Backen vom Blech nehmen, mit einem scharfen Messer halbieren und ausdampfen lassen.

Die geschlagene Sahne in einen Spritzbeutel füllen, als Ring auf die unteren Hälften aufspritzen und die Deckel daraufsetzen.

GEBÄCK

Orangen- und Zitronensaft sowie die Orangenschale in einem Topf etwa 5 Minuten köcheln.

4 Die Speisestärke mit wenig kaltem Wasser anrühren und die Saft-Honig-Mischung damit binden. Die Nektarinenwürfel hineingeben. Alles 3 Minuten bei schwacher Hitze köcheln und dann abkühlen lassen.

5 Für das Zitruskompott die Orangen und die Grapefruit filetieren, dabei den Saft auffangen. Den Saft mit Limettenschale und -saft, Vanillemark und Zucker aufkochen. Die Stärke mit kaltem Wasser anrühren und die Saftmischung damit binden.

6 Die Fruchtfilets hineinlegen. Die Clementinen schälen und die weißen Außenhäutchen entfernen. Die Früchte in Spalten teilen, unter die Fruchtmischung rühren und erkalten lassen.

7 Für das Ananaskompott den Ananassaft mit dem Zucker, und der Vanilleschote aufkochen. Die Vanilleschote herausnehmen und die Flüssigkeit mit angerührter Stärke binden.

8 Das Ananasfruchtfleisch in etwa 1 cm große Stücke schneiden, in die Flüssigkeit geben und 2 Minuten mitköcheln lassen. Den Rum untermischen und das Kompott kalt stellen.

9 Für die Creme die Sahne mit dem Zucker steif schlagen. In einen Spritzbeutel mit Sterntülle füllen und die Sahne übereinander in 2 Ringen auf den unteren Teil der Windbeutel spritzen.

10 Von jedem Kompott ein wenig in die Ringmitten füllen. Nach Belieben noch eine Kugel Eis daraufgeben. Den Deckel auf die Windbeutel setzen, mit Puderzucker bestauben. Die Windbeutel sofort servieren.

Nusshörnchen

Für den Teig
600 g Mehl
70 g weiche Butter
70 g Zucker
1 TL Salz
1 Eigelb
1 Ei
abgeriebene Schale
  von ½ Bio- Zitrone
¼ l lauwarme Milch
1 Würfel Hefe
300 g Butter, mit 60 g Mehl
  verknetet

Für die Füllung
250 g gemahlene Haselnusskerne, geröstet
80 g Biskuitbrösel
1 Ei
1 Prise Salz

½ TL gemahlener Piment
abgeriebene Schale
  von 1 Bio-Zitrone
100 g Zucker
2 cl brauner Rum

Außerdem
120 g Aprikotur (siehe Seite 115)
150 g Fondant
50 g gehackte Haselnusskerne
  zum Bestreuen
Butter für das Blech
1 Eigelb

1 Den Plunderteig zubereiten, wie auf den Seiten 104 und 105 beschrieben und gezeigt.

2 Für die Nussfüllung die gerösteten gemahlenen Nüsse mit den Biskuitbröseln vermischen. Ei, Salz, Piment, Zitronenschale, Zucker und Rum zufügen. Alles zu einer weichen Masse verrühren. Falls nötig, Milch zugießen.

3 Den Plunderteig auf einer bemehlten Arbeitsfläche zu einer Platte von 60 x 40 cm ausrollen. Längs in 2 Streifen (je 20 x 60 cm) schneiden. Aus den beiden Teigstreifen 20 spitze, gleichschenklige Dreiecke mit einer Basis von 12 cm und einer Höhe von 20 cm schneiden, wie in der Abbildung rechts gezeigt. Je 1 EL Nussfüllung darauf verteilen. Von der Basis zur Spitze hin so einrollen, dass die Hörnchen zu den Seiten dünn auslaufen.

4 Den Backofen auf 210 °C vorheizen. Ein Backblech dünn fetten. Die Nusshörnchen mit genügend Abstand auf das Blech setzen. Mit einem sauberen Tuch bedecken und gehen lassen, bis sie ihr Volumen verdoppelt haben. Mit verquirltem Eigelb bestreichen und im vorgeheizten Ofen (Mitte) in 15 bis 20 Minuten hellbraun backen.

5 Die Hörnchen aus dem Ofen nehmen, sofort mit der erhitzten Aprikotur bestreichen. Mit dem aufgelösten Fondant glasieren und mit gehackten Haselnüssen bestreuen.

Schoko-Plunder

Für den Teig
1 kg Mehl
42 g frische Hefe
½ l Milch
20 g Salz
120 g Zucker
600 g Butter

Außerdem
1 Backblech
Butter für das Blech
Schokolade nach Wahl
1 Eigelb

1 Aus den angegebenen Zutaten einen Plunderteig zubereiten, wie auf den Seiten 104 und 105 beschrieben und gezeigt.

2 Den Teig zu einer Platte von 27 x 60 cm ausrollen. In Rechtecke von 9 x 12 cm schneiden.

3 Den Backofen auf 230 °C vorheizen. Ein Backblech leicht fetten. Die Schokolade in Stücke oder Riegel brechen oder schmelzen (siehe Tipp) und an einer Schmalseite jedes Rechtecks auflegen oder aufspritzen. Die Teigstücke aufrollen.

4 Die Rollen auf das Backblech setzen und gehen lassen, bis sie ihr Volumen verdoppelt haben. Mit Eigelb bestreichen; im Ofen (Mitte) 15 bis 17 Minuten backen.

Den Teig für die Nusshörnchen (Rezept Seite 156) zu einer Platte ausrollen, in Dreiecke von 12 x 20 cm schneiden und die Füllung daraufgeben.

Tipp Welche Art von Schokolade Sie für die Füllung wählen, bleibt ganz Ihrem Geschmack überlassen: Es eignen sich dünne Riegel, 2 bis 3 Stücke von Tafelschokolade oder temperierte Kuvertüre (siehe Seite 132), die dann mit dem Spritzbeutel in Streifen aufgespritzt wird.

Kolatschen

Für den Teig
500 g Mehl
1 Würfel Hefe
¼ l lauwarme Milch
80 g flüssige Butter
70 g Zucker
½ TL Salz
1 Ei
abgeriebene Schale
  von 1 Bio-Zitrone

Für den Belag
60 g Butter
280 g Zucker
500 g Quark oder Schichtkäse
2 Eigelbe
30 g Speisestärke
2 cl Rum
2 Eiweiße
250 g gemahlener Mohn
2 EL Semmelbrösel
¼ l heiße Milch

Außerdem
1 Backblech
Butter für das Blech
200 g Pflaumenmus
200 g Aprikotur (siehe Seite 115)
Butter für das Blech
1 Eigelb
50 g gehobelte Mandeln

Mohn, restlichen Zucker und Brösel mischen. Heiße Milch zugießen; unter Rühren aufkochen.

Den Teig zu einer Rolle formen und diese in Scheiben von je etwa 60 g schneiden.

Teigstücke auf der Arbeitsfläche mit den Händen rund »schleifen«, das heißt zu Kugeln formen.

Die Kugeln so von innen nach außen zu etwa 12 cm großen Kreisen flach drücken, dass ein dicker Rand entsteht.

Die Teigfladen auf ein gefettetes Backblech legen und mehrmals einstechen. Die Ränder mit verquirltem Eigelb bestreichen.

Quark- und Mohnbelag abwechselnd darauf verteilen. In die Mitte etwas Pflaumenmus setzen. Nochmals gehen lassen.

GEBÄCK

1 Das Mehl in eine Schüssel sieben, in die Mitte eine Mulde drücken. Die Hefe in 100 ml Milch auflösen, etwas Zucker zugeben und in die Mehlmulde gießen. Dünn mit Mehl bestäuben, die Schüssel bedecken und den Vorteig gehen lassen.

2 Sobald die Oberfläche Risse zeigt, restliche Milch und restlichen Zucker, Butter, Salz, Zitronenschale und Ei zugeben und alles zu einem glatten Teig schlagen. Zugedeckt erneut gehen lassen, bis der Teig sein Volumen verdoppelt hat.

3 Für den Belag die Butter mit 90 g Zucker cremig rühren, den Quark zugeben und alles glatt rühren. Die Eigelbe, die Speisestärke und den Rum untermischen.

4 Eiweiße steif schlagen, dabei 90 g Zucker einrieseln lassen. Unter die Quarkmasse heben. Mohnbelag zubereiten und Kolatschen fertigstellen, wie in der Bildfolge Seite 158 gezeigt.

5 Backofen auf 200 °C vorheizen. Kolatschen 20 bis 25 Minuten (Mitte) backen. Leicht abkühlen lassen. Mit Aprikotur bestreichen; mit Mandeln bestreuen.

Schwarz-Weiß-Gebäck

Für etwa 80 Stück
300 g Butter
150 g Puderzucker
1 Messerspitze Salz
Mark von ½ Vanilleschote
400 g Mehl, 40 g Kakaopulver

Außerdem
1 Eigelb, mit 2 EL Milch verrührt
2 Holzleisten von 1 cm Dicke
1 Backblech

1 Für den Mürbeteig die Butter auf einer Arbeitsfläche mit dem Puderzucker, dem Salz und dem Vanillemark mit einem Löffel cremig verreiben. Das Mehl darübersieben und alles rasch zu einem Teig kneten.

2 Sobald das Mehl fast untergearbeitet ist, den Teig halbieren. Eine Hälfte kurz weiterkneten, bis ein glatter Teig entstanden ist.

3 Den Kakao unter die zweite Teighälfte kneten. Beide Teige zu Kugeln formen, in Folie wickeln und im Kühlschrank 1 bis 2 Stunden durchkühlen lassen.

4 Beide Teige nochmals halbieren und jeweils 1 helle und 1 dunkle Hälfte für das Einschlagen beiseitelegen. Die beiden anderen Teigstücke mithilfe der Holzleisten zu Rechtecken aus-

Den weißen Teig mit etwas Abstand zwischen zwei Holzleisten legen und ausrollen.

Den dunklen Teig ebenso ausrollen. Beide Teige in gleichmäßige, 1 cm breite Streifen schneiden.

Helle und dunkle Teigstreifen mit Eigelb bepinseln und im Schachbrettmuster zusammensetzen.

Den restlichen hellen Teig etwa 2 mm dick ausrollen. Den Streifenblock mit Eigelb bestreichen und in den Teig einschlagen.

Je nachdem, ob die Schachbrettmusterblöcke in einen hellen oder dunklen Teig eingeschlagen sind, ensteht ein anderer Effekt.

GEBÄCK

rollen, wie in der Bildfolge links unten gezeigt. Anschließend beide Teige in 1 cm breite Längsstreifen schneiden.

5 Jeweils 6 helle und 6 dunkle Teigstreifen mit dem verrührten Eigelb bestreichen und zu einem Schachbrettmuster zusammenfügen. Den beiseitegelegten hellen Teig etwa 2 mm dick ausrollen und mit Eigelb bestreichen.

Einen der Streifenblöcke damit einschlagen. Einen zweiten Streifenblock mit dem dunklen Teig einschlagen.

6 Den Backofen auf 180 °C vorheizen. Die Teigblöcke etwa 1 Stunde kalt stellen. Anschließend in 4 bis 5 mm dicke Scheiben schneiden. Die Scheiben auf das ungefettete Blech legen und in etwa 12 Minuten im Ofen (Mitte) backen. Das Gebäck soll hell bleiben, damit der Schwarz-Weiß-Effekt besonders gut zur Geltung kommt.

GEBÄCK

Shortbread-Variationen

Für 4 runde Shortbreads
300 g gesalzene Butter oder
    300 g Butter und 1 TL Salz
200 g Zucker, 500 g Mehl

Außerdem
1 Backblech
Butter für das Blech
1 Eigelb
feiner Zucker zum Bestreuen,
    nach Belieben

1 Für den Teig die Butter mit dem Zucker und, falls die Butter nicht gesalzen ist, mit dem Salz verrühren. Das Mehl sieben, zugeben und alles so schnell wie möglich zu einem Mürbeteig kneten, wie auf den Seiten 96 und 97 beschrieben. Den Teig 2 Stunden im Kühlschrank ruhen lassen.

2 Den Backofen auf 190 °C vorheizen. Das Backblech leicht mit Butter fetten. Den Teig ausrollen und zu 4 runden Fladen formen. Diese mit einem Messerrücken rautenförmig einkerben, damit sich die Brote nach dem Backen auseinanderbrechen lassen.

3 Die Brote mit Eigelb bepinseln. Auf das Backblech setzen und mehrmals mit einer Gabel einstechen. Im vorgeheizten Ofen (Mitte) in 20 Minuten hellbraun backen. Die Shortbreads nach Belieben noch warm mit Zucker bestreuen.

Für 50 Shortbreadfingers
300 g gesalzene Butter oder
    300 g Butter und 1 TL Salz
200 g Zucker
450 g Mehl
100 g Walnusskerne, fein gehackt

Außerdem
1 Backblech
Butter für das Blech
Alufolie
feiner Zucker zum Wenden,
    nach Belieben

1 Für die Shortbreadfingers die Butter mit dem Zucker und, falls die Butter nicht gesalzen ist, dem Salz verrühren.

2 Das Mehl auf eine Arbeitsfläche sieben und die gehackten Nüsse zugeben. Alles so schnell wie möglich zu einem Mürbeteig verarbeiten, wie auf den Seiten 96 und 97 beschrieben. Den Teig in Folie wickeln und 2 Stunden im Kühlschrank ruhen lassen.

3 Den Backofen auf 190 °C vorheizen. Das Backblech dünn mit Butter fetten.

4 Den gekühlten Teig auf einer bemehlten Arbeitsfläche 1,5 cm dick ausrollen und auf das Backblech legen. Die offene Seite des Blechs mit einer Holzleiste oder einem gefalteten Streifen Alufolie abschließen, damit der Teig nicht auseinanderfließen kann.

5 Die Teigplatte mit einer Gabel mehrmals einstechen und im vorgeheizten Ofen (Mitte) in etwa 25 Minuten hellbraun backen. Das noch heiße Gebäck in »Fingers«, also in Streifen, von etwa 1,5 x 7 cm schneiden. Nach Belieben sofort im Zucker wenden.

Info Shortbread ist eine schottische Buttergebäckspezialität, die aus süßem Mürbeteig, der reichlich gesalzene Butter enthält, hergestellt wird. In Schottland wird Shortbread zur »Tea Time« gereicht.

Tipp In einer fest verschlossenen Dose ist das Gebäck mehrere Wochen haltbar. Es eignet sich deshalb auch gut als selbst gebackenes Mitbringsel.

Butter-Mandel-Gebäck

Für 40 bis 50 Stück
Für den Teig
300 g Mehl
2 Messerspitzen Backpulver
300 g kalte Butter
1 Ei
150 g Zucker
300 g gemahlene Mandeln

Für die Himbeerplätzchen
50 g feiner Zucker
1 Päckchen Vanillezucker
Himbeerkonfitüre

Für die Mandelplätzchen
50 g Puderzucker
1 EL Orangensaft
kandierte Orangenzesten

Außerdem
1 runder Ausstecher von 5 cm Durchmesser
1 gewelltes Teigrädchen
1 Backblech, Backpapier

1 Aus Mehl, Backpulver, Butter, Ei, Zucker und Mandeln einen Mürbeteig herstellen, wie auf den Seiten 96 und 97 beschrieben.

2 Den Teig halbieren, jede Hälfte zu einer Kugel formen, in Folie wickeln und für 30 Minuten in den Kühlschrank legen.

3 Für gezuckerte Himbeerplätzchen eine Teigkugel aus dem Kühlschrank nehmen und auf einer dünn bemehlten Arbeitsfläche messerrückendick ausrollen. Mit dem Ausstecher etwa 30 Kreise ausstechen.

4 Den Backofen auf 180 °C vorheizen. Ein Backblech mit Backpapier belegen. Die Scheiben auf das Backblech legen; im Ofen (Mitte) in 12–15 Minuten goldgelb backen.

5 Auf einem Teller Zucker und Vanillezucker mischen. Die Plätzchen nur kurz auf dem Backblech abkühlen lassen, dann sofort nur auf einer Seite in den Zucker-Vanillezucker drücken, abheben und auf einem Kuchengitter abkühlen lassen.

6 Die Hälfte der Plätzchen auf der ungezuckerten Seite mit Konfitüre bestreichen und mit je einem Plätzchen (gezuckerte Seite nach oben) bedecken.

7 Für die Mandelplätzchen die zweite Teigkugel aus dem Kühlschrank nehmen und zu einem messerrückendicken Quadrat ausrollen. Mit einem Teigrädchen 5 cm breite Streifen ausrollen, diese quer in 5-cm-Abständen durchschneiden, so dass etwa 30 kleine Quadrate entstehen.

8 Die Teigquadrate auf das vorbereitete Backblech setzen und im Ofen (Mitte) 10–12 Minuten backen. Aus dem Ofen nehmen und auf einem Kuchengitter abkühlen lassen.

9 Den Puderzucker mit dem Orangensaft zu einem Guss verrühren und die Plätzchen damit bestreichen. Mit kandierten Orangenzesten bestreuen und den Guss fest werden lassen.

EXTRA

Die Art der Zubereitung und die Ziehzeit müssen auf die jeweilige Teesorte und die gewünschte Wirkung abgestimmt sein.

Tee

Zubereitung und Rezepte

Zu Kuchen und Torten, Windbeutel, Éclairs oder anderem Kleingebäck gehört auch immer ein Getränk, meist ist es Tee oder Kaffee.
Tee passt zu jeder Tageszeit. Wählen Sie morgens einen kräftigen schwarzen Tee, nachmittags vielleicht eher einen zarten grünen Tee und gegen Abend koffeinfreie Kräutertees, einen aromatischen Rooibos- oder Früchtetee.
Für den perfekten Teegenuss ist nicht nur die Teequalität, das Wasser und die jeweilige Menge, sondern vor allem auch die richtige Zubereitung und die Ziehzeit des jeweiligen Tees entscheidend. So wird beispielsweise schwarzer Tee mit sprudelnd kochendem Wasser übergossen, während man grünen Tee am besten mit leicht abgekühltem (65 bis 75 °C) Wasser zubereitet.

Ziehzeit

Für eine anregende Wirkung sollte man schwarzen Tee 2 bis 3 Minuten ziehen lassen. In dieser Zeit entwickelt sich nämlich sein optimaler Koffeingehalt. Lassen Sie Ihren Tee dagegen 5 Minuten und länger ziehen, lösen sich die Gerbstoffe aus den Blättern und wirken beruhigend.
Allerdings sind Ziehzeit und Teemenge je nach Teesorte unterschiedlich. Beachten Sie deshalb auch die Informationen dazu auf den Packungen oder erkundigen Sie sich im Teehandel.

Wasser

Verwenden Sie am besten frisch gefiltertes Wasser. Vor allem dann, wenn das Wasser aus der Leitung sehr kalkhaltig ist, empfiehlt sich ein Wasserfilter. Die optimale Wassertemperatur für Ihren Tee ist dann gegeben, wenn nach dem Aufgießen die Teeblätter erst an die Wasseroberfläche steigen und während des Ziehens auf den Boden der Kanne sinken. Die Teekanne sollte nicht zu klein sein, damit sich die Teeblätter und ihr Aroma voll entfalten können.

Die fünf Teeregeln

1. Spülen Sie die Teekanne mit heißem Wasser aus.
2. Geben Sie pro Tasse einen Teelöffel Teeblätter in die Kanne.
3. Bringen Sie frisches Wasser zum Kochen, und gießen Sie es sprudelnd kochend auf den Tee.
4. Lassen Sie den Tee, je nach Sorte und gewünschter Wirkung, 2 bis 3 Minuten oder bis zu 5 Minuten ziehen.
5. Gießen Sie den Tee durch ein Sieb in eine zweite Kanne um.

Teegetränke

Neben dem klassischen schwarzen Tee, den Sie nach Belieben mit etwas Milch, Zucker oder Zitrone genießen können, lässt sich Tee auch heiß in Form von Punsch, mit oder ohne Alkohol, oder kalt als Eistee oder als Teebowle servieren.

Ostfriesenpunsch

Für den Tee 8 Teelöffel schwarzen Tee (ostfriesische Mischung) mit ½ l kochendem Wasser überbrühen und 5 Minuten ziehen lassen. 1 l trockenen Rotwein, 2 Gewürznelken, 1 Zimtstange, ½ Teelöffel Anis, 2 Esslöffel Zucker, je 2 Esslöffel Zitronen- und Orangensaft, etwas Kandiszucker und nach Belieben weißen Rum zum Tee geben. Alles kurz erhitzen. Durch ein Sieb in eine Kanne gießen.

Orangenpunsch

½ l schwarzen Tee kochen und 3 Minuten ziehen lassen. Den Saft von 1 Zitrone, ¼ l Orangensaft, 2 EL Rum, 1 Stange Zimt, etwas geschälte, gehackte Ingwerwurzel, 3 Gewürznelken, 4 EL Zucker und 100 ml Portwein dazugeben. Alle Zutaten bis zum Siedepunkt erhitzen, dann durch ein Sieb in eine Kanne gießen.

Rooibos-Punsch

4 Teelöffel Rooibos-Vanille-Tee, 2 Gewürznelken und 2 Zimtstangen mit 1 l kochendem Wasser übergießen. 1 l Apfelsaft dazugießen und die abgeriebene Schale einer Bio-Zitrone und einer Bio-Orange untermischen. Kurz erhitzen, durch ein Sieb in eine Kanne gießen und mit Honig süßen.

Indischer Chai

½ l Wasser mit 3 zerstoßenen Kardamomkapseln, 4 Gewürznelken und 1 kleinen Stück Zimtstange aufkochen. 4 Teelöffel schwarzen Tee in eine Kanne geben und mit dem kochenden gewürzten Wasser übergießen. 2 Minuten ziehen lassen; durch ein Sieb in eine zweite Kanne gießen. Nach Belieben mit Zucker süßen und mit Milch genießen.

Kalte Teebowle mit Früchten

1 l schwarzen Tee kochen und kalt stellen. 250 g gemischte Beeren in eine Schüssel geben und mit Zucker bestreuen. Mit dem Eistee, ¾ l leichtem Rotwein und ¾ halbtrockenem Sekt aufgießen.

Chai besteht aus schwarzem Tee und Gewürzen.

BACKREZEPTE

Mandelschnitten

Für etwa 40 Stück
200 g weiche Butter
120 g Puderzucker
abgeriebene Schale
  von ½ Bio-Zitrone
1 Eigelb
270 g Mehl
175 g gemahlene Mandeln

Für die Füllung
150 g Himbeerkonfitüre
2 cl Himbeergeist

Für den Guss
250 g Zartbitterkuvertüre
50 g gehackte Pistazienkerne

Außerdem
1 Backblech
Backpapier für das Blech

1 Die Butter mit dem Puderzucker, der Zitronenschale und dem Eigelb verrühren, dann das Mehl und die gemahlenen Mandeln unterkneten.

2 Den Teig zu einer Kugel formen und in Folie gewickelt mindestens 1 Stunde im Kühlschrank ruhen lassen.

3 Den Backofen auf 180 °C vorheizen. Das Backblech mit Backpapier belegen. Den Teig zu einer 3 bis 4 mm dicken, rechteckigen Platte ausrollen, in Schnitten teilen, wie in der Bildfolge unten gezeigt.

4 Die Teigschnitten auf das vorbereitete Blech setzen und im vorgeheizten Ofen (Mitte) etwa 12 Minuten backen.

5 Inzwischen die Himbeerkonfitüre durch ein Sieb streichen und mit dem Himbeergeist verrühren. Unter Rühren erwärmen und dann auf der Hälfte der Schnitten verteilen.

6 Die Mandelschnitten zusammensetzen und in mehreren Stunden trocknen lassen. Die Kuvertüre erwärmen, die Schnitten mit den oberen Seiten hineintauchen und dann mit den Pistazien bestreuen.

Den Teig mithilfe eines Lineals und eines Teigrädchens in 4,5 x 2,5 cm große Schnitten schneiden.

Die Himbeerfüllung am besten mithilfe einer Tüte aus Pergamentpapier auf der Hälfte der Schnitten verteilen.

Die Oberfläche der Schnitten in temperierte Kuvertüre tauchen, dann mit den gehackten Pistazien bestreuen.

Vanillekipferl

Für etwa 80 Stück
100 g gehäutete Mandeln
275 g Mehl
90 g Puderzucker
1 Messerspitze Salz
Mark von 1 Vanilleschote
200 g kalte Butter, in Stücken
2 Eigelbe

Außerdem
150 g Zucker
Mark von 1 Vanilleschote
1 Backblech
Backpapier für das Blech

1 Die Mandeln sehr fein mahlen. Mit dem Mehl, dem Puderzucker, dem Salz, dem Vanillemark und den kalten Butterstücken auf der Arbeitsplatte mit einem großen Messer durchhacken. Die Eigelbe zufügen und alles zu einem glatten Teig verkneten.

2 Aus dem Teig zwei gleich große Rollen formen, diese in Folie wickeln und 2 Stunden im Kühlschrank ruhen lassen.

3 Die beiden Teigrollen mit einem Messer in etwa 80 gleich dicke Scheiben schneiden. Diese zu Röllchen von etwa 6 cm Länge formen und die Enden jeweils spitz zulaufen lassen.

4 Den Backofen auf 180 °C vorheizen. Das Backblech mit Backpapier belegen. Die Teigröllchen in der typischen Hörnchenform auf das Blech legen. Dabei genügend Abstand lassen, weil der Teig beim Backen etwas auseinanderläuft.

5 Die Vanillekipferl im vorgeheizten Ofen (Mitte) in etwa 12 Minuten hellbraun backen.

6 Den Zucker und das Vanillemark mischen und die noch warmen Kipferln darin wälzen.

GEBÄCK

Schokoladenkipferl

Für etwa 90 Stück
200 g gemahlene Mandeln
150 g Blockschokolade, gerieben
150 g Mehl
150 g weiche Butter, in Stücken
1 Eiweiß
200 g Puderzucker, gesiebt

Außerdem
1 Backblech
Backpapier für das Blech
600 g temperierte Zartbitterkuvertüre
60 g gehackte Pistazienkerne

1 Für den Teig die Mandeln mit der geriebenen Schokolade und dem Mehl vermischen und auf eine Arbeitsfläche häufen. In die Mitte eine Mulde drücken. Butter, Eiweiß und Puderzucker hineingeben und alles rasch zu einem glatten Teig verarbeiten.

2 Den Teig zu einer Kugel formen, in Folie wickeln; mindestens 1 Stunde kühl ruhen lassen.

3 Den gekühlten Teig halbieren und zu zwei Rollen von je 2 cm Durchmesser formen. Von jeder Rolle 1 cm dicke Scheiben abschneiden. Diese zu Strängen von 6 cm Länge mit spitz zulaufenden Enden formen und dann zu Hörnchen biegen.

4 Den Backofen auf 160 °C vorheizen. Das Backblech mit Backpapier belegen. Die Hörnchen mit genügend Abstand auf das Blech setzen und nach Sicht im Ofen (Mitte) hellbraun backen. Erkalten lassen.

5 Die Schokoladenkipferl mit der temperierten Kuvertüre überziehen und mit Pistazien bestreuen.

BACKREZEPTE

Zimtsterne

Für einfache Zimtsterne
6 Eiweiße
500 g Puderzucker
500 g gemahlene Mandeln
2 EL Zimt

Für Schokoladen-Zimtsterne
180 g Puderzucker
120 g gemahlene Mandeln
120 g gemahlene Haselnusskerne
120 g Marzipanrohmasse
80 g geschmolzene Zartbitterkuvertüre
100 g Honig
2 Eiweiße
15 g Kakaopulver
Mark von 1 Vanilleschote
1 EL gemahlener Zimt

Für die Eiweißglasur
2 Eiweiße, Puderzucker

Außerdem
1 sternförmiger Ausstecher
150 g gemahlene Mandeln für die Arbeitsfläche
1 Backblech, Backpapier

1 Für die einfachen Zimtsterne die Eiweiße mit dem Puderzucker steif schlagen. Anschließend die Mandeln mit dem Zimt unterheben.

2 Für die Schokoladen-Zimtsterne alle Zutaten miteinander vermischen. Die Arbeitsfläche mit gemahlenen Mandeln bestreuen. Teig darauf 1 cm dick ausrollen.

3 Den Backofen auf 170 °C vorheizen. Ein Backblech mit Backpapier belegen.

4 Für die Glasur die Eiweiße mit Puderzucker verrühren, dabei so viel Puderzucker zugeben, bis eine dickflüssige Masse entstanden ist.

5 Den Teig mit der Glasur bestreichen. Den Ausstecher in heißes Wasser tauchen und Sterne ausstechen. Die Sterne auf das Backblech setzen. Teigreste eventuell mit gemahlenen Mandeln mischen und erneut ausrollen.

6 Die Zimtsterne im vorgeheizten Ofen (Mitte) etwa 10 Minuten backen. Die Eiweißglasur darf leicht goldbraun werden.

GEBÄCK

Orangen-Nuss-Plätzchen

Für den Teig
180 g fein gehackte
 Haselnusskerne
125 g Puderzucker
40 g fein gehacktes Orangeat
abgeriebene Schale
 von ½ Bio-Orange
3 Eiweiße
30 g Mehl

Außerdem
1 Backblech
Backpapier für das Blech
Pergamentpapier
250 g Zartbitterkuvertüre

1 Ein Backblech mit Backpapier belegen. Den Backofen auf 175 °C vorheizen.

2 Die Zutaten für den Teig in einer Schüssel vermengen und glatt rühren.

3 Von der Teigmasse mit einem Teelöffel kleine Häufchen abstechen und diese mit reichlich Abstand voneinander auf das Backblech setzen.

4 Die Teighäufchen mit einer Gabel flach drücken. Das Blech in den Ofen (Mitte) schieben und die Plätzchen in 10 Minuten goldbraun backen.

5 Herausnehmen und abkühlen lassen. Die Unterseite der Plätzchen mit temperierter Kuvertüre bestreichen und auf Pergamentpapier trocknen lassen.

Tipp Nach Belieben mit dem Garnierkamm Wellen in die noch weiche Schokolade ziehen. Ist die Kuvertüre fest geworden, das Pergamentpapier vorsichtig abziehen.

BACKREZEPTE

Florentiner

Für etwa 30 Stück
50 g Butter
100 g gehackte Haselnusskerne
100 g brauner Zucker
45 g Mehl
50 g Crème double

Außerdem
2 oder mehr Backbleche
Backpapier für die Bleche
200 g temperierte Zartbitterkuvertüre
Pergamentpapier

1 Die Butter bei schwacher Hitze in einem kleinen Topf zerlassen, vom Herd nehmen und etwas abkühlen lassen.

2 Die Backbleche mit Backpapier belegen. Den Backofen auf 180 °C vorheizen.

3 Die Haselnüsse mit dem Zucker und dem Mehl vermischen. Die flüssige Butter zugießen, Crème double einrühren und alles miteinander zu einer weichen Masse verrühren.

4 Für einen Florentiner jeweils einen gestrichenen Esslöffel voll von der Masse auf die Backbleche setzen. Dabei ausreichend Abstand zwischen den einzelnen Teighäufchen lassen. Es passen jeweils 6 bis 7 Florentiner auf ein Blech.

5 Ein Blech in den heißen Ofen (Mitte) schieben und die Florentiner nach Sicht goldbraun backen. Herausnehmen, mit einer Palette vom Blech heben und die Florentiner zum Abkühlen auf flache Teller legen. Die weiteren Florentiner ebenso backen.

6 Die gebackenen Florentiner mit der Unterseite in die temperierte Kuvertüre tauchen und auf Pergamentpapier trocknen lassen. Nach Belieben mit einem Garnierkamm Wellenlinien in die noch weiche Schokolade ziehen.

GEBÄCK

Haferflockentaler

Für etwa 30 Stück
150 g Butter
120 g kernige Haferflocken
120 g blütenzarte Haferflocken
200 g brauner Zucker
2 verquirlte Eier
50 g Mehl
2 TL Backpulver
1 TL gemahlener Zimt

Außerdem
2 oder mehr Backbleche
Backpapier für die Bleche
200 g temperierte Zartbitterkuvertüre
Backpapier, Pergamentpapier

1 Die Backbleche mit Backpapier belegen. Den Backofen auf 180 °C vorheizen.

2 Die Butter bei schwacher Hitze in einem Topf zerlassen. In einer Schüssel beide Sorten Haferflocken mit der flüssigen Butter mischen. Zucker, verquirlte Eier, Mehl, Backpulver und Zimt zufügen; alles gut vermengen.

3 Pro Taler jeweils einen gestrichenen Esslöffel voll von der Masse auf die Backbleche setzen. Dabei ausreichend Abstand zwischen den einzelnen Teighäufchen lassen. Die Taler nacheinander im Ofen (Mitte) in etwa 8 Minuten goldbraun backen.

4 Aus dem Ofen nehmen, die Taler mit einer Palette vom Blech heben und auf einem Kuchengitter auskühlen lassen.

5 Die Taler mit den Unterseiten in temperierte Kuvertüre tauchen und auf Pergamentpapier trocknen lassen. Sobald die Kuvertüre fest geworden ist, das Papier vorsichtig abziehen.

EXTRA

Die Kaffeebohnensorten und deren Röstung sowie die Art und Weise der Kaffeezubereitung bestimmen Aroma und Geschmack des Kaffees.

Kaffeespezialitäten

Zubereitung und Rezepte

Seit dem 18. Jahrhundert ist Kaffee aus unserer Kultur nicht mehr wegzudenken. Mittlerweile gibt es unzählige Möglichkeiten, Kaffee zuzubereiten, allein die österreichische Tradition kennt über 40 Variationen.

Die italienische Kaffeekultur hielt mit Cappuccino und Espresso bereits in den 1960er-Jahren bei uns Einzug, während in Frankreich das Kaffeetrinken längst zum »savoir vivre« gehörte. Wieder andere Rezepte kommen aus der Türkei und dem Orient, wo ein kleiner starker und besonders süßer Mokka bei jeder Gelegenheit serviert wird.

Die wichtigsten Kaffeesorten sind Arabica, Robusta und Liberica, seltener wird zur Herstellung von Kaffee die Sorte Excelsa verwendet. Die Sorten unterscheiden sich in Aroma und Koffeinanteil. So enthält Arabica 1 bis 1,4 Prozent Koffein, Robusta dagegen 2 bis 3 Prozent.

Die Art und Weise, wie Kaffee oder ein Kaffeegetränk zubereitet wird, beeinflusst seinen Koffeingehalt. Filterkaffee enthält z. B. mehr Koffein als Espresso, weil während des Filterprozesses mehr Koffein aus dem Kaffeemehl gelöst wird als während des kurzen Druck-Brühvorgangs bei Espresso.

Kaffee lagern

Da das Aroma von geröstetem, gemahlenem Kaffee schnell verfliegt, sobald es mit Sauerstoff in Kontakt kommt, sollten Sie Kaffee am besten in einer luftdicht verschlossenen lichtgeschützten Dose im Kühlschrank aufbewahren. Bei 2 bis 4 °C hält sich sein Aroma am besten. Kaffeedosen sollten regelmäßig gereinigt werden, damit sich keine Öle absetzen, die den Kaffee bitter machen.

KAFFEESPEZIALITÄTEN

Das Kaffeewasser

Optimal für die Kaffeezubereitung ist gefiltertes Wasser oder stilles Mineralwasser. Im Wasser gelöster Kalk bindet die Aromastoffe des Kaffees, was einen bitteren Geschmack verursachen kann.

Zubereitungsarten

Tradition hat die Zubereitung per Hand mit einem Kaffeefilter. Rechnen Sie pro Tasse 125 ml Wasser und 6,5 g fein gemahlenen Kaffee – das entspricht etwa 2 gestrichenen Teelöffeln. Lassen Sie das Wasser nach dem Aufkochen kurz ruhen (die ideale Brühtemperatur liegt zwischen 90 und 95 °C), und gießen Sie es erst dann nach und nach in den Filter. Mit einer Kaffeemaschine geht es schneller. Lassen Sie den gebrühten Kaffee allerdings nicht länger als 30 Minuten auf der Wärmeplatte stehen, sonst schmeckt er bitter.

Kaffee mit besonders intensivem Aroma erhalten Sie mit einer Presskanne: Gießen Sie auf das Kaffeepulver in der Kanne heißes (nicht kochendes) Wasser, und lassen Sie das Pulver ein paar Sekunden quellen. Anschließend füllen Sie das Wasser bis 3 cm unter den oberen Rand der Kanne und lassen den Kaffee 4 bis 6 Minuten ziehen, danach den Filter langsam nach unten drücken. Servieren Sie den Kaffee möglichst sofort, damit er nicht bitter wird.

Kaffeevarianten

Acapulco-Kaffee
½ l eiskalter Kaffee, 8 EL Puderzucker, 4 EL Rum und den Saft von ½ Zitrone in einem Mixer aufschäumen. Auf vier Longdrinkgläser verteilen und mit Eiswürfeln und Trinkhalm servieren.

Caffè corretto
Espresso »korrigiert« mit einem Schuss Grappa, Brandy oder Likör in einer Espressotasse servieren.

Eierlikör-Kaffee
200 ml Eierlikör mit 1 Päckchen Vanillezucker, 2 EL Zucker und 200 ml Milch erhitzen. In zwei Tassen füllen, mit Kaffee auffüllen. Geschäumte Milch darübergeben, mit Kakaopulver bestauben.

Latte macchiato
Doppelten Espresso zubereiten und in ein hohes Glas füllen. Mit heißer geschäumter Milch aufgießen.

Orangenkaffee
2 Tassen heißen Kaffee mit 1 EL Zucker, 1 EL abgeriebene Schale einer Bio-Orange und 8 cl Cognac mischen und in Gläser füllen. 100 g Sahne steif schlagen und auf den Orangenkaffee geben. Mit Streifen von Orangenschale garnieren.

Pharisäer
4 EL Zucker mit 125 ml braunem Rum erhitzen und in 4 Gläser füllen. Mit 300 ml frisch gebrühtem starkem Kaffee auffüllen. Sahne über einen Löffelrücken auf den Kaffee fließen lassen, damit sie auf der Oberfläche schwimmt und nicht versinkt.

Unter einer Sahnehaube lassen sich unterschiedlichste Kaffeespezialitäten verstecken.

GEBÄCK

Madeleines

klassisch und gefüllt

Für etwa 30 klassische Madeleines
125 g Butter
125 g Mehl
125 g Zucker
3 Eier, 1 Prise Salz
60 g gemahlene Mandeln
1 EL Orangenblütenwasser
Mark von ¼ Vanilleschote

Außerdem
Madeleineförmchen
zerlassene Butter
Puderzucker zum Bestauben

1 Die Butter zerlassen und abkühlen lassen. Das Mehl in eine Schüssel sieben und mit dem Zucker vermischen.

2 Die Eier mit einem Teigspatel in die Mehl-Zucker-Mischung einarbeiten. Nach und nach zerlassene Butter, Salz, Mandeln, Orangenblütenwasser sowie Vanillemark zufügen. Den Teig dabei immer mit dem Spatel bearbeiten. Zugedeckt 1 Stunde kühl ruhen lassen.

3 Inzwischen die Madeleineförmchen mit zerlassener Butter ausstreichen und den Backofen auf 220 °C vorheizen.

4 Die Förmchen zur Hälfte mit Teig füllen. Etwa 10 Minuten im Ofen (Mitte) backen. Aus den Förmchen lösen, auf einem Kuchengitter auskühlen lassen; mit Puderzucker bestauben.

Für etwa 30 gefüllte Madeleines
100 g Butter
100 g Mehl
½ TL Backpulver, 2 Eier
120 g Puderzucker
abgeriebene Schale von
 ¼ Bio-Zitrone

Für die Füllung
60 g Marzipanrohmasse
abgeriebene Schale von
 ¼ Bio-Zitrone
½ Eiweiß
20 g Hagelzucker
1 cl Rum

Außerdem
Madeleineförmchen
zerlassene Butter
feine Semmelbrösel
Puderzucker zum Bestauben

1 Für den Teig die Butter zerlassen und abkühlen lassen. Mehl und Backpulver in eine Schüssel sieben.

2 Die Eier mit dem Puderzucker und der Zitronenschale in einer zweiten Schüssel schaumig schlagen.

3 Die flüssige Butter abwechselnd mit dem Mehl-Backpulver-Gemisch zur Eimasse geben und unterrühren.

4 Die Madeleineförmchen mit zerlassener Butter fetten und mit Semmelbröseln ausstreuen.

5 Für die Füllung die Marzipanrohmasse, die abgeriebene Zitronenschale, das Eiweiß, den Zucker und den Rum gut miteinander verrühren.

6 Den Backofen auf 190 °C vorheizen. Die Förmchen zu einem Drittel mit dem Teig füllen, in die Mitte jeweils eine kleine Mulde drücken.

7 Die Marzipanmasse in eine Tüte aus Pergamentpapier füllen. Einen Klecks Marzipanmasse in jede Mulde spritzen, etwas Teig darübergeben und glatt streichen. Die Förmchen sollen nur knapp bis zum Rand gefüllt sein.

8 Die gefüllten Madeleines im vorgeheizten Ofen (Mitte) 12 bis 14 Minuten backen. Anschließend vorsichtig aus den Förmchen lösen und auf einem Kuchengitter auskühlen lassen. Vor dem Servieren mit Puderzucker bestauben.

Gefüllte Marzipanplätzchen

Für etwa 30 Stück
300 g Marzipanrohmasse
180 g Puderzucker
2 bis 3 Eiweiße
40 g Orangeat

Außerdem
200 g Mandelblättchen
  zum Bestreuen
200 g Orangenmarmelade
temperierte Zartbitter- oder
  Vollmilchkuvertüre
2 Backbleche, Backpapier

1 Die Marzipanrohmasse mit einem Messer klein hacken und in eine Schüssel füllen.

2 Den Puderzucker über die Marzipanrohmasse sieben, die Eiweiße dazugeben und alles zu einer glatten Masse verkneten. Das Orangeat fein hacken und untermischen.

3 Die Backbleche mit Backpapier belegen. Den Backofen auf 190 °C vorheizen. Mit einem Teelöffel von der Marzipan-Orangenmasse etwa 60 Häufchen abstechen.

4 Diese auf die Backbleche setzen und dick mit Mandelblättchen bestreuen. Im vorgeheizten Ofen (Mitte) nacheinander in 8 bis 10 Minuten nach Sicht hellbraun backen. Die gebackenen Plätzchen aus dem Ofen nehmen und auf dem Blech auskühlen lassen.

5 Die Hälfte der Plätzchen auf der flachen Seite mit etwas Marmelade bestreichen und je ein Plätzchen (ebenfalls mit der flachen Seite nach unten) als Deckel daraufsetzen.

6 Die Hälfte der gefüllten Plätzchen (nach Belieben auch mehr oder weniger) seitlich in temperierte Kuvertüre tauchen und trocknen lassen.

Tipp Marzipanrohmasse können Sie zum Zerkleinern auf der groben Reibe raspeln, statt es mit dem Messer zu hacken.

Orangen-Mandel-Makronen

Für etwa 50 Stück
3 Eiweiße
250 g Zucker
1 Prise Salz
3 TL Vanillezucker
150 g gemahlene Mandeln
abgeriebene Schale von
 3 Bio-Orangen
1 TL Orangenlikör
½ TL gemahlener Zimt

Außerdem
2 Backbleche
Mehl für die Bleche
50 Backoblaten von
 etwa 4,5 cm Durchmesser

1 Die Eiweiße in einer fettfreien Schüssel mit den Quirlen des elektrischen Handrührgeräts zunächst halbsteif schlagen.

2 Die Eiweiße ganz steif schlagen und dabei nach und nach Zucker, Salz und Vanillezucker einrieseln lassen. Mandeln, Orangenschale, Likör und Zimt unter die Baisermasse rühren.

3 Die Backbleche dünn mit Mehl bestauben und darauf die Backoblaten verteilen, jeweils im Abstand von 2 cm. Den Backofen auf 120 °C vorheizen.

4 Mit zwei Teelöffeln kleine Häufchen von der Baisermasse abstechen und diese auf die Oblaten setzen. Tauchen Sie die Teelöffel zwischendurch immer wieder in kaltes Wasser, damit die abgestochenen Klößchen besser von den Löffeln auf die Oblaten gleiten.

5 Die Makronen im vorgeheizten Ofen (unten) etwa 1 Stunde backen, dabei kontrollieren, dass sie nicht zu dunkel werden.

6 Die Makronen vom Blech nehmen und auf einem Kuchengitter abkühlen lassen. Überstehende Oblatenränder mit einer Schere abschneiden.

Tipp Die Mandeln können Sie durch Kokosflocken ersetzen, die Orangenschale durch etwa 1 EL sehr fein gehackte kandierte Ananas und den Orangenlikör entsprechend durch Kokoslikör.

Kuchen
klassisch und modern

Marmorkuchen

Teig
250 g weiche Butter
250 g Zucker
3 TL Vanillezucker
4 Eier
400 g Mehl
100 g Speisestärke
3 TL Backpulver
1 Prise Salz
100 ml Milch
30 g Kakaopulver

Außerdem
1 Gugelhupfform
Butter und Semmelbrösel
  für die Form
Puderzucker zum Bestauben

1 Die Butter in eine Schüssel geben und cremig schlagen, dabei nach und nach den Zucker und den Vanillezucker zufügen.

2 Die Eier dazugeben und darunterschlagen. Das Mehl mit Stärke, Backpulver und Salz in einer Schüssel vermischen. Abwechselnd mit der Milch in die Butter-Eier-Masse rühren.

3 Ein Drittel des Teiges abnehmen, den Kakao darübersieben und gründlich darunterrühren.

4 Die Backform mit Butter ausfetten und mit Semmelbröseln ausstreuen. Überschüssige Brösel ausklopfen. Den Backofen auf 180 °C vorheizen.

5 Mit einem Löffel abwechselnd den dunklen und den hellen Teig in die vorbereitete Form füllen. Beide Teige mit einer Gabel so vermischen, dass eine schöne Marmorierung entsteht.

6 Den Kuchen im vorgeheizten Ofen (Mitte) in etwa 1 Stunde goldbraun backen.

7 Die Form aus dem Backofen nehmen. Den Kuchen ein paar Minuten in der Form auskühlen lassen, dann auf ein Kuchengitter stürzen und vollständig auskühlen lassen. Mit Puderzucker bestauben.

Sandkuchen

Teig
6 Eier
4 Eigelbe
200 g Zucker
1 Messerspitze Salz
abgeriebene Schale von
  1 Bio-Zitrone
180 g Mehl
120 g Speisestärke
200 g Butter

Außerdem
1 Kastenform von 30 cm Länge
Backpapier
Puderzucker zum Bestauben

1 Die Kastenform mit Papier auskleiden, wie in der Bildfolge unten gezeigt. Den Backofen auf 190 °C vorheizen.

2 Für den Teig die Eier, die Eigelbe, den Zucker, das Salz und die abgeriebene Zitronenschale in einer Schüssel über dem Wasserbad bei maximal 40 °C schaumig rühren. Vom Wasserbad nehmen und kalt schlagen.

3 Das Mehl mit der Speisestärke vermischen, über die Eiercreme sieben und unterheben.

4 Die Butter zerlassen und abschäumen. Etwas abkühlen lassen, dann vorsichtig unter die Rührmasse ziehen.

5 Die Sandkuchenmasse in die vorbereitete Form füllen und im vorgcheizten Ofen (Mitte) 45 bis 50 Minuten backen. Sobald der Kuchen oben etwas gebräunt ist – dies ist etwa nach 15 Minuten der Fall – die Oberfläche der Länge nach einschneiden und den Sandkuchen fertig backen.

6 Den Kuchen aus dem Ofen nehmen. 15 Minuten in der Form abkühlen lassen, dann vorsichtig aus der Form auf ein Kuchengitter heben und ganz auskühlen lassen.

7 Kurz vor dem Servieren das Backpapier vom Kuchen abziehen und den Sandkuchen mit Puderzucker bestauben.

Die Kastenform auf ein Stück Backpapier legen und die Umrisse mit einem Bleistift leicht nachzeichnen.

Alle 4 Ecken einschneiden und das Papier an allen markierten Linien scharfkantig nach innen falten.

Das gefaltete Papier in die Kastenform setzen und die eingeschnittenen Ecken hinter den Seiten zusammenfalten.

BACKREZEPTE

Königskuchen

Teig
100 g Rosinen
je 40 g Zitronat und Orangeat, gewürfelt
2 cl feiner Rum
200 g Mehl
100 g Butter
200 g Zucker
abgeriebene Schale von 1 Bio-Zitrone
6 Eier, getrennt

Außerdem
1 Kastenform von 30 cm Länge
Backpapier für die Form
Puderzucker zum Bestauben

1 Die Rosinen, das Orangeat und das Zitronat in einer Schüssel mit dem Rum übergießen; abdecken und etwa 1 Stunde ziehen lassen. Die Form mit Backpapier auskleiden, wie in der Bildfolge auf Seite 184 beschrieben.

2 Rosinen, Orangeat und Zitronat abtropfen lassen und im Mehl wenden, wie in der Bildfolge unten (erstes Bild) gezeigt. Dieser Vorgang ist wichtig, damit die Früchte während des Backens nicht nach unten auf den Boden der Form sinken.

3 Die Butter mit einem Drittel des Zuckers schaumig rühren, wie in der Bildfolge links unten

Rosinen, Orangeat und Zitronat mit Mehl vermengen, damit sie im Teig nicht nach unten sinken.

Die Butter mit einem Drittel des Zuckers schaumig rühren. Zitronenschale und Eigelbe zugeben.

Zuerst ein Drittel des Eischnees mit einem Teigspatel unter die Butter-Eigelb-Masse ziehen.

Anschließend den restlichen Eischnee und die Mehl-Früchte-Mischung unterziehen.

Den Teig in die mit Backpapier ausgekleidete Form füllen und glatt streichen.

KUCHEN

(zweites Bild) gezeigt. Die abgeriebene Zitronenschale dazugeben. Die Eigelbe nach und nach unterrühren.

4 Die Eiweiße mit dem restlichen Zucker zu steifem Schnee schlagen. Ein Drittel davon mit einem Teigspatel unter die Butter-Eigelb-Masse heben. Den restlichen Eischnee und die Mehl-Früchte-Mischung unterziehen. Dabei darauf achten, dass die Masse nicht zu viel an Volumen verliert.

5 Den Backofen auf 180 °C vorheizen. Den Rührteig in die vorbereitete Kastenform füllen und mit einem Teigschaber glatt streichen.

6 Den Kuchen im vorgeheizten Ofen (Mitte) 50 bis 60 Minuten backen. In der Form 10 Minuten abkühlen lassen, dann auf ein Kuchengitter stürzen, das Papier abziehen und den Kuchen auskühlen lassen. Mit Puderzucker bestauben.

Wein-Biskuitgugelhupf

Für den Teig
4 Eier, getrennt
170 g Zucker
abgeriebene Schale von
  ½ Bio-Zitrone
160 g fein gemahlene
  Semmelbrösel

Für den Weinsud
750 ml Weißwein
200 g Zucker
30 ml Zitronensaft
50 ml Orangensaft
Schale von 1 Bio-Zitrone,
  in feine Streifen geschnitten
½ Zimtstange
2 Gewürznelken
2 cl Orangenlikör

Zum Garnieren
200 g Sahne
30 g Puderzucker
300 g helle Weintrauben,
  gehäutet und entkernt
Schokoladenblätter

Außerdem
1 Gugelhupfform von 1 l Inhalt
Butter für die Form
Semmelbrösel zum Ausstreuen

1 Den Backofen auf 180 °C vorheizen. Die Gugelhupfform mit Butter ausstreichen und mit Semmelbröseln ausstreuen.

2 Die Eigelbe mit der Hälfte des Zuckers und der abgeriebenen Zitronenschale schaumig rühren. Die Eiweiße steif schlagen, dabei den restlichen Zucker einrieseln lassen.

3 Zunächst ein Viertel des Eischnees mit einem Teigspatel vorsichtig unter die Eigelbmasse rühren. Dann erst den restlichen Eischnee dazugeben, die Semmelbrösel darüberstreuen und beides mit Teigspatel langsam und behutsam unter die Eigelbmasse heben.

4 Die Biskuitmasse in die Form füllen und glatt streichen. Im vorgeheizten Ofen (Mitte) 30 bis 35 Minuten backen. Gugelhupf aus dem Ofen nehmen, in der Form abkühlen lassen, dann auf ein kleines Kuchengitter stürzen.

5 Für den Weinsud Wein, Zucker, Zitronen- und Orangensaft, Zitronenschalenstreifen, Zimtstange und Gewürznelken in einem Topf kurz aufkochen lassen. Etwa 3 Minuten ziehen lassen, dann den Orangenlikör in den Sud rühren.

6 Das Kuchengitter mit dem Gugelhupf darauf in eine große Schüssel oder ein anderes passendes Gefäß stellen. Nach und nach den Gugelhupf mit dem Weinsud beschöpfen, bis er sich ganz vollgesogen hat. Vollständig auskühlen lassen.

7 Zum Garnieren die Sahne mit dem Puderzucker halbsteif schlagen, mit den Weintraubenhälften und den Schokoladenblättern auf Kuchentellern anrichten. Den Gugelhupf in Scheiben schneiden, dazulegen und servieren.

BACKREZEPTE

Gugelhupf mit Rosinen

Für den Teig
100 g Rosinen, 2 cl Rum
500 g Mehl
1 Würfel Hefe
⅛ l lauwarme Milch
180 g Butter
120 g Zucker
½ TL Salz
1 Messerspitze geriebene Muskatnuss, abgeriebene Schale von 1 Bio-Zitrone
2 Eigelbe, 3 Eier

Außerdem
1 Gugelhupfform von 22 cm Durchmesser
Butter und Brösel für die Form
16 gehäutete Mandeln
Puderzucker zum Bestauben

1 Die Rosinen mit dem Rum übergießen, zudecken und mindestens 1 Stunde ziehen lassen. Für den Hefeteig das Mehl in eine Schüssel sieben und in die Mitte eine Mulde drücken. Die Hefe hineinbröckeln und in der lauwarmen Milch auflösen. Mit etwas Mehl vom Rand bestauben. Die Schüssel mit einem Küchentuch abdecken und den Vorteig etwa 15 Minuten gehen lassen.

2 Die Buttermischung zubereiten, wie in der Bildfolge unten im ersten und zweiten Bild gezeigt. Die Buttermischung unter

Eigelbe und ganze Eier zu Butter, Zucker, Salz, Muskat und Zitronenschale in der Schüssel geben.

Mit einem kräftigen Schneebesen die Zutaten miteinander vermengen und schaumig schlagen.

Buttermischung und Vorteig verrühren und schlagen, bis der Teig Blasen wirft.

Die Form dünn mit Butter ausstreichen. Mandeln unten in die Rillen legen und anschließend die Form mit Bröseln ausstreuen.

Die getränkten Rosinen gut abtropfen lassen, unter den gegangenen Teig heben; diesen nochmals gehen lassen.

Den Teig in die Form füllen, glatt streichen und bedecken. Ein letztes Mal gehen lassen, bis er sein Volumen verdoppelt hat.

KUCHEN

den Vorteig mischen, wie im dritten Bild beschrieben. Die Schüssel erneut mit einem Tuch abdecken und den Teig nochmals gehen lassen.

3 Die Form mit Butter, Mandeln und Bröseln vorbereiten, wie im vierten Bild der Bildfolge gezeigt. Die getränkten Rosinen in einem Sieb gut abtropfen lassen, unter den gegangenen Teig mengen und den Teig nochmals gehen lassen. Den Teig in die Form füllen und ein letztes Mal gehen lassen, bis er das Doppelte seines Volumens erreicht hat.

4 Den Gugelhupf bei 200 °C im vorgeheizten Ofen (Mitte) etwa 45 Minuten backen. Sollte die Oberfläche zu schnell bräunen, diese mit mehrfach gefaltetem Pergamentpapier abdecken.

Tipp Um zu prüfen, ob der Kuchen fertig ist, sollten Sie die Stäbchenprobe durchführen: Bleibt an einem Holzspieß, der in die dickste Stelle des Kuchens gesteckt wurde, nach dem Herausziehen nichts mehr hängen, ist der Kuchen fertig. Nun können Sie den Kuchen aus dem Ofen nehmen, abkühlen lassen und nach Belieben mit Puderzucker bestauben.

BACKREZEPTE

Ostergebäck aus Hefeteig

Für 1 Osterzopf
500 g Mehl
¾ Würfel Hefe
¼ l lauwarme Milch
100 g zerlassene Butter
50 g Zucker
1 Ei
1 Prise Salz

Außerdem
1 Backblech
Mehl für das Blech
1 Eigelb zum Bestreichen
2 EL Hagelzucker zum Bestreuen

1 Aus Mehl, Hefe, Milch, Butter, Zucker, Ei und Salz einen Hefeteig zubereiten, wie auf den Seiten 90 und 91 beschrieben. Den Teig zur Kugel formen, mit Mehl bestauben und zugedeckt weitere 20 Minuten gehen lassen.

2 Aus dem Teig einen Zopf flechten, wie in der Bildfolge unten gezeigt. Anschließend auf einem bemehlten Backblech nochmals 10 Minuten gehen lassen. Den Backofen auf 200 °C vorheizen.

3 Das Eigelb verquirlen und den Hefezopf damit bestreichen, den Hagelzucker darüberstreuen. Den Zopf im vorgeheizten Ofen (Mitte) 25 bis 35 Minuten backen, bis er hellbraun ist.

Für 4 Osterbrote
80 ml trockener Weißwein
12 g zerstoßener oder gehackter Anissamen
180 g Rosinen
5 cl Rum
1½ Würfel Hefe
310 ml Milch
150 g Zucker
3 Eier
1000 g Mehl
80 g Butter
4 Eigelbe
1 EL Vanillezucker
30 g Salz
abgeriebene Schale von je ½ Bio-Zitrone und Bio-Orange
150 g gekochte, durchgedrückte Kartoffeln

Außerdem
2 Backbleche
Backpapier für die Bleche
1 Eigelb zum Bestreichen

Die Teigstränge auf der Arbeitsfläche nebeneinanderlegen und vom ersten Drittel an flechten.

Den Zopf drehen und fertig flechten, dabei die Teigenden oben und unten gut unterschlagen.

Das Eigelb verquirlen und den Hefezopf oben und an den Seiten damit bepinseln.

KUCHEN

1 Den Wein mit Anis in einem Topf aufkochen und zugedeckt über Nacht ziehen lassen. Die Rosinen mit Rum übergießen und ebenfalls zugedeckt über Nacht durchziehen lassen.

2 Für den Teig zunächst 30 g Hefe in eine Schüssel bröckeln und in 150 ml lauwarmer Milch auflösen. 30 g Zucker sowie 1 Ei zufügen und 300 g Mehl einarbeiten. Die Schüssel mit Folie oder einem Tuch abdecken; den Vorteig 1 Stunde ruhen lassen.

3 Anschließend in den Vorteig 80 g Butter, 20 g Zucker, 1 Ei, 1 Eigelb sowie 150 g Mehl gründlich einarbeiten. Den Teig wieder mit Folie abdecken und erneut 45 Minuten gehen lassen.

4 Inzwischen das dritte Ei sowie die übrigen 3 Eigelbe mit den restlichen 100 g Zucker, dem Vanillezucker, der abgeriebenen Zitronen- und Orangenschale sowie dem Salz vermischen.

5 Die übrigen 40 g Hefe in der restlichen Milch (160 ml) auflösen; zur Eier-Zucker-Masse gießen. Die durchgedrückten Kartoffeln und den Vorteig ebenfalls zufügen und alles vermengen.

6 Den mit Anis aromatisierten Wein durch ein Sieb gießen. Die Rum-Rosinen in einem Sieb abtropfen lassen. Wein und Rum-Rosinen sowie das restliche Mehl unter den Teig arbeiten. Alles miteinander verkneten, bis ein geschmeidiger Teig entstanden ist. Diesen in 4 Portionen teilen und weitere 15 Minuten gehen lassen.

7 Zwei Backbleche mit Backpapier belegen. Die Teigstücke auf einer bemehlten Arbeitsfläche erneut durchkneten und jeweils zu einer Kugel formen. Auf die Bleche setzen und etwas flach drücken. Die Brote zugedeckt gehen lassen, bis sich ihr Volumen verdoppelt hat.

8 Inzwischen den Backofen auf 150 °C vorheizen. Die Teigstücke mit verquirltem Eigelb bestreichen, oben kreuzweise einschneiden und im vorgeheizten Ofen (Mitte) etwa 30 Minuten backen.

BACKREZEPTE

Hefezopf

mit dreierlei Füllung

Für den Teig
600 g Mehl
¾ Würfel Hefe
¼ l lauwarme Milch
60 g zerlassene Butter
60 g Zucker
1 Ei, 1 Prise Salz
1 Messerspitze gemahlene Gewürznelke

Für die Nussfüllung
120 ml Milch
120 g Zucker
1 Messerspitze gemahlener Zimt
350 g Haselnusskerne, gemahlen
1 Eiweiß

Für die Mohnfüllung
175 ml Milch
60 g Zucker
3 TL Vanillezucker
1 Messerspitze gemahlener Zimt
100 g gemahlener Mohn
25 g Hartweizengrieß

Für die Pflaumenmusfüllung
200 g Pflaumenmus

Für die Glasur
100 g Aprikotur (siehe Seite 115)
150 g Puderzucker
1 bis 2 EL Zitronensaft

Außerdem
Mehl für die Arbeitsfläche
1 Backblech
Backpapier für das Blech
3 Eigelbe, mit etwas Milch verquirlt

1 Für den Hefeteig alle Zutaten zu einem geschmeidigen Teig verarbeiten, wie auf den Seiten 90 und 91 beschrieben.

2 Für die Nussfüllung Milch, Zucker und Zimt aufkochen, die Haselnüsse einrühren; abkühlen lassen. Das Eiweiß untermengen.

3 Für die Mohnfüllung die Milch mit dem Zucker, dem Vanillezucker und dem Zimt aufkochen. Den Mohn einrühren und die Mischung erneut aufkochen. Den Grieß untermengen und alles weitere 2 bis 3 Minuten kochen, dann abkühlen lassen.

4 Den Hefeteig in drei gleich große Portionen teilen. Jede auf der bemehlten Arbeitsfläche zu einem rechteckigen Fladen von 20 x 50 cm ausrollen.

5 Den ausgerollten Teig auf ein Küchentuch legen und jeweils mit einer der drei Füllungen bestreichen. Dabei an den kurzen Seiten einen 2 cm breiten und an einer Längsseite einen 3 cm breiten Rand frei lassen.

6 Die Eigelbe verquirlen und die freien Randstreifen damit bestreichen. Jeden Fladen mithilfe des Küchentuchs von der mit Füllung bestrichenen Längsseite her aufrollen.

7 Die gefüllten Teigrollen nebeneinanderlegen und von der Mitte zu einem Ende hin flechten. Den Zopf drehen und die zweite Hälfte flechten.

8 Ein Backblech mit Papier belegen. Den Zopf darauflegen, mit einem Tuch bedecken und an einem warmen Ort 1 Stunde gehen lassen.

9 Den Backofen auf 175 °C vorheizen. Den Zopf mit dem verquirlten Eigelb bestreichen und im vorgeheizten Ofen (Mitte) etwa 50 Minuten backen.

10 Den Hefezopf etwas abkühlen lassen. Mit Aprikotur bestreichen; diese kurz antrocknen lassen. Aus Puderzucker und Zitronensaft einen Guss rühren und den Zopf damit glasieren.

Panettone

Für den Teig
650 g Mehl
1¼ Würfel Hefe
150 g Zucker
¼ l lauwarme Milch
200 g Butter
5 Eigelbe
1 gehäufter TL Salz
geriebene Muskatnuss
abgeriebene Schale
  von 1 Bio-Zitrone
100 g gehacktes Zitronat
50 g gehacktes Orangeat
150 g Rosinen

Außerdem
1 Panettone-Form
gefettetes Pergamentpapier
Butter für die Form

1 Die Panettone-Form mit dem gefetteten Pergamentpapier auslegen.

2 Für den Teig das Mehl in eine große Schüssel geben und in die Mitte eine Mulde drücken. Die Hefe hineinbröckeln, 1 Prise Zucker dazugeben und mit der Milch und etwas Mehl aus der Mulde zu einem Brei verrühren. An einem warmen Ort etwa 15 Minuten gehen lassen.

3 Die Butter zerlassen. Mit dem Zucker, den Eigelben, dem Salz, etwas Muskatnuss und der Zitronenschale in die Schüssel geben und alles zu einem geschmeidigen Teig verkneten. Zugedeckt weitere 30 Minuten gehen lassen.

4 Zitronat, Orangeat und Rosinen unter den Teig kneten. Den Teig zu einer Kugel formen und zugedeckt nochmals 30 Minuten gehen lassen.

5 Den Backofen auf 200 °C vorheizen. Den Teig in die vorbereitete Form füllen und oben kreuzweise einritzen.

6 Den Panettone im vorgeheizten Ofen (Mitte) etwa 1½ Stunden backen. Aus dem Ofen nehmen, in der Form etwas abkühlen lassen, dann auf ein Kuchengitter stürzen und vollständig auskühlen lassen. Das Papier erst abziehen, sobald der Panettone ganz ausgekühlt ist.

Tipp Für Panettone-Küchlein fetten Sie ofenfeste Förmchen oder Tassen, beispielsweise Souffléförmchen, gründlich mit Butter aus. Den Teig in die Formen geben und die Küchlein 15 bis 20 Minuten im auf 175 °C vorgeheizten Ofen (Mitte) backen.

BACKREZEPTE

Christstollen

Für 2 Stück
1,2 kg Mehl
2 ½ Würfel Hefe
400 ml lauwarme Milch
2 Eier
100 g Zucker
1 TL Salz
Mark von 1 Vanilleschote
abgeriebene Schale von
　1 Bio- Zitrone
400 g weiche Butter
350 g Rosinen
100 g gehackte Mandeln
50 g gehacktes Orangeat
100 g gehacktes Zitronat
2 cl Rum

Außerdem
1 Backblech
Backpapier für das Blech
Alufolie
150 g zerlassene Butter zum
　Bestreichen
200 g Zucker mit dem Mark
　von 1 Vanilleschote vermischt,
　zum Bestreuen

1 Aus 1 kg Mehl, der Hefe und der Milch einen Vorteig zubereiten, wie auf den Seiten 90 und 91 beschrieben. Anschließend die Eier mit dem Zucker, Salz, Vanillemark und Zitronenschale verrühren und unter den Vorteig mischen. Alles zu einem glatten Teig schlagen. Zudecken und nochmals etwa 10 Minuten gehen lassen.

2 In der Zwischenzeit die Butter mit dem restlichen Mehl verkneten. Gründlich unter den Vorteig arbeiten, den Teig zudecken und an einem warmen Ort 15 Minuten gehen lassen.

3 Die Rosinen, die Mandeln, das Orangeat und das Zitronat mischen, mit dem Rum übergießen und etwas durchziehen lassen. Die Fruchtmischung rasch unter den Teig kneten, den Teig 10 bis 15 Minuten gehen lassen.

4 Den Teig halbieren und jede Hälfte zu einem Stollen formen, wie unten in den ersten beiden Bildern gezeigt.

5 Das Backblech mit Backpapier belegen und die Stollen daraufsetzen, den Teig mit einer Manschette aus doppelt gefalteter Alufolie umschließen. Die Stollen zugedeckt 20 bis 30 Minuten gehen lassen, bis sie deutlich an Volumen zugenommen haben.

6 Inzwischen den Backofen auf 200 °C vorheizen. Die Stollen im vorgeheizten Ofen (Mitte) etwa 1 Stunde backen. Aus dem Ofen nehmen; etwas abkühlen lassen. Weiterverfahren, wie in der Bildfolge im dritten Bild beschrieben.

Die Teigstücke zu etwa 30 cm langen dicken Strängen formen. Mit dem Rollholz in der Mitte etwas flach drücken.

Die Teigstücke an den kurzen Seiten etwas einschlagen, eine lange Seite zu etwa zwei Dritteln über die andere klappen.

Die noch warmen Stollen großzügig überall mit zerlassener Butter bestreichen und dick mit Vanillezucker bestreuen.

KUCHEN UND CAKES

BACKREZEPTE

Früchtebrot

Für 2 Stück
250 g getrocknete Feigen
je 200 g getrocknete Aprikosen und Pflaumen, ohne Stein
½ TL Salz
250 g Weizenmehl Type 1050
250 g Roggenschrot
50 g Sauerteig in Trockenform
½ Würfel Hefe
100 g Haselnusskerne
100 g abgezogene Mandeln
150 g Sultaninen
100 g Korinthen
je 50 g Zitronat und Orangeat, gewürfelt
150 g brauner Zucker
½ TL gemahlene Gewürznelken
1 TL gemahlener Zimt
1 TL gemahlener Anis
½ TL gemahlene Muskatblüte (Macis)

Außerdem
2 Kastenformen von 25 cm Länge
Pergamentpapier
120 g Aprikotur (siehe Seite 115)
80 g Fondant (siehe Seite 122)
kandierte Zitronenscheiben

1 Die Trockenfrüchte über Nacht in etwa 1 l Wasser einweichen. Am nächsten Tag abgießen, dabei das Einweichwasser auffangen. Die Früchte sehr gut abtropfen lassen und je nach Größe halbieren oder vierteln.

2 Weizenmehl, Roggenschrot, Salz und Sauerteig in einer großen Schüssel mischen. In die Mitte eine Mulde drücken. 450 ml der Einweichflüssigkeit leicht erwärmen.

3 Die Hefe in die Mulde bröckeln, die Flüssigkeit dazugießen und die Hefe darin unter Rühren auflösen. Alle Zutaten in der Schüssel zu einem festen Teig verkneten. Den Teig zugedeckt an einem warmen Ort 40 Minuten gehen lassen.

4 Die eingeweichten Früchte, Nüsse, Mandeln, Sultaninen, Korinthen, Zitronat, Orangeat, Zucker und Gewürze unter den Teig kneten.

5 Die Kastenformen mit Pergamentpapier auslegen. Den Teig halbieren, in die Formen füllen und glatt streichen. Die Brote zugedeckt etwa 40 Minuten gehen lassen.

6 Den Backofen auf 250 °C vorheizen. Die Brote der Länge nach einschneiden, zuerst 10 Minuten im vorgeheizten Ofen (Mitte) backen, dann die Ofentemperatur auf 180 °C reduzieren und die Brote noch 1 Stunde backen.

7 Die Früchtebrote aus dem Ofen nehmen. Auf ein Kuchengitter legen, das Papier abziehen und die Brote auskühlen lassen.

8 Die Früchtebrote rundum mit der erwärmten Aprikotur bestreichen und fest werden lassen. Den Fondant im 40 °C warmen Wasserbad auf 35 °C erwärmen.

9 Die Früchtebrote mit dem Fondant überziehen und mit kandierten Zitronenscheiben garnieren.

Tipps Das gebackene Früchtebrot entwickelt sein volles Aroma, wenn Sie es fest in Alufolie wickeln und an einem kühlen Ort (beispielsweise in der Vorratskammer) einige Tage durchziehen lassen – so wird es auch besonders saftig.

Gut verpackt können Sie die Früchtebrote gut zwei Wochen aufbewahren.

KUCHEN UND CAKES

Birnenbrot

Für 1 Stück
350 g getrocknete Birnen
150 g getrocknete Feigen
100 g getrocknete Pflaumen
 ohne Stein
80 g Zucker
250 g Mehl
½ Würfel Hefe
¼ TL Salz
1 TL gemahlener Zimt
¼ TL gemahlene Gewürznelken
abgeriebene Schale von
 1 Bio-Zitrone
60 g gehackte Mandeln
80 g Haselnusskerne

Außerdem
1 Backblech
Butter für das Blech

1 Birnen, Feigen und Pflaumen über Nacht in ½ l Wasser einweichen. Gut abtropfen lassen, die Flüssigkeit dabei auffangen. ⅛ l von der Flüssigkeit abmessen und diese leicht erwärmen. Die Früchte grob würfeln.

2 Das Mehl in eine Schüssel sieben und eine Mulde in die Mitte drücken. Die Hefe hineinbröckeln und mit einem Teil der lauwarmen Flüssigkeit verrühren, bis sie aufgelöst ist. Mit etwas Mehl bestauben und den Vorteig zugedeckt etwa 10 Minuten gehen lassen.

3 Den Vorteig mit der restlichen Flüssigkeit, dem Zucker und den Gewürzen zu einem glatten Teig verarbeiten. Zugedeckt noch einmal 10 bis 15 Minuten gehen lassen.

4 Das Backblech mit Butter fetten. Den Teig mit den Trockenfrüchten, den Mandeln und den Haselnüssen verkneten. Zu einem länglichen Laib formen und auf das Blech legen; zugedeckt nochmals etwa 1 Stunde gehen lassen.

5 Inzwischen den Backofen auf 180 °C vorheizen. Das Birnenbrot etwa 1 Stunde im vorgeheizten Ofen (Mitte) backen. Herausnehmen und auf dem Blech abkühlen lassen.

Tipp Wickeln Sie das vollständig ausgekühle Birnenbrot fest in Alufolie ein und lassen Sie es ein paar Tage bis zu 2 Wochen an einem kühlen Ort durchziehen, bevor Sie es anschneiden. In dieser Zeit entwickelt sich sein Aroma optimal, das Brot wird schön saftig und schmeckt dadurch besonders gut.

KUCHEN

BACKREZEPTE

Margaretenkuchen

Für den Teig
250 g Butter
100 g Marzipanrohmasse
140 g Zucker
Mark von ½ Vanilleschote
6 Eigelbe
6 Eiweiße
120 g Mehl
80 g Speisestärke

Für die Glasur
100 g Aprikosenkonfitüre
2 cl Rum
60 g Fondant (siehe Seite 122)

Außerdem
1 Margaretenkuchenform
   oder 1 Springform von 26 cm
   Durchmesser
Pergamentpapier
Butter
feine Semmelbrösel

1 Die Rippen der Kuchenform sorgfältig mit weicher Butter ausstreichen und mit Bröseln ausstreuen. Den Backofen auf 190 °C vorheizen.

2 In einer Schüssel die Butter mit der Marzipanrohmasse und einem Drittel des Zuckers zu einer weichen Masse verarbeiten. Das geht am besten mit einem Spatel oder einem Messer.

In die Butter-Marzipan-Zucker-Masse nach und nach die Eigelbe einarbeiten.

Etwa ein Drittel des schnittfesten Eischnees unter die Butter-Eigelb-Masse heben.

Die Mehl-Stärke-Mischung auf die Masse sieben und mit dem restlichen Eischnee unterheben.

Die Masse in die gefettete und mit Bröseln ausgestreute Margaretenkuchenform einfüllen.

Die Masse gleichmäßig mit einem Gummispatel von der Mitte zum Rand verstreichen.

KUCHEN

3 Die Masse in eine Schüssel füllen, das Vanillemark und nach und nach die Eigelbe zugeben und alles schaumig rühren.

4 Die Eiweiße mit dem restlichen Zucker ganz steif schlagen. Ein Drittel vom Eischnee unter die Eigelb-Marzipan-Masse heben. Dabei darauf achten, dass er nicht an Volumen verliert.

5 Mehl und Stärke in einer kleinen Schüssel mischen, sieben und zusammen mit dem restlichen Schnee vorsichtig unter die Eimasse ziehen.

6 Die Rührmasse in die vorbereitete Backform füllen und glatt streichen. Den Margaretenkuchen im vorgeheizten Ofen (Mitte) 50 bis 60 Minuten backen.

7 Für die Glasur die Aprikosenkonfitüre mit 2 bis 3 EL Wasser 5 Minuten erhitzen und mit einem Pinsel auf den warmen Kuchen tragen.

8 Den Fondant schmelzen, den Rum dazugeben und unterrühren. Den Margaretenkuchen mit dem Rum-Fondat dünn überziehen.

Orangenkuchen

Für den Teig
4 Eigelbe
150 g Zucker
abgeriebene Schale
  von 1 Bio-Orange
1 Messerspitze Salz
4 Eiweiße
50 g Biskuitbrösel
30 g Mehl
150 g gemahlene Mandeln
30 g zerlassene Butter

Für den Orangensirup
1 Bio-Orange
80 g Zucker
¼ l frisch gepresster Orangensaft
2 cl Orangenlikör

Außerdem
1 Rehrückenform von 32 cm
  Länge
Butter und Semmelbrösel
  für die Form
100 g Fondant (siehe Seite 122)
2 cl Orangenlikör
30 g geröstete Mandelblättchen
Zesten von ½ Bio-Orange

1 Die Rehrückenform mit Butter ausstreichen und mit Bröseln ausstreuen. Den Backofen auf 190 °C vorheizen.

2 Für den Rührteig die Eigelbe mit der Hälfte des Zuckers, der abgeriebenen Orangenschale und dem Salz schaumig rühren.

3 Die Eiweiße steif schlagen, dabei den restlichen Zucker einrieseln lassen. Den Eischnee vorsichtig unter die Eigelbmasse heben. Die Biskuitbrösel, das Mehl und die gemahlenen Mandeln nach und nach unterziehen, dann die Butter unterrühren.

4 Den Teig in die Form füllen und im vorgeheizten Ofen (Mitte) 40 bis 45 Minuten backen. Den Kuchen leicht auskühlen lassen, dann auf ein Kuchengitter stürzen.

5 Für den Sirup die Schale der Orange über einer Kasserolle dünn abreiben. Den Zucker zugeben und den Orangensaft zugießen. Alles verrühren und zum Kochen bringen.

6 Die Flüssigkeit bei nicht zu starker Hitze um etwa ein Drittel sirupartig einkochen. Etwas abkühlen lassen. Mit dem Orangenlikör aromatisieren.

7 Den Orangenkuchen rundum mit dem Sirup bepinseln und gut tränken, dabei 2 EL vom Sirup für die Glasur zurückbehalten.

8 Den Fondant mit dem restlichen Orangensirup und dem Orangenlikör leicht erwärmen und den Kuchen damit glasieren. Den Rand unten mit Mandelblättchen verzieren und den Kuchen mit den Orangenzesten bestreuen.

KUCHEN

Rehrücken

mit Marzipan-Schokoladen-Decke

Für den Teig
4 Eigelbe
150 g Zucker
abgeriebene Schale
  von 1 Bio-Orange
1 Messerspitze Salz
4 Eiweiße
50 g Biskuitbrösel
30 g Mehl
150 g gemahlene Mandeln
30 g zerlassene Butter

Für die Glasur
100 g Orangenmarmelade
2 cl Orangenlikör
  (z.B. Cointreau)

Für die Marzipandecke
200 g Marzipanrohmasse
70 g Puderzucker

Außerdem
1 Rehrückenform von 30 cm
  Länge
Butter für die Form
feine Semmelbrösel für die Form
200 g Zartbitterkuvertüre
  in Stücken
100 g Pistazienkrokant, grob
  gehackt

1 Die Rehrückenform mit weicher Butter ausstreichen und mit den Bröseln ausstreuen. Den Backofen auf 190 °C vorheizen.

2 Den Teig herstellen, wie im Rezept auf Seite 204 beschrieben. Die Masse in die Form füllen und etwa 50 Minuten im vorgeheizten Ofen (Mitte) backen. Den Rehrücken aus der Form auf ein Kuchengitter stürzen und etwas auskühlen lassen.

3 Für die Glasur die Orangenmarmelade mit 2 bis 3 EL Wasser 5 Minuten kochen. Durch ein Sieb passieren, den Orangenlikör unterrühren und den Kuchen damit bepinseln.

4 Das Marzipan mit dem Puderzucker verkneten und 2 bis 3 mm dünn ausrollen. Die Marzipandecke auf den Rehrücken legen und von Hand vorsichtig so andrücken, dass die Rippen wieder sichtbar werden.

5 Die Kuvertüre schmelzen, mit einem Pinsel auf dem Rehrücken verstreichen, kurz anziehen lassen und mit Pistazienkrokant bestreuen.

Klassische Linzertorte

225 g gemahlene Mandeln oder Haselnusskerne
280 g Mehl
225 g weiche Butter
2 Eigelbe (Größe L)
150 g Puderzucker, gesiebt
2 zerstoßene Gewürznelken
1 Prise Zimt
abgeriebene Schale von ½ Bio-Zitrone
Mark von ½ Vanilleschote

Außerdem
1 Backblech
Backpapier für das Blech
1 Tortenring von 26 cm Durchmesser
1 große runde Backoblate oder mehrere kleine Backoblaten
1 Eigelb
1 bis 2 EL Milch oder Sahne
200 g Johannisbeerkonfitüre
Puderzucker zum Bestauben

1 Für den Teig die gemahlenen Mandeln auf eine Arbeitsfläche schütten. Das Mehl darübersieben und in die Mitte eine Mulde drücken. Die Butter, den Puderzucker, die Eigelbe und die Gewürze hineingeben.

2 Alles rasch zwischen den Händen etwas bröselig reiben, dann zu einem Teig zusammendrücken bzw. vorsichtig kneten. Den Teig in Folie wickeln und 1 Stunde kühl ruhen lassen.

3 Die Hälfte des Teiges auf einer bemehlten Arbeitsfläche 1 cm dick ausrollen. Das Blech mit Backpapier belegen und den ausgerollten Teig darauflegen. Den Tortenring aufsetzen und fest andrücken; überstehende Teigreste entfernen. Die große oder mehrere kleine Oblaten auflegen. Weiterverfahren, wie in der Bildfolge unten gezeigt.

4 Den Backofen auf 200 °C vorheizen. Die Konfitüre mit einem Teigschaber auf den vorbereiteten Boden verstreichen, dabei einen Rand frei lassen.

5 Aus dem restlichen Teig für das Gitter 12 unterschiedlich lange Stränge auf einer bemehlten Arbeitsfläche rollen und auf die Konfitüre legen, wie im letzten Bild unten gezeigt wird.

6 Die Torte im vorgeheizten Ofen 10 Minuten backen. Die Hitze auf 160 °C reduzieren und die Torte in etwa 40 Minuten fertig backen. Den Ring entfernen, die Torte abkühlen lassen und mit Puderzucker bestauben.

Das Eigelb mit der Milch oder der Sahne verquirlen und den Teigboden am Rand damit bestreichen.

Aus der Hälfte des übrigen Teiges einen 80 cm langen Strang rollen und diesen als Teigrand in der Form festdrücken.

Die Konfitüre auf den Teigboden streichen, mit 1 cm dicken Teigsträngen gitterförmig belegen und mit Eigelb bepinseln.

KUCHEN

KUCHEN

Spanische Vanilletorte

Für den Teig
50 g Butter
150 g Marzipanrohmasse
150 g Zucker
Mark von 2 Vanilleschoten
6 Eigelbe, 5 Eiweiße
80 g Zartbitterkuvertüre (mind. 70 % Kakaoanteil)
50 g Zitronat, fein gewürfelt
50 g gehackte Mandeln
100 g Mehl

Für die Glasur
40 g Aprikotur (siehe Seite 115)
160 g Marzipanrohmasse
90 g Puderzucker
300 g temperierte Kuvertüre

Außerdem
1 konische Form von 26 cm Durchmesser oder 1 Springform von 24 cm Durchmesser
Backpapier zum Auslegen
Butter und Brösel für den Rand

1 Den Boden der Form mit passend zurechtgeschnittenem Backpapier belegen. Den Rand der Form mit Butter ausstreichen und mit Bröseln ausstreuen.

2 In einer Schüssel die Butter mit der Marzipanrohmasse leicht verkneten. Mit 50 g Zucker, dem Vanillemark und 1 Eigelb schaumig rühren. Die restlichen Eigelbe nach und nach unterrühren.

3 Die Eiweiße in einer großen Schüssel zuerst schaumig schlagen, dann den restlichen Zucker (100 g) einrieseln lassen und so lange weiterschlagen, bis ein schnittfester Schnee entstanden ist. Den Eischnee auf die Marzipan-Butter-Masse geben und vorsichtig mit einem Holzspatel unterziehen.

4 Den Backofen auf 190 °C vorheizen. Die Kuvertüre in nicht zu kleine Stücke schneiden, damit der Teig beim Backen nicht braun wird. In einer Schüssel mit dem Zitronat, den Mandeln und dem Mehl mischen. Diese Mischung sorgfältig unter die Marzipan-Butter-Masse ziehen. Die Masse in die vorbereitete Form füllen und glatt streichen. Im vorgeheizten Ofen (Mitte) 40 bis 45 Minuten backen.

5 Nach dem Backen die Torte etwa 10 Minuten ruhen lassen, auf ein Kuchengitter stürzen und erkalten lassen. Das Backpapier abziehen.

6 Für die Glasur die Oberfläche und den Rand des Kuchens dünn mit heißer Aprikotur einpinseln. Die Marzipanrohmasse mit dem Puderzucker verkneten, sehr dünn ausrollen und völlig glatt auf die Torte legen. Das geht gut mithilfe einer Teigrolle: Die Marzipandecke auf die Rolle drehen und über der Torte wieder abrollen. Auch den Rand möglichst faltenfrei andrücken. Überstehendes Marzipan abschneiden.

7 Die Kuvertüre im Wasserbad schmelzen und dünn über die Torte streichen. Etwas fest werden lassen. Mit einem angewärmten Messer 12 Stücke markieren. Die Torte nach Belieben mit Marzipanrosen dekorieren.

BACKREZEPTE

Käsekuchen mit Rosinen

Für den Teig
200 g Mehl, 120 g Butter
70 g Zucker
1 Messerspitze Salz
1 Ei

Für die Käsemasse
1 kg Schichtkäse
125 g saure Sahne
200 g Zucker
4 Eigelbe
2 cl brauner Rum
80 g Rosinen
1 EL Speisestärke
4 Eiweiße, 1 Prise Salz

Außerdem
1 Springform von
  26 cm Durchmesser
Butter für die Form
Puderzucker zum Bestauben

1 Die Form mit Butter fetten. Für den Teig die Zutaten zu einem Mürbeteig verarbeiten, wie auf den Seiten 96 und 97 beschrieben.

2 Den Teig etwas größer als die Form ausrollen und die Form damit auslegen, dabei einen 4 cm hohen Rand anbringen. Die Form kühl stellen.

3 Den Backofen auf 175 °C vorheizen. Den Schichtkäse mit einem Löffel durch ein Sieb in eine Schüssel streichen.

4 Saure Sahne, Zucker, Eigelbe und Rum mit dem Schichtkäse verrühren. Die Rosinen mit der Stärke mischen; untermengen.

5 Die Eiweiße mit dem Salz in einer fettfreien Schüssel steif schlagen. 4 EL vom Eischnee unter die Käsemasse rühren, anschließend den restlichen Eischnee vorsichtig unterheben. Die Masse auf dem Mürbeteig gleichmäßig verstreichen.

6 Den Käsekuchen im vorgeheizten Ofen (Mitte) 1 Stunde backen. Den Kuchen aus dem Ofen nehmen, in der Form abkühlen lassen, dann aus der Form lösen und zum vollständigen Auskühlen auf ein Kuchengitter geben.

7 Den Kuchen dünn mit Puderzucker bestauben, in Stücke schneiden und servieren.

Schokoladen-Quark-Kuchen

Für den Teig
250 g Mehl
100 g Zucker
2 EL Kakaopulver
1 Prise Salz
150 g weiche Butter

Für die Füllung
150 g Zartbitterschokolade
1 Bio-Zitrone
5 Eier
1 Päckchen Schokoladen-Puddingpulver
200 ml Milch
750 g Magerquark
100 g Zucker

Außerdem
1 Springform von 26 cm Durchmesser
Butter für die Form

1 Die Springform mit Butter ausfetten. Für den Teig alle Zutaten in eine Rührschüssel geben und mit den Händen krümelig reiben. Zwei Drittel der Krümel als Boden in der Form festdrücken. Die übrigen Streusel zugedeckt kalt stellen.

2 Den Backofen auf 200 °C vorheizen. Für die Füllung die Schokolade in Stücke brechen und über dem heißen Wasserbad in einer Schüssel schmelzen.

3 Von der Zitrone die Schale abreiben und den Saft auspressen. Die Eier trennen.

4 Das Puddingpulver zuerst mit der Milch verrühren, dann mit dem Quark, der geschmolzenen Schokolade, 2 EL Zucker, den Eigelben und dem Zitronensaft vermischen.

5 Die Eiweiße mit dem restlichen Zucker steif schlagen und unter die Quarkmischung heben.

6 Die Füllung auf dem Streuselboden in der Form verteilen und die restlichen Streusel darüberstreuen. Im Backofen (unten) etwa 1 Stunde backen. Herausnehmen und abkühlen lassen.

EXTRA

Die Basis eines klassischen Käsekuchens ist eine cremige Quarkmasse, unter die nach Belieben Rosinen gemischt werden.

Käsekuchen

Klassiker und Varianten

Käsekuchen oder auch Quarkkuchen ist der Klassiker unter den Kuchen überhaupt. Seine Hauptzutat ist Quark (in Österreich Topfen genannt) oder ein anderer ungesalzener Frischkäse wie Mascarpone oder Ricotta – auch Sojabohnenquark für Tofu-Käse-Kuchen kann verwendet werden.

Beliebt ist Käsekuchen nicht nur in Deutschland und allen anderen Ländern Europas, sondern vor allem auch in den USA. Cheesecake wird dort meist mit einem Boden aus zerkrümelten Keksen zubereitet.

Der klassische Käsekuchen

Die traditionelle Variante des Käsekuchens hat einen Boden aus Mürbeteig und einen saftigen Belag aus Magerquark, den Sie nach Belieben mit Rosinen verfeinern können.

Grundrezept

Für eine Springform von 26 cm Durchmesser verkneten Sie 200 g Mehl mit 50 g Zucker, 1 Ei, 1 Prise Salz und 100 g kalter Butter schnell zu einem festen Teig. In Frischhaltefolie verpackt für 30 Minuten in den Kühlschrank legen. Danach den Teig ausrollen, die gefettete Form damit auslegen, Boden und Rand mehrmals mit einer Gabel einstechen. Im auf 200 °C vorgeheizten Backofen 15 Minuten vorbacken. Für den Belag 3 Eier trennen. Die Eiweiße mit 1 Prise Salz steif schlagen. 50 g Butter und 150 g Zucker schaumig rühren, nach und nach die Eigelbe unterrühren. 750 g Magerquark, 125 g saure Sahne, Saft und abgeriebene Schale von 1 Bio-Zitrone, 3 EL Speisestärke und 1 Teelöffel Backpulver untermischen. Den Eischnee unterheben und nach Belieben 125 g Rosinen dazugeben. In die Form füllen und im Backofen (Mitte) 40–50 Minuten goldgelb backen.

KÄSEKUCHEN

Käsekuchen ohne Boden

Diese Variante ist besonders schnell und unkompliziert, da sie ohne Mürbeteigboden zubereitet wird.

Grundrezept
Für eine Springform von 26 cm Durchmesser 4 Eier trennen, die Eiweiße mit einer Prise Salz steif schlagen. 125 g Butter zerlassen und mit den Eigelben verrühren. 500 g Magerquark, 1 Päckchen Vanille-Puddingpulver, 4 EL Grieß, 200 g Zucker, ½ Päckchen Backpulver, 100 g Rosinen sowie Saft und abgeriebene Schale von 1 Bio-Zitrone mit den Eigelben mischen. Den Eischnee unterheben. Die Form ausfetten und mit Semmelbröseln ausstreuen. Den Teig einfüllen und im vorgeheizten Backofen (Mitte) bei 180 °C etwa 1 Stunde backen.

Amerikanischer Cheesecake

Cheesecake wird in den USA traditionell als Dessert serviert. Er hat einen Keksboden und wird mit Cream cheese (Seite 14) oder alternativ mit Doppelrahmfrischkäse zubereitet, wodurch er eine festere Textur erhält als ein Quarkkuchen. Damit der Kuchen cremig und kompakt wird, sollten alle Zutaten für den Belag Raumtemperatur haben. Die Masse dann nicht zu heftig mit dem Mixer schlagen, sondern nur glatt rühren. Cheesecake wird bei niedriger Temperatur gebacken und vor dem Servieren in den Kühlschrank gestellt.

Grundrezept
Für eine Springform von 26 cm Durchmesser 200 g Butterkekse in einem Gefrierbeutel mit dem Nudelholz zerkrümeln. Die Krümel mit 80 g zerlassener Butter und 1 Päckchen Vanillezucker mischen. Form mit Backpapier auslegen, Krümelmischung einfüllen, festdrücken und 30 Minuten kühl stellen. 600 g Doppelrahmfrischkäse mit 150 g Crème fraîche, 100 g Zucker, Mark von 2 Vanilleschoten, abgeriebener Schale von ½ Bio-Zitrone und 4 Eiern verrühren. 1 EL Speisestärke untermischen. In die Form füllen; im 150 °C heißen Ofen (Mitte) etwa 1 Stunde backen. Abkühlen lassen und bis zum Servieren kühl stellen. Dazu passt Obstsalat oder Fruchtsauce.

Frischkäsemasse und Keksboden sind charakteristisch für den Amerikanischen Cheesecake.

BACKREZEPTE

Möhrentorte

Für den Teig
250 g junge Möhren
6 Eier, getrennt
250 g Zucker
1 Messerspitze Salz
abgeriebene Schale
  von 1 Bio- Zitrone
300 g gemahlene Mandeln
100 g Mehl

Für die Glasur
½ Eiweiß
80 g Puderzucker
2 cl Kirschwasser

Für die Marzipanmöhren
200 g Marzipanrohmasse
100 g Puderzucker
rote und gelbe Speisefarbe
Angelika (kandierte Engelwurz)

Außerdem
1 Springform oder 1 Tortenring
  mit 26 cm Durchmesser
Backpapier zum Auslegen
150 g Aprikotur (siehe Seite 115)
60 g gehobelte Mandeln, geröstet

1 Den Boden der Springform mit Backpapier auslegen oder den Tortenring mit Papier einschlagen und den Ring auf ein Backblech setzen. Den Backofen auf 190 °C vorheizen.

2 Die Möhren putzen und sehr fein reiben. In einer Schüssel die Eigelbe mit 75 g Zucker, dem Salz und der Zitronenschale schaumig rühren.

3 Die Eiweiße steif schlagen, dabei den restlichen Zucker einrieseln lassen; weiterschlagen, bis der Eischnee schnittfest ist.

4 Die gemahlenen Mandeln mit dem Mehl und den Möhrenraspeln vermischen. Unter den Eigelbschaum zunächst ein Drittel des Eischnees heben und sehr gut vermischen. Dann den übrigen Eischnee daraufgleiten lassen und die Mandelmischung darüberstreuen. Alles mit einem Holzlöffel vorsichtig unterheben.

5 Die Masse in die Form füllen, glatt streichen und im vorgeheizten Ofen (Mitte) etwa 60 Minuten backen. Den Kuchen über Nacht in der Form auskühlen lassen. Auf ein Backpapier stürzen, damit die Unterseite nach oben kommt.

6 Den Kuchen oben und am Rand mit der heißen Aprikotur einstreichen. Für die Glasur das Eiweiß mit dem Puderzucker und dem Kirschwasser dickflüssig verrühren. Die Oberfläche des Kuchens mit der Glasur bestreichen und 2 Stunden antrocknen lassen. Den Rand mit den gehobelten Mandeln bestreuen.

7 Für die Dekoration die Marzipanrohmasse mit dem Puderzucker schnell zu einem glatten Teig zusammenwirken. Mit Speisefarbe auf den gewünschten Farbgrad einfärben.

8 Die Masse in 16 Stücke teilen. Daraus kleine Möhren formen. Kleine Stifte aus Angelika als Stiele in die Möhren stechen. Die Torte mit den Marzipanmöhren garnieren.

Kürbiskuchen

Für den Teig
300 g Mehl
150 g Butter
120 g Puderzucker, gesiebt
1 Ei, 1 Messerspitze Salz

Für die Füllung
900 g Kürbis
80 g Akazienhonig
2 Eier
je 1 Messerspitze gemahlener Zimt, gemahlener Ingwer, gemahlene Gewürznelken und frisch geriebene Muskatnuss
2 cl Rum
20 g Pfeilwurzelmehl oder Speisestärke

Außerdem
Obstkuchenform mit 24 cm Durchmesser
1 Eigelb, mit etwas Wasser verquirlt, oder Puderzucker zum Bestauben

1 Die Zutaten für den Teig mit etwa 2 EL Wasser rasch verkneten, wie auf den Seiten 96 und 97 beschrieben. Den Teig zur Kugel formen, in Folie wickeln und etwa 1 Stunde im Kühlschrank ruhen lassen.

2 In der Zwischenzeit den Kürbis schälen und von den Kernen sowie dem faserigen Inneren befreien. Es sollen 500 g Fruchtfleisch übrigbleiben.

3 Das Kürbisfruchtfleisch in Würfel schneiden und mit dem Honig, 2 Eiern, den Gewürzen, Rum und Stärke im Mixer cremig pürieren.

4 Den Teig ½ cm dick ausrollen. Einen Kreis, der etwas größer als die Form ist, ausschneiden und die Form damit auslegen. Den Rand mit einer Teigkugel andrücken, überstehenden Teig abschneiden. Den Teigboden mit einer Gabel mehrmals einstechen. Kürbismasse einfüllen und glatt streichen.

5 Den Backofen auf 200 °C vorheizen. Den restlichen Teig ½ cm dick ausrollen und Plätzchen daraus ausstechen. Sie können den Teig auch mit einem gezackten Teigrädchen in 1 cm breite, lange Streifen schneiden, als Gitter über die Füllung legen und mit verquirltem Eigelb bestreichen.

6 Den Kuchen 30 bis 35 Minuten backen. Die Plätzchen eventuell separat nach Sicht hellbraun mitbacken. Den Kuchen herausnehmen und mit Puderzucker bestauben. Die Kuchenvariante ohne Gitter nach Belieben mit den Plätzchen dekorieren.

BACKREZEPTE

Walnusstarte

Für den Teig
250 g Mehl
150 g Butter
120 g Zucker
5 Eigelbe
Mark von 1 Vanilleschote
1 Messerspitze Salz

Für die Füllung
250 g Walnusskerne
150 g brauner Zucker
40 g zerlassene Butter

Für die Glasur
1 Eiweiß
30 g Zucker zum Bestreuen

Zum Garnieren
Zucker, Walnusskernhälften

Außerdem
1 Springform von 24 cm Durchmesser
Puderzucker zum Bestauben

1 Das Mehl sieben und in die Mitte eine Mulde drücken. Die Butter in Stücken, den Zucker, die Eigelbe, das Vanillemark und das Salz hineingeben. Zu einem Teig verarbeiten, wie auf den Seiten 96 und 97 beschrieben. In Folie wickeln und mindestens 1 Stunde kühl ruhen lassen.

2 Für die Kuchenfüllung die Walnüsse in der Küchenmaschine fein hacken, dabei den braunen Zucker einrieseln lassen. Die zerlassene Butter zugießen und alles zu groben Krümeln verarbeiten.

3 Für den Boden zwei Drittel vom Teig auf einer bemehlten Arbeitsfläche 4 mm dick ausrollen. Die Form damit auslegen, dabei einen Rand formen. Die Füllung auf dem Teig verteilen.

4 Den restlichen Teig kreisförmig ausrollen, über die Form legen, mit dem Teigrand fest zusammendrücken. Den überstehenden Teig abschneiden.

5 In die Mitte des Teigdeckels einige Löcher stechen, damit der entstehende Dampf entweichen kann. Die Tarte 30 Minuten kühl ruhen lassen. Inzwischen den Backofen auf 190 °C vorheizen.

6 Die Tarte aus dem Kühlschrank nehmen und im vorgeheizten Ofen (Mitte) 15 Minuten backen; die Temperatur auf 180 °C senken und die Tarte 25 bis 30 Minuten backen.

7 In der Zwischenzeit das Eiweiß leicht schaumig schlagen. Die Tarte aus dem Ofen nehmen, sofort die Oberfläche mit dem Eiweiß bestreichen und den braunen Zucker darüberstreuen. Anschließend wieder in den Ofen stellen und weitere 5 Minuten backen, bis die Tarte schön knusprig ist.

8 Die Tarte kurz in der Form, dann auf dem Kuchengitter auskühlen lassen. Mit Puderzucker bestauben.

9 Für die Garnitur etwas Zucker in einer kleinen Kasserolle schmelzen. Die Walnüsse darin wenden, herausnehmen und auf die Tarte legen.

Italienischer Mandelkuchen

Für 2 Kuchen
Für den Teig
250 g abgezogene Mandeln, fein gehackt
250 g Butter
250 g Zucker
250 g Mehl

Für die Füllung
160 g Zucker
40 g Speisestärke
4 Eigelbe
½ l Milch
Mark von ½ Vanilleschote
3 Eiweiße

Außerdem
2 Springformen von je 22 cm Durchmesser
Backpapier zum Auskleiden
gehobelte Mandeln
Puderzucker zum Bestauben

1 Für den Teig alle Zutaten miteinander zu einem weichen Mürbeteig verarbeiten, wie auf den Seiten 96 und 97 beschrieben. Zur Kugel formen, in Folie wickeln und für etwa 2 Stunden im Kühlschrank ruhen lassen.

2 Die Springformen mit Backpapier auskleiden. Den Backofen auf 200 °C vorheizen. Den Teig auf einer großen Arbeitsfläche etwa ½ cm dünn ausrollen. Mit dem Springformrand vier Kreise in den Teig drücken und diese ausschneiden.

3 Die 4 Teigböden nacheinander in die Formen legen und 15 bis 17 Minuten im vorgeheizten Ofen (Mitte) blindbacken. Zwei der Böden noch heiß in je 12 Tortenstücke schneiden, alle Böden auskühlen lassen.

4 Für die Füllung 50 g Zucker mit der Speisestärke in eine Schüssel geben. Die Eigelbe und einige EL Milch zufügen. Alles mit einem Schneebesen klümpchenfrei verrühren.

5 Die restliche Milch mit 50 g Zucker und dem Vanillemark in einem Topf aufkochen. Die angerührte Speisestärke langsam und kontinuierlich in die kochende Vanillemilch gießen, dabei ständig rühren. Mehrmals aufwallen lassen, bis die Milch andickt.

6 In der Zwischenzeit die Eiweiße steif schlagen, dabei den restlichen Zucker einrieseln lassen, bis ein schnittfester Schnee entstanden ist.

7 Den Eischnee unter die Vanillecreme heben und unter ständigem Rühren vorsichtig erhitzen, bis die Creme erneut aufwallt.

8 Die heiße Creme rasch auf die beiden ungeschnittenen Böden streichen – kalt ist die Creme nicht mehr streichfähig. Die in Stücke geschnittenen Mandelböden auf der Creme zusammensetzen.

9 Die beiden Kuchen mit gehobelten Mandeln bestreuen, mit dem Puderzucker bestauben und noch am gleichen Tag servieren.

Mohnkuchen

Für den Teig
150 g Butter
200 g Puderzucker
abgeriebene Schale
  von ½ Bio-Zitrone
2 cl brauner Rum
1 Messerspitze Salz
6 Eier, getrennt
200 g gemahlener Mohnsamen
50 g Mehl
30 g Speisestärke

Außerdem
1 Springform von 26 cm
  Durchmesser
Butter und Semmelbrösel
  für die Form

1 Die Butter mit 75 g Puderzucker cremig rühren. Die abgeriebene Zitronenschale, den Rum und das Salz zugeben und gut untermischen. Die Eigelbe nur nacheinander zugeben, darauf achten, dass jedes gut untergerührt ist, bevor das nächste folgt.

2 Die Eiweiße in einer Schüssel steif schlagen, dabei den restlichen Zucker einrieseln lassen, bis ein schnittfester Schnee entstanden ist. In einer weiteren Schüssel den Mohn, das Mehl und die Speisestärke gut miteinander vermengen.

3 Zunächst etwa ein Drittel des Eischnees unter die Buttermasse rühren. Anschließend den restlichen Eischnee in die Schüssel geben und die Mohn-Mehl-Mischung darüberstreuen. Alles vorsichtig unterheben, bis eine glatte Masse entstanden ist.

4 Die Springform mit Butter ausstreichen und mit Semmelbröseln ausstreuen. Den Backofen auf 190 °C vorheizen. Die Mohnmasse in die Form füllen.

5 Den Kuchen im vorgeheizten Ofen (Mitte) 45 bis 50 Minuten backen. Aus dem Ofen nehmen und etwa 30 Minuten in der Form auskühlen lassen, erst dann den Formrand lösen und den Kuchen auf ein Gitter stürzen. Mit Folie abdecken und über Nacht ruhen lassen.

6 Den Kuchen dick mit Puderzucker bestauben. Am besten mit leicht gesüßter Schlagsahne servieren.

Tipp Statt die Torte mit Puderzucker zu bestauben, können Sie sie auch mit einer Marzipan-Schokoladen-Decke überziehen. Dafür zuerst die Oberfläche und die Seiten dünn mit warmer Aprikosenkonfitüre einstreichen. Anschließend die Torte mit einer dünn ausgerollten Marzipanschicht abdecken und diese mit temperierter Kuvertüre überziehen, wie auf den Seiten 134 und 135 beschrieben.

Schokoladen-Apfel-Kuchen

Für den Teig
225 g Blätterteig (tiefgekühlt)

Für den Belag
80 g Vollmilchschokolade
2 Eier
3 EL Zucker
3 EL gemahlene Mandeln
2 Äpfel
1 EL Zitronensaft
2 EL Mandelstifte
100 g Sahne

Außerdem
1 Backblech
Backpapier

1 Den Backofen auf 200 °C vorheizen und das Backblech mit Backpapier belegen. Die Blätterteigscheiben nebeneinanderlegen und auftauen lassen.

2 Die Schokolade in Stücke brechen und über dem heißen Wasserbad schmelzen. Die Eier und den Zucker in einer Schüssel schaumig schlagen; die gemahlenen Mandeln und die geschmolzene Schokolade unterrühren.

3 Die Äpfel schälen, halbieren, vom Kerngehäuse befreien und in Scheiben schneiden. Sofort mit dem Zitronensaft beträufeln.

4 Die Blätterteigplatten aufeinanderlegen, mit etwas Mehl in Größe des Backblechs ausrollen und auf das Backblech legen. Die Schokoladencreme auf dem Teig verstreichen und mit den Apfelscheiben belegen. Die Mandelstifte darüberstreuen.

5 Den Kuchen im Backofen (unten) etwa 30 Minuten backen. Aus dem Ofen nehmen und abkühlen lassen.

6 Sahne mit Vanillezucker steif schlagen, in einen Spritzbeutel mit Sterntülle füllen und den Kuchen damit verzieren.

KUCHEN

Gekühlter Schokoladenkuchen

Für den Teig
200 g Zartbitterschokolade oder -kuvertüre (mind. 70 % Kakaoanteil)
200 g Butter
4 Eier
200 g Zucker
1 Päckchen Vanillezucker
100 g Mehl

Außerdem
1 Springform von 26 cm Durchmesser
Butter und Mehl für die Form
Puderzucker zum Bestauben

1 Die Schokolade oder Kuvertüre in Stücke brechen. Die Butter klein schneiden. Beides in einer Schüssel über dem heißen Wasserbad unter ständigem Rühren schmelzen, wie auf Seite 133 gezeigt. Die Schokoladen-Butter etwas abkühlen lassen.

2 Die Springform mit Butter ausfetten und bemehlen, dann in das Tiefkühlfach stellen. Den Backofen auf 180 °C vorheizen.

3 Die Eier trennen. Die Eiweiße zu steifem Schnee schlagen (dabei etwas Zucker einrieseln lassen) und kalt stellen. Die Eigelbe mit dem restlichen Zucker und dem Vanillezucker unter die Schokoladen-Butter rühren. Das Mehl untermischen.

4 Eischnee unterheben und die Schokoladenmasse in die gekühlte Springform füllen. Den Kuchen im vorgeheizten Ofen (Mitte) etwa 25 Minuten backen. Aus dem Ofen nehmen und in der Form abkühlen lassen.

5 Den Kuchen aus der Form nehmen und mindestens 3 Stunden kalt stellen. Mit Schlagsahne, Vanilleeis oder Waldbeerenkompott servieren.

Butterkuchen

Für den Teig
400 g Mehl
½ Würfel Hefe
⅛ l lauwarme Milch
30 g Zucker
70 g lauwarm zerlassene Butter
½ TL Salz
2 Eier

Für den Belag
300 g weiche Butter
¼ TL Salz
150 g gehobelte Mandeln
150 g Zucker
¼ TL gemahlener Zimt

Außerdem
1 Backblech

1 Für den Hefeteig das Mehl in eine Schüssel sieben und in die Mitte eine Mulde drücken. Die Hefe in der Milch auflösen, etwas Zucker zugeben und in die Mehlmulde gießen. Den Hefeansatz dünn mit Mehl bestauben, die Schüssel bedecken und den Vorteig an einem warmen, zugfreien Ort gehen lassen.

2 Sobald die Oberfläche Risse zeigt, den restlichen Zucker, die Butter, das Salz und die Eier zugeben und alles zu einem glatten Teig schlagen, bis er Blasen wirft und sich vom Schüsselrand löst.

3 Den Teig auf einer bemehlten Arbeitsfläche gleichmäßig dick in Blechgröße ausrollen. Auf das ungefettete Backblech legen, mit einem Tuch zudecken und erneut gehen lassen.

4 Für den Belag die Butter mit dem Salz schaumig rühren. Mit den Fingern Vertiefungen in geringen Abständen in den Teig drücken, wie in der Bildfolge unten gezeigt. Die Vertiefungen sollen bis auf das Blech reichen, damit sie sich durch das Gehen des Teiges nicht wieder schließen können.

5 Den Backofen auf 220 °C vorheizen. Die gesalzene Butter in einen Spritzbeutel mit Lochtülle füllen und auf den Teig spritzen (unabhängig von den Vertiefungen, in die die Butter beim Backen ohnehin hineinläuft).

6 Die gehobelten Mandeln gleichmäßig auf dem Teig verteilen. Zucker mit Zimt mischen und großzügig über den Kuchen streuen.

7 Den Kuchen im vorgeheizten Ofen (Mitte) 5 Minuten backen. Temperatur auf 200 °C reduzieren; den Kuchen noch 12 bis 15 Minuten backen. Er soll oben knusprig braun und innen weich sein. In 10 x 6 cm große Stücke schneiden; sofort servieren.

Mit zwei Fingern Vertiefungen in geringen Abständen bis auf das Blech in den Teig drücken.

Die Butter mit einem Spritzbeutel in kleinen Tupfen auf den Teig spritzen.

Die Mandeln gleichmäßig auf dem Kuchen verteilen. Zucker und Zimt darüberstreuen.

KUCHEN

Mohnstreuselkuchen

Für den Teig
150 g Schichtkäse oder
  abgetropfter Quark
5 EL Milch, 6 EL Öl
80 g Zucker
1 Prise Salz, 3 TL Vanillezucker
300 g Mehl
3 TL Backpulver

Für den Belag
250 g gemahlener Mohn
⅜ l Milch, 80 g Zucker
30 g Butter, 1 kleines Ei
50 g Vanillepuddingpulver

Für die Streusel
350 g Mehl, 200 g Zucker
1 Prise Salz, 1 Messerspitze Zimt
200 g Butter

Außerdem
1 Backblech, Butter für das Blech

1 Für den Teig Schichtkäse oder Quark durch ein feines Sieb in eine Schüssel streichen. Mit der Milch, dem Öl, dem Zucker, Salz und Vanillezucker verrühren. Die Hälfte des Mehls unterrühren. Das restliche Mehl mit dem Backpulver mischen, darübersieben und unterkneten.

2 Das Backblech dünn fetten. Den Teig auf einer bemehlten Arbeitsfläche gleichmäßig dick in Blechgröße ausrollen, auf das Backblech legen und an den Rändern etwas hochdrücken.

3 Den Mohn mit ¼ l Milch, dem Zucker und der Butter in einem Topf aufkochen. Ei und Puddingpulver mit der restlichen Milch verrühren, in die Mohnmasse rühren und einmal aufkochen lassen. Beiseitestellen und abkühlen lassen.

4 Den Backofen auf 200 °C vorheizen. Für die Streusel das Mehl mit dem Zucker, dem Salz und dem Zimt vermischen. Die Butter zerlassen und unter ständigem Rühren in dünnem Strahl einlaufen lassen. Den Teig mit den Händen zu Streuseln reiben.

5 Die Mohnmasse auf dem Teig verteilen und glatt streichen. Die Streusel darüberkrümeln und den Kuchen im vorgeheizten Ofen (Mitte) etwa 45 Minuten backen. Das Blech aus dem Ofen nehmen, den Kuchen etwas abkühlen lassen und in Stücke schneiden.

Quark-Streuselkuchen

Für den Teig
125 g weiche Butter
100 g Zucker, 3 TL Vanillezucker
1 Prise Salz, 1 Ei
250 g Mehl
1 ½ TL Backpulver

Für den Belag
500 g Schichtkäse oder abgetropfter Quark
1 EL Vanillepuddingpulver
100 g Zucker, 1 kleines Ei
abgeriebene Schale
 von ½ Bio-Zitrone

Für die hellen Streusel
40 g Zucker, 60 g Mehl
3 TL Vanillezucker
 40 g weiche Butter

Für die Schokoladenstreusel
50 g Zucker, 60 g Mehl
3 TL Kakaopulver
40 g weiche Butter

Außerdem
1 Backblech

1 Die Butter mit dem Handrührgerät cremig rühren. Zucker, Vanillezucker, Salz und Ei einarbeiten. Mehl mit Backpulver mischen, dazusieben und mit den Knethaken des Handrührgerätes unterrühren, bis ein krümeliger Teig entsteht.

2 Den Teig auf das ungefettete Blech geben und mit bemehlten Händen festdrücken; an den Rändern etwas hochdrücken.

3 Den Backofen auf 190 °C vorheizen. Den Quark für den Belag durch ein Sieb in eine Schüssel streichen. Erst Puddingpulver und Ei, dann Zucker und Zitronenschale untermischen.

4 Für die hellen Streusel den Zucker, das Mehl, den Vanillezucker und die Butter mit den Händen zu Krümeln reiben.

5 Für die Schokoladenstreusel den Zucker, das Mehl, das Kakaopulver und die Butter ebenfalls zu Krümeln reiben.

6 Den Quarkbelag auf dem Teigboden verteilen. Die hellen und die dunklen Streusel gleichmäßig darüberstreuen. Den Kuchen im vorgeheizten Ofen (Mitte) in 30 bis 35 Minuten goldgelb backen.

Mit Obst
Tartes und Tarteletts

Himbeertörtchen

Für 10 bis 12 Stück
400 g Mehl
200 g kalte Butter
110 g Puderzucker
1 Eigelb
¼ TL Salz

Für die Mandelcreme
300 ml Milch, 60 g Zucker
1 Messerspitze Salz
2 Eigelbe
30 g Speisestärke
2 Eiweiße
150 g Marzipanrohmasse
80 g gemahlene Mandeln

Für den Belag
400 g Himbeeren

Außerdem
Tortelettförmchen von 10 cm Durchmesser
Backpapier und Hülsenfrüchte zum Blindbacken
Puderzucker zum Bestauben

1 Für den Mürbeteig das Mehl auf eine Arbeitsfläche sieben und in die Mitte eine Mulde drücken. Die Butter in Stücken, den Puderzucker, das Eigelb und das Salz hineingeben. Zu einem Teig verarbeiten, wie auf den Seiten 96 und 97 beschrieben. Den Teig in Folie wickeln; 1 bis 2 Stunden im Kühlschrank ruhen lassen.

2 Den Backofen auf 220 °C vorheizen. Den Teig auf einer bemehlten Arbeitsfläche ausrollen und die Tortelettförmchen damit auslegen, dabei die Teigränder an die Formen drücken; überstehende Ränder abschneiden.

3 Die Teigböden mit Backpapier belegen und die Hülsenfrüchte darauf verteilen. Im Ofen (Mitte) 10 Minuten blindbacken. Hülsenfrüchte und Papier entfernen.

4 Für die Creme die Milch mit 20 g Zucker und dem Salz in einem Topf zum Kochen bringen. Die Eigelbe mit der Speisestärke verrühren und einige Löffel von der warmen Milch unterrühren.

5 Die Eigelbmischung unter Rühren mit einem Schneebesen in die köchelnde Milch geben, bis diese bindet. Kräftig durchrühren und die Creme einige Male aufwallen lassen.

6 Die Eiweiße zu steifem Schnee schlagen, dabei den restlichen Zucker einlaufen lassen. Den steifen Eischnee unter die köchelnde Creme rühren, sofort vom Herd nehmen.

7 Die Marzipanrohmasse mit 2 bis 3 Löffeln der heißen Creme streichfähig verrühren. Nach und nach die restliche Creme dazugeben und alles zu einer klümpchenfreien Masse verrühren. Zum Schluss die gemahlenen Mandeln unterrühren. Die Mandelcreme in die Förmchen verteilen und glatt streichen.

8 Die Himbeeren dicht aneinander auf die Creme setzen und dick mit Puderzucker besieben.

Tipp Die Törtchen unter den vorgeheizten Grill schieben und gratinieren, bis sich ein guter Teil des Puderzuckers in Karamell verwandelt hat.

BACKREZEPTE

Birnenkuchen

mit Vanillecreme

Für den Teig (für 2 Böden)
375 g Mehl, 190 g Butter
130 g Puderzucker, 1 Prise Salz
1 Ei

Für die Vanillecreme
¼ l Milch
Mark von ¼ Vanilleschote
60 g Zucker
2 Eigelbe, 20 g Speisestärke

Für den Belag
1 kg Birnen
Saft von 1 Zitrone, 100 g Zucker

Für den Guss
50 g Marzipanrohmasse, 2 Eier
100 g Sahne, 30 g Zucker

Außerdem
1 Tarteform von 24 cm Durchmesser, Pistazien, Puderzucker

1 Aus dem Mehl, der Butter in Stücken, dem Puderzucker, dem Salz und den Eiern einen Mürbeteig zubereiten, wie auf den Seiten 96 und 97 beschrieben.

2 Den Teig im Durchmesser etwas größer als die Form ausrollen und diese damit auslegen. Den Rand dabei etwas überstehen lassen und Rillen hineindrücken, wie im Bild unten links gezeigt.

3 Aus den angegebenen Zutaten eine Vanillecreme herstellen, wie auf den Seiten 128 und 129 beschrieben. Die Creme in den Teigboden füllen, wie im zweiten Bild unten gezeigt.

4 Den Backofen auf 190 °C vorheizen. Für den Belag die Birnen schälen, halbieren und das Kerngehäuse entfernen. 1 l Wasser mit dem Zitronensaft und dem Zucker aufkochen, die Birnenhälften einige Minuten darin köcheln lassen. In einem Sieb gut abtropfen lassen und die Früchte auf der Vanillecreme verteilen.

5 Für den Guss die Marzipanrohmasse mit 1 Ei cremig rühren, dann erst das zweite Ei einarbeiten. Sahne und Zucker unterrühren und alles gut vermengen. Den Marzipanguss über Birnen und Creme gießen. Im Ofen (Mitte) 40 bis 45 Minuten backen. Den Kuchen abkühlen lassen. Mit Pistazien bestreuen und mit Puderzucker bestauben.

Den Rand etwas überstehen lassen, mit einem Kneifer Rillen eindrücken.

Vanillecreme in den Boden einfüllen, gleichmäßig verteilen und glatt streichen.

Die abgetropften Birnenhälften dicht nebeneinander auf die Vanillecreme setzen.

BACKREZEPTE

Aprikosentarte

Für den Teig
300 g Mehl
200 g Butter
100 g Puderzucker
1 Eigelb
¼ TL Salz

Für den Belag
600 g frische Aprikosen
1 Ei
100 g Sahne
50 g Zucker
50 g grob gehackte Mandeln

Außerdem
1 Pieform von 26 cm
   Durchmesser
Backpapier und Hülsenfrüchte
   zum Blindbacken
Puderzucker zum Bestauben
   oder 80 g Aprikotur zum
   Bestreichen (siehe Seite 115)

1 Für den Mürbeteig das Mehl auf eine Arbeitsfläche sieben und in die Mitte eine Mulde drücken. Die Butter in Stückchen, den Puderzucker, das Eigelb und das Salz hineingeben.

2 Alles rasch mit einem Messer zusammenhacken, bis sich Krümel bilden, dann mit den Händen mehr drücken als kneten, bis ein glatter Teig entsteht. Den Teig zu einer Kugel formen, in Folie wickeln und 1 Stunde kühl ruhen lassen.

3 Den Backofen auf 200 °C vorheizen. Den Teig 3 mm dick ausrollen und in die Pieform legen. Mit einer Teigkugel oder den Fingern den Rand andrücken. Die überstehenden Teigränder mit einem Messer abschneiden.

4 Ein entsprechend großes Stück Backpapier auf den Teig in der Form legen und die Hülsenfrüchte einfüllen. Den Teigboden im vorgeheizten Ofen (Mitte) etwa 15 Minuten blindbacken. Anschließend das Backpapier und die Hülsenfrüchte entfernen.

5 In der Zwischenzeit für den Belag die Aprikosen waschen, abtrocknen, halbieren und die Steine entfernen. Für die Eier-Sahne-Mischung das Ei, die Sahne und den Zucker miteinander verquirlen.

6 Die Aprikosen mit den Schnittflächen nach unten nebeneinander ohne Zwischenräume auf den vorgebackenen Teigboden legen und mit der Eier-Sahne-Mischung übergießen.

7 Die Backofentemperatur auf 190 °C reduzieren und den Kuchen etwa 20 Minuten im Ofen (Mitte) backen. Kurz aus dem Ofen nehmen, die Mandeln darauf verteilen und den Teigrand mit Alufolie abdecken. In weiteren 10 Minuten fertig backen.

8 Nach Belieben den Kuchen mit Puderzucker bestauben oder mit Aprikotur bestreichen.

Rhabarberkuchen

Für den Teig
150 g kalte Butter
250 g Mehl
150 g Zucker
1 Ei

Für den Belag
800 g Rhabarber
80 g Puderzucker
100 g Butter
2 Eier
1 EL Speisestärke
200 g Sahne
1 EL gemahlene Haselnusskerne

Außerdem
1 Springform von
 30 cm Durchmesser
Fett für die Form
Mehl zum Ausrollen
Puderzucker zum Bestauben

1 Für den Teig die Butter in Stücke schneiden. Das Mehl auf die Arbeitsfläche häufen, den Zucker und das Ei und dann die kalten Butterstückchen dazugeben. Alles mit den Händen rasch zu einem Mürbeteig verkneten, wie auf den Seiten 96 und 97 gezeigt. Den Teig zu einer Kugel formen, in Frischhaltefolie wickeln und 1 Stunde kühl stellen.

2 Für den Belag den Rhabarber waschen, putzen und die dünne Schale abziehen. Die Stangen in 2 bis 3 cm lange Stücke schneiden. In eine Schüssel geben, mit 1 TL Puderzucker bestauben und zugedeckt etwa 30 Minuten ziehen lassen.

3 Die Butter mit dem restlichen Puderzucker, den Eiern und der Speisestärke verrühren. Die Sahne steif schlagen und unter die Butter-Eier-Creme heben. Den Backofen auf 180 °C vorheizen. Die Springform fetten.

4 Den Teig auf einer bemehlten Arbeitsfläche ausrollen, in die Form legen und mit den gemahlenen Nüssen bestreuen.

5 Den Rhabarber abtropfen lassen und auf den Nüssen verteilen. Den Rhabarbersaft mit der Sahnecreme verrühren und über den Rhabarber gießen.

6 Den Kuchen im Backofen (Mitte) etwa 40 Minuten backen, herausnehmen und in der Form auskühlen lassen. Aus der Form lösen, mit Puderzucker bestauben und servieren.

Apfelkuchen

mit Mandelstiften

Für den Teig
200 g Mehl
2 EL kaltes Wasser
1 Prise Salz
150 g kalte Butter, in Stücken

Für die Füllung
750 g feines Apfelmus
1 Päckchen Vanillepuddingpulver
350 g säuerliche Äpfel
80 g Aprikosenkonfitüre
2 cl Apricot-Brandy
30 g Mandelstifte

Außerdem
1 Springform von 24 cm Durchmesser
Butter für die Form
Puderzucker zum Bestauben

1 Für den Teig die Zutaten rasch zu einem Mürbeteig verkneten, wie auf den Seiten 96 und 97 beschrieben. Den Teig zur Kugel formen, in Folie wickeln und 30 Minuten im Kühlschrank ruhen lassen.

2 Die Springform mit Butter fetten. Den Teig etwa ½ cm dick ausrollen. Die Form damit auslegen und dabei einen 4 cm hohen Rand formen; diesen festdrücken. Den Teigboden mehrmals mit einer Gabel einstechen.

3 Für die Füllung zuerst 4 bis 5 EL Apfelmus mit dem Puddingpulver verrühren. Das restliche Apfelmus aufkochen, das angerührte Puddingpulver unterrühren und 1 Minute kochen lassen. Die Masse heiß auf dem Kuchenboden verteilen.

4 Die Äpfel schälen, vierteln, von den Kerngehäusen befreien und in Scheiben schneiden. Die Apfelscheiben kranzförmig auf dem vorbereiteten Teigboden verteilen. Den Backofen auf 200 °C vorheizen.

5 Die Aprikosenkonfitüre erhitzen, durch ein Sieb passieren und mit dem Brandy glatt rühren. Mit einem Pinsel die Äpfel damit bestreichen. Die Mandelstifte darüberstreuen.

6 Den Apfelkuchen im vorgeheizten Backofen (Mitte) etwa 45 Minuten backen. Herausnehmen und in der Form einige Zeit abkühlen lassen, dann aus der Form heben und auf einem Kuchengitter, eventuell über Nacht, auskühlen und ruhen lassen. Vor dem Servieren mit Puderzucker bestauben.

MIT OBST

Apfel-Kokos-Kuchen

Für den Teig
150 g Quark oder Schichtkäse
6 EL Milch
6 EL Sonnenblumenöl
75 g Puderzucker
Mark von ½ Vanilleschote
1 Prise Salz
300 g Mehl
3 TL Backpulver

Für den Belag
4 Eigelbe
250 g Quark
100 g Puderzucker
120 g Kokosraspel
abgeriebene Schale von
 ½ Bio-Zitrone
20 g Speisestärke
850 g Äpfel (Golden Delicious,
 Glockenapfel)

Außerdem
2 Eiweiße
75 g Zucker
30 g Kokosraspel
100 g Johannisbeerkonfitüre
1 Backblech, Butter für das Blech
Mehl für die Arbeitsfläche

1 Für den Teig den Quark durch ein feinmaschiges Sieb in eine Schüssel streichen. Mit Milch, Öl, Puderzucker, Vanillemark und Salz verrühren. Zuerst 150 g Mehl unterrühren, dann das restliche Mehl mit dem Backpulver mischen, sieben und unterkneten.

2 Das Backblech leicht fetten. Den Teig auf einer bemehlten Arbeitsfläche ausrollen, auf das Backblech legen und an den Rändern etwas hochdrücken.

3 Für den Belag Eigelbe mit Quark, Puderzucker, Kokosraspeln, Zitronenschale und Speisestärke verrühren. Die Äpfel schälen, das Kerngehäuse mit einem Apfelausstecher entfernen und die Äpfel in 8 mm dicke Ringe schneiden.

4 Den Backofen auf 190 °C vorheizen. Die Kokos-Ei-Masse gleichmäßig auf dem Teigboden verteilen, die Apfelscheiben darauflegen und den Kuchen im vorgeheizten Ofen (Mitte) 25 bis 30 Minuten backen. Herausnehmen; leicht abkühlen lassen.

5 Eiweiße zu Schnee schlagen, dabei den Zucker einrieseln lassen. In einen Spritzbeutel mit Sterntülle Nr. 8 füllen und rosettenförmig auf die Apfelringe spritzen. Kuchen noch 10 Minuten backen. Abkühlen lassen. Mit Kokosflocken bestreuen. Je 1 TL Johannisbeerkonfitüre in die Baiserrosetten füllen.

BACKREZEPTE

Apfelstrudel

Für den Teig
150 g Mehl
1 Prise Salz
3 EL Sonnenblumenöl
Mehl zum Bestauben
Öl zum Bepinseln

Für die Füllung
1,2 kg säuerliche Äpfel
  (z. B. Cox Orange)
60 g Butter, 80 g Semmelbrösel
70 g zerlassene Butter
80 g Zucker
1 TL gemahlener Zimt
50 g Rosinen
40 g gehackte Walnusskerne

Außerdem
1 Backblech, Mehl für das Blech
  und die Arbeitsfläche, Butter
  für das Blech
50 g zerlassene Butter zum
  Bestreichen
Puderzucker zum Bestauben

1 Für den Teig das Mehl auf eine Arbeitsplatte sieben. In die Mitte eine Mulde drücken, Salz und Öl zufügen, verrühren und nach und nach 80 ml Wasser zugießen.

2 Die Teigzutaten etwa 10 Minuten lang verkneten, bis ein weicher Teig entstanden ist. Den Teig zur Kugel formen und mit Öl bepinseln, wie im ersten Bild rechts gezeigt. Den Teig auf einem mit Mehl bestaubten Blech etwa 30 Minuten ruhen lassen.

3 Inzwischen die Äpfel schälen und vierteln. Die Kerngehäuse entfernen und die Apfelstücke in sehr dünne Spalten schneiden oder hobeln. Die Butter in einer Pfanne zerlassen, die Semmelbrösel darin hell bräunen und erkalten lassen.

4 Ein Küchentuch auf einer Arbeitsfläche ausbreiten und mit Mehl bestauben. Wie im zweiten und dritten Bild rechts gezeigt, den Teig auf dem Tuch ausrollen und dünn ausziehen.

5 Den Teig mit Butter bestreichen und nur das vordere Teigdrittel der Länge nach mit den Semmelbröseln bestreuen.

6 Zucker mit Zimt mischen. Die Äpfel gleichmäßig auf dem mit Bröseln bestreuten Teigstück verteilen, dann Rosinen und Nüsse daraufgeben und alles mit Zimt-Zucker bestreuen.

7 Den Backofen auf 200 °C vorheizen. Die seitlichen Ränder des Teigrechtecks etwa 1½ cm breit einschlagen und den Strudel, wie im sechsten Bild rechts gezeigt, aufrollen. Dabei immer wieder nachfassen, damit der Strudel kompakt wird.

8 Das Backblech mit Butter fetten. Den Strudel darauflegen, mit Butter bestreichen und im vorgeheizten Ofen (Mitte) etwa 25 Minuten backen.

9 Den warmen Strudel aufschneiden. Mit Puderzucker bestauben und mit Vanillesauce (und nach Belieben mit Vanilleeis) servieren.

MIT OBST

Teigzutaten zu einem elastischen Teig kneten. Zur Kugel formen und mit Öl bepinseln.

Den Strudelteig der Länge und Breite nach so weit wie möglich ausrollen.

Unter den Teig greifen, in Etappen von der Mitte nach außen hauchdünn ziehen.

Den ausgezogenen Teig mit der zerlassenen Butter gleichmäßig einpinseln.

Die Äpfel auf den Bröseln verteilen. Mit Rosinen, Nüssen und Zimtzucker bestreuen.

Das Tuch leicht anheben und den Strudel dabei von der belegten Seite her langsam aufrollen.

Den Strudel auf dem Blech großzügig mit zerlassener Butter bestreichen.

Den fertigen Strudel noch heiß mit einem langen Messer leicht schräg in Stücke schneiden.

BACKREZEPTE

Erdbeerkuchen

mit Vanillecreme

Für den Teig
90 g Mehl, 60 g gemahlene Mandeln
40 g Zucker, 2 bis 3 EL Milch
abgeriebene Schale von 1 Bio-Zitrone
65 g weiche Butter

Für die Vanillecreme
¼ l Milch, ¼ Vanilleschote
60 g Zucker
2 Eigelbe, 20 g Speisestärke
Puderzucker

Für den Guss
½ TL Agar-Agar
⅛ l Weißwein, ⅛ l Apfelsaft
25 g Zucker

Außerdem
1 Tortenring von 24 cm Durchmesser, 1 Backblech
50 g Erdbeerkonfitüre
1 heller Biskuitboden 24 cm Ø, 1,5 cm hoch
500 g Erdbeeren
40 g geröstete Mandelblättchen

1 Für den Teig Mehl und Mandeln mischen. In die Mitte eine Mulde drücken. Zucker, Milch, etwas Zitronenschale und Butter zufügen und alles zu feinen Krümeln hacken. Mit den Händen rasch zu einem glatten Teig verkneten, in Folie wickeln und 1 Stunde kühl ruhen lassen.

2 Den Backofen auf 200 °C vorheizen. Den Teig etwas größer als 24 cm Durchmesser ausrollen. Tortenring aufdrücken, überschüssigen Teig entfernen, die Platte auf das Blech legen. Mehrmals einstechen; 10 bis 15 Minuten im Ofen (Mitte) backen.

3 Für die Creme 75 ml Milch mit der Vanilleschote und 30 g Zucker aufkochen. Vanillemark in die Milch streifen. Eigelbe mit Stärke, dem restlichen Zucker und der restlichen Milch glatt rühren; langsam unter Rühren in die Milch gießen. Mehrmals aufkochen lassen, gut durchrühren. Die Creme mit Puderzucker besieben, damit sich keine Haut bildet. Etwas abkühlen lassen, dann durch ein Sieb streichen.

4 Den Mürbeteigboden mit Konfitüre bestreichen. Den Tortenring darumlegen, den fertigen Biskuitboden auflegen und leicht andrücken. Die Vanillecreme bis auf 2 EL daraufstreichen und darauf die Erdbeeren verteilen.

5 Für den Guss Agar-Agar mit 2 bis 3 EL Wein verrühren. Den restlichen Wein mit dem Apfelsaft und dem Zucker aufkochen. Agar-Agar-Mischung einrühren; 2 Minuten köcheln, etwas abkühlen lassen und den Guss lauwarm über die Erdbeeren gießen. Den Tortenring entfernen. Den Kuchen am Rand mit der restlichen Vanillecreme bestreichen, mit Mandelblättchen verzieren.

Beerenkuchen

mit Aprikosen und Royale

Für den Teig
400 g Mehl, 200 g Butter
100 g Puderzucker
1 Ei, ¼ TL Salz

Für die Royale
9 Eigelbe
60 g Zucker, 1 Prise Salz
15 g Vanillepuddingpulver
300 g Sahne
200 ml Milch
Mark von ½ Vanilleschote

Für den Belag
250 g Aprikosen
300 g Rote und Schwarze Johannisbeeren
je 100 g Brombeeren, Heidelbeeren und Erdbeeren
150 g Himbeeren

Außerdem
½ l Weißwein
2 Päckchen weißer Tortenguss
4 EL Zucker
Zitronenmelisse zum Garnieren
1 tiefes Backblech
Backpapier für das Blech
Hülsenfrüchte zum Blindbacken

1 Aus den Zutaten einen Mürbeteig kneten, wie auf den Seiten 96 und 97 beschrieben. Zur Kugel formen, in Folie wickeln und 30 Minuten kühl ruhen lassen.

2 Den Backofen auf 190 °C vorheizen. Den Teig auf einer bemehlten Fläche in Blechgröße ausrollen, das Blech damit auslegen, dabei einen Rand formen.

3 Den Teigboden mit Backpapier belegen, mit Hülsenfrüchten beschweren; 20 Minuten im vorgeheizten Ofen (Mitte) backen. Herausnehmen; Hülsenfrüchte und Backpapier entfernen.

4 Die Eigelbe mit Zucker, Salz und Puddingpulver dick-cremig schlagen. Sahne, Milch und Vanillemark untermischen. Auf den vorgebackenen Teigboden gießen und alles 20 Minuten im Ofen (Mitte) backen. Herausnehmen, auskühlen lassen.

5 Die Aprikosen mit kochendem Wasser überbrühen, häuten, halbieren und entsteinen. Die Johannisbeeren mit einer Gabel von den Rispen streifen. Alle Beeren verlesen, in einem Sieb unter fließend kaltem Wasser waschen und gut abtropfen lassen. Beeren und Aprikosen auf der Royale verteilen.

6 Für den Guss den Wein aufkochen. Das Tortengusspulver mit dem Zucker mischen, in den Wein einrühren. Einige Male unter Rühren aufkochen. Etwas abkühlen lassen und den Guss noch lauwarm auf den Früchten verteilen. Fest werden lassen. Nach Belieben mit Zitronenmelisse garnieren.

Johannisbeer-Baiser

Für den Teig
375 g Mehl
130 g Puderzucker
1 Eigelb, 1 EL Milch
190 g kalte Butter

Für den Belag
300 g gemahlene Mandeln
150 g Zucker
2 cl Rum
¼ TL gemahlener Zimt
3 bis 4 Eiweiße

Für die Baisermasse
4 Eiweiße, 200 g Zucker

Außerdem
je 400 g Rote und Schwarze
 Johannisbeeren, abgezupft
1 Backblech

1 Für den Teig das Mehl auf eine Arbeitsfläche sieben, in die Mitte eine Mulde drücken. Zucker, Eigelb und Milch hineingeben, Butter in Stücken zufügen; alles rasch zu einem glatten Teig verkneten, wie auf den Seiten 96 und 97 gezeigt. In Folie wickeln und 2 Stunden kühl stellen.

2 Den Teig in Blechgröße ausrollen, auf das Blech legen und mehrmals einstechen. Den Backofen auf 220 °C vorheizen.

3 Mandeln, Zucker, Rum, Zimt und 3 Eiweiße zu einer streichfähigen Masse verrühren; falls die Masse zu trocken ist, noch ein viertes Eiweiß zufügen.

4 Die Mandelmasse auf dem Teig verstreichen. Den Teigboden etwa 20 Minuten im vorgeheizten Ofen (Mitte) backen. Herausnehmen und bis zur Weiterverarbeitung vollständig auskühlen lassen. Die Backofentemperatur auf 190 °C reduzieren.

5 Für die Baisermasse die Eiweiße in einer fettfreien Schüssel steif schlagen, dabei nach und nach den Zucker einrieseln lassen. Die Johannisbeeren vorsichtig unter den Eischnee heben.

6 Die Baiser-Beeren-Masse auf dem vorgebackenen, ausgekühlten Boden verstreichen. Den Kuchen etwa 20 Minuten backen.

Johannisbeer-Tarte

Für den Teig
220 g Mehl
110 g kalte Butter, in Stücken
50 g gesiebter Puderzucker
1 Prise Salz
1 Eigelb

Für den Belag
500 g Rote Johannisbeeren
3 Eier
100 g Zucker
125 g Sahne

Außerdem
Tarteform von 28 cm
  Durchmesser
Puderzucker zum Bestauben

1 Aus den angegebenen Zutaten einen Mürbeteig zubereiten, wie auf den Seiten 96 und 97 beschrieben.

2 Den Teig zu einer Kugel formen und mindestens 30 Minuten im Kühlschrank ruhen lassen.

3 Den Teig auf einer leicht bemehlten Arbeitsfläche zu einem etwa 30 cm großen Kreis ausrollen. Die Tarteform mit dem Teig auskleiden und rundum mit den Fingern andrücken.

4 Den überstehenden Teigrand mit einem Messer abschneiden. Den Teigboden mehrmals mit einer Gabel einstechen.

5 Die Johannisbeeren mithilfe einer Gabel von den Rispen streifen; waschen und auf Küchenpapier abtropfen lassen. Die Beeren auf dem Teig verteilen. Den Backofen auf 190 °C vorheizen.

6 Die Eier mit dem Zucker und der Sahne cremig schlagen. Über die Johannisbeeren auf dem Teig gießen. Etwa 30 Minuten im Ofen (Mitte) backen.

7 Die Tarte in der Form abkühlen lassen, bis sie lauwarm ist. Aus der Form nehmen, mit Puderzucker bestauben und sofort servieren.

EXTRA

Je nach verwendeter Mehlsorte und -type ist die Krume eines Gebäcks heller oder dunkler, lockerer oder fester.

Über das Mehl

Herstellung und Typen

Schon 4000 v. Chr. begann man in Ägypten, im Orient, in China und in Indien, Getreide zu zerkleinern und daraus Fladen herzustellen. Die Römer entwickelten Ross- und Eselsmühlen, um 400 n. Chr. nutzten die Griechen die Wasserkraft zum Antrieb ihrer Mühlen, und die Perser bauten die ersten Windmühlen. Heute wird Getreide in hochmodernen Mühlen zu Mehl gemahlen.

Zusammensetzung

Gut backfähig sind Mehle aus Weizen, Dinkel und Roggen, den sogenannten Brotgetreiden. Die besten Backeigenschaften hat Weizen, weil er besonders viel Klebereiweiß, auch Gluten genannt, enthält. Dieses Protein wird durch Zugabe von Flüssigkeit und durch Kneten aktiviert und bildet im Teig ein elastisches Gerüst – Voraussetzung für eine lockere Krume und gleichmäßige Porung.

Mehltypen

Getreide kann unterschiedlich fein ausgemahlen werden. Der jeweilige Ausmahlungsgrad bestimmt die Höhe des Nährstoffgehalts und die Farbe des Mehls. Mehl mit hohem Ausmahlungsgrad ist dunkler und reicher an Vitaminen und Mineralstoffen als niedrig ausgemahlenes Mehl, denn der Schalen- bzw. Kleieanteil, in dem sich die meisten Nährstoffe befinden, steigt mit dem Ausmahlungsgrad. Mehl mit niedrigem Ausmahlungsgrad ist hell und sehr stärkereich. Zur Kennzeichnung des Ausmahlungsgrades dienen Typenzahlen. Sie geben an, wie viel Milligramm unverbrennbare Mineralstoffe in 100 Gramm Mehl enthalten sind. Vollkornmehl hat einen Ausmahlungsgrad von 100 %; es enthält alle Bestandteile des Korns einschließlich des Keimlings mit seinen ungesättigten Fettsäuren. Daher sind Vollkornmehle ernährungsphysiologisch am hochwertigsten.

ÜBER DAS MEHL

Allerdings nimmt mit steigender Typenzahl das Volumen des Gebäcks ab. Das heißt: Gebäcke, die aus hellem Mehl gebacken wurden, sind etwas lockerer als solche, die aus dunklen Mehlen hergestellt wurden. Brötchen aus Vollkornmehl haben daher nicht das gleiche Volumen wie Brötchen aus Weizenmehl Type 550.

Weizenmehl

Weizen hat von allen Getreidearten weltweit die größte Bedeutung und ist daher in großer Vielfalt im Handel zu finden.

Weizenmehltypen und ihre Verwendung

Type 405: gängiges Haushaltsmehl, für Kuchen und helles Gebäck, wenig Mineralstoffe

Type 550: etwas dunkler als Type 405, für Brötchen oder helles Brot

Type 812: noch etwas dunkler, für helle und dunkle Mischbrote

Type 1050: dunkles Mehl, für dunkle Brote, höherer Mineralstoffgehalt

Weizenvollkornmehl ist keine Type zugeordnet. Mehl mit dieser Bezeichnung muss alle Bestandteile des ganzen Korns enthalten; für Vollkornbrot und -gebäck, reich an Mineral- und Ballaststoffen.

Roggenmehl

Roggen mit seinem kräftigen Eigengeschmack eignet sich gut für die Herstellung von Brot. Im Handel gibt es Roggenmehle der Type 997 und der Type 1150. Sie sind gleichwertig einsetzbar. Mit Weizenmehlen gemischt, werden daraus deftige Roggenmischbrote oder milde Weizenmischbrote hergestellt.

Dinkelmehl

Dinkel gehört zur Weizenfamilie. Dinkelmehl hat deshalb ein ähnliches Backverhalten wie Weizenmehl. Es gibt Dinkelmehle der Typen 630, 812, 1050 sowie Dinkelvollkornmehl.

Spezialmehl

In vielen Rezepten wird das sogenannte »doppelgriffige Mehl«, auch »Dunst«, verwendet. Durch seine feine Körnung verfügt es über spezielle Backeigenschaften, die entscheidend sind für das Gelingen von schwierigen Teigen wie Hefekuchen, Strudel oder Stollen. Der Teig wird besonders elastisch und lässt sich gut ausrollen und formen.

Mehl aufbewahren

Je niedriger der Ausmahlungsgrad, desto länger können Sie Mehl aufbewahren. Helle Mehlsorten sind länger haltbar als z. B. Vollkornmehle. Achten Sie auf kühle (nicht über 20 °C) und trockene Lagerung, und bewahren Sie Mehl am besten in einem fest verschlossenen dunklen Gefäß aus Glas oder Metall auf, damit lichtempfindliche Vitamine weitgehend erhalten bleiben und es keine Fremdgerüche annimmt.

Dinkelmehl wird wie Weizenmehl zum Backen verwendet und kann dieses problemlos ersetzen.

Stachelbeerkuchen

mit Baisergitter

Für den Teig
150 g Mehl
100 g kalte Butter
50 g Zucker
1 Eigelb
Mark von ½ Vanilleschote

Für den Belag
700 g Rote Stachelbeeren
200 g Zucker
60 g Speisestärke
40 g gehäutete gemahlene Mandeln

Für die Baiserhaube
3 Eiweiße
150 g Zucker

Außerdem
1 Springform von 26 cm Durchmesser
Backpapier und Hülsenfrüchte zum Blindbacken

1 Für den Teig das Mehl auf eine Arbeitsfläche sieben und in die Mitte eine Mulde drücken. Die Butter in Stücken, den Zucker, das Eigelb und das Vanillemark hineingeben. Zu einem Mürbeteig verarbeiten. In Folie wickeln und mindestens 1 Stunde im Kühlschrank ruhen lassen.

2 Den Backofen auf 200 °C vorheizen. Den Teig auf einer bemehlten Arbeitsfläche ausrollen, die Form damit auskleiden, dabei einen etwa 3 cm hohen Rand formen. Teigboden mit Backpapier belegen und mit Hülsenfrüchten beschweren. Im vorgeheizten Ofen (Mitte) 10 Minuten backen. Hülsenfrüchte und Papier entfernen. Ofentemperatur auf 190 °C reduzieren.

3 Für den Belag die Stachelbeeren waschen und putzen. In einer Kasserolle ⅛ l Wasser mit dem Zucker aufkochen. Die Beeren zufügen und bei schwacher Hitze 15 Minuten köcheln. Für die Garnitur 15 Stachelbeeren nach 10 Minuten herausnehmen und beiseitelegen. Die weich gekochten Beeren in einem Sieb abtropfen lassen, den Saft auffangen.

4 Den Stachelbeersaft aufkochen. Die Speisestärke mit etwas kaltem Wasser anrühren und den Saft damit binden. Etwas abkühlen lassen.

5 Die Stachelbeeren und die gemahlenen Mandeln in den angedickten Saft rühren; auf dem vorgebackenen Boden verteilen und glatt streichen.

6 Für die Baiserhaube die Eiweiße steif schlagen, dabei den Zucker einrieseln lassen und weiterschlagen, bis der Eischnee schnittfest ist. In einen Spritzbeutel mit Sterntülle füllen und ein Gitter sowie Rosetten auf den Kuchen spritzen.

7 Den Kuchen 20 Minuten im Ofen (Mitte) backen, bis die Baiserhaube gebräunt ist. Aus dem Ofen nehmen und in der Form abkühlen lassen. Aus der Form lösen und mit den beiseitegelegten Stachelbeeren garnieren.

Tipps Gemahlene Mandeln können Sie fertig kaufen oder aber selbst häuten und mahlen. So entfaltet sich ein besonders frisches Aroma. Dazu die Mandelkerne für einige Minuten in heißes Wasser legen. Kurz darin ziehen lassen, dann jeweils eine Mandel zwischen den Fingern aus der Innenhaut drücken. Die gehäuteten Mandeln im Mixer mahlen und weiterverwenden.

Das Baisergitter eignet sich auch für andere Obstkuchen wie zum Beispiel Johannisbeer- oder Rhabarberkuchen sehr gut.

BACKREZEPTE

Stachelbeerkuchen vom Blech

Für den Teig
250 g Mehl
30 g Zucker
1 Prise Salz
½ Würfel Hefe
abgeriebene Schale von
   1 Bio-Zitrone
30 g zerlassene Butter
⅛ l lauwarme Milch
1 Eigelb

Für den Belag
40 g Zwiebackbrösel
500 g Rote Stachelbeeren
500 g Grüne Stachelbeeren

Für den Guss
150 g weiche Butter
100 g Zucker, 4 Eier
50 g Mehl, 1 Prise Salz
125 g Sahne

Außerdem
1 Backblech
Butter für das Blech
Puderzucker zum Bestauben

1 Aus den angegebenen Zutaten einen Hefeteig zubereiten, wie auf den Seiten 90 und 91 beschrieben.

2 Das Backblech dünn mit Butter fetten. Den Backofen auf 200 °C vorheizen.

3 Den aufgegangenen Hefeteig auf einer leicht bemehlten Arbeitsfläche auf Blechgröße ausrollen und auf das vorbereitete Backblech legen. Mit einem Tuch bedecken und nochmals 15 Minuten gehen lassen.

4 Die Zwiebackbrösel auf den Teigboden streuen. Die Beeren putzen, waschen und sehr gut abtropfen lassen. Den Teigboden gleichmäßig mit den Stachelbeeren belegen.

5 Für den Guss die Butter, den Zucker und die Eier cremig verrühren. Mehl, Salz und Sahne nacheinander untermischen und den Sahneguss über die Beeren gießen.

6 Den Stachelbeerkuchen im vorgeheizten Ofen (unten) etwa 45 Minuten backen. Herausnehmen und etwas abkühlen lassen. Mit Puderzucker bestauben und den Kuchen am besten noch lauwarm servieren.

MIT OBST

Johannisbeerfladen

Für den Teig
500 g Mehl
¾ Würfel Hefe
40 ml Öl, 1 Prise Salz

Für den Belag
je 400 g Rote und Schwarze
 Johannisbeeren
100 g Hagelzucker

Außerdem
1 Backblech
Butter für das Blech
1 Eigelb zum Bestreichen
20 g zerlassene Butter

1 Für den Hefeteig das Mehl in eine Schüssel sieben und in die Mitte eine Mulde drücken. Die Hefe hineinbröckeln, mit ⅛ l lauwarmem Wasser auflösen, dabei etwas Mehl vom Rand untermischen. Teigansatz mit Mehl bestauben. Die Schüssel mit einem Tuch abdecken; den Vorteig an einem warmen Ort gehen lassen, bis er oben Risse zeigt.

2 Inzwischen die Johannisbeeren von den Stielen streifen, waschen und auf einem Küchentuch gut abtropfen lassen.

3 Das Öl mit ⅛ l Wasser und Salz vermischen, zum Vorteig gießen und alles mit einem Holzspatel gut verrühren.

4 Den Teig mit den Händen so lange schlagen, bis er Blasen wirft und sich von der Schüsselwand löst. Er soll glatt und elastisch sein. Das Backblech mit Butter fetten.

5 Den Teig halbieren und zu 2 Ovalen ausrollen. Ein Teigoval auf das Blech legen und die Hälfte der Beeren darauf verteilen. Mit 50 g Hagelzucker bestreuen, den Rand mit Eigelb bestreichen.

6 Mit dem zweiten Teigoval bedecken, dabei die Früchte gut einschließen. Die Ränder festdrücken. Die restlichen Beeren auf dem Fladen verteilen, die obere Teigplatte mehrmals mit einem Holzstäbchen einstechen.

7 Den Fladen mit einem Tuch bedecken und etwa 20 Minuten gehen lassen. Den Backofen auf 200 °C vorheizen.

8 Den gefüllten Teigfladen mit der zerlassenen Butter bestreichen und mit dem restlichen Hagelzucker bestreuen. Im Ofen (Mitte) 30 bis 40 Minuten backen. Lauwarm servieren.

Tipp Sie können statt Johannisbeeren Brombeeren verwenden.

BACKREZEPTE

Streuselkuchen
mit Quark und Aprikosen

Für den Teig
300 g Mehl
½ Würfel Hefe
150 ml lauwarme Milch
20 g zerlassene Butter
1 Ei
30 g Zucker
1 Prise Salz

Für den Belag
600 g Quark (20 % Fett i. Tr.)
120 g Zucker
60 g zerlassene Butter
25 g Speisestärke
1 Prise Salz
2 Eier
abgeriebene Schale
  von ½ Bio-Zitrone

Für das Aprikosenkompott
1 kg Aprikosen
250 g Zucker
Saft von 1 Zitrone
2 cl Aprikosengeist

Für die Streusel
350 g Mehl, 200 g Zucker
200 g weiche Butter

Außerdem
1 Backblech
Butter für das Blech
Puderzucker zum Bestauben

1 Für den Teig aus den Zutaten einen Hefeteig herstellen, wie auf den Seiten 90 und 91 beschrieben. Für den Belag alle Zutaten miteinander cremig verrühren.

2 Die Aprikosen für das Kompott in kochendem Wasser blanchieren, häuten, halbieren und von den Steinen befreien.

3 Den Zucker mit 400 ml Wasser und Zitronensaft in einem Topf zum Kochen bringen; 2 bis 3 Minuten köcheln lassen. Die Aprikosen darin 8 bis 10 Minuten garen. Die Hitze dabei knapp unter dem Siedepunkt halten. Zum Schluss den Aprikosengeist zugießen. Die Aprikosen in dem Sud erkalten lassen, dann zum Abtropfen in ein Sieb geben.

4 Das Backblech fetten, den Teig ausrollen, darauflegen und mehrmals mit einer Gabel einstechen. Mit der Hälfte des Quarkbelags bestreichen. Mit den Aprikosenhälften belegen und den Rest der Quarkmasse gleichmäßig darauf verteilen. Den Kuchen nochmals 30 Minuten gehen lassen. Den Backofen auf 180 °C vorheizen.

5 Inzwischen für die Streusel das Mehl, den Zucker und die Butter vermengen und zwischen den Fingern krümelig reiben. Die Streusel gleichmäßig über den Kuchen verteilen.

6 Den Kuchen im Ofen (Mitte) 35 bis 40 Minuten backen. Vor dem Servieren den Kuchen mit Puderzucker bestauben.

Heidelbeerkuchen

Für den Teig
300 g Mehl
½ Würfel Hefe
150 ml lauwarme Milch
20 g zerlassene Butter
1 Ei
30 g Zucker
1 Prise Salz

Für den Belag
1 kg Heidelbeeren

Für die Streusel
350 g Mehl
200 g Zucker
½ TL gemahlener Zimt
200 g zerlassene Butter

Außerdem
1 Backblech
Butter für das Blech
Puderzucker zum Bestauben

1 Aus den angegebenen Zutaten einen Hefeteig herstellen, wie auf den Seiten 90 und 91 beschrieben. Das Backblech mit Butter fetten.

2 Den Hefeteig auf Blechgröße ausrollen, auf das Blech legen und mehrmals mit einer Gabel einstechen.

3 Die Heidelbeeren verlesen, kurz unter kaltem Wasser behutsam abbrausen, gut abtropfen lassen und dann in einer gleichmäßigen Schicht auf den Teig streuen. Den belegten Teig etwa 20 Minuten gehen lassen.

4 In der Zwischenzeit den Backofen auf 220 °C vorheizen.

5 Für die Streusel in einer Schüssel das Mehl mit dem Zucker, dem Zimt und der Butter vermengen und dabei zwischen den Fingern krümelig reiben.

6 Die Streusel gleichmäßig über die Heidelbeeren verteilen. Den Kuchen nochmals etwa 15 Minuten gehen lassen.

7 Den Kuchen im Ofen (Mitte) 30 Minuten backen. Mit Puderzucker bestauben; servieren.

Tipp Eine besondere Note bekommt der Kuchen, wenn Sie eine dünne Schicht Schmand auf den Teigboden streichen, bevor Sie die Heidelbeeren daraufstreuen. Den Schmand nach Belieben mit Zucker und Zimt abschmecken.

Zwetschgendatschi

Für den Teig
500 g Mehl
¾ Würfel Hefe
¼ l lauwarme Milch
40 g Butter
1 Ei
50 g Zucker
¼ TL Salz

Für den Belag
1,5 kg Zwetschgen

Für die Streusel
350 g Mehl
200 g Zucker
200 g Butter

Außerdem
1 Backblech
Butter für das Blech
50 g gehobelte Mandeln

1 Das Mehl in eine Schüssel sieben und in die Mitte eine Mulde drücken. Die Hefe hineinbröckeln und mit der Milch auflösen. Den Vorteig mit etwas Mehl bestauben. Die Schüssel mit einem Tuch bedecken. Den Vorteig an einem warmen Ort gehen lassen, bis er oben Risse zeigt.

2 Die Butter zerlassen und zum Vorteig geben. Das Ei, den Zucker und das Salz zufügen. Von der Mitte aus alles mit dem Mehl zu einem trockenen Teig kneten und schlagen, bis er glatt ist und sich von der Schüsselwand löst. Den Teig zudecken und an einem warmen, zugfreien Ort gehen lassen, bis er das doppelte Volumen erreicht hat.

3 Für den Belag die Zwetschgen waschen, trocken tupfen, an der Naht aufschneiden und entsteinen.

4 Die Fruchthälften vierteln, dabei aber nicht ganz durchschneiden, damit sie noch zusammenhängen. Nur so lassen sie sich beim Auflegen mühelos überlappen.

5 Das Backblech mit Butter fetten. Den Teig ausrollen, auf das Blech legen, mehrmals mit einer Gabel einstechen und dicht mit den Zwetschgen belegen.

6 Für die Streusel das Mehl, den Zucker und die Butter vermengen und zwischen den Fingern krümelig reiben. Die Streusel und die gehobelten Mandeln über die Zwetschgen streuen. Den Teig nochmals 15 Minuten gehen lassen.

7 Den Backofen auf 200 °C vorheizen. Den Kuchen in den Ofen schieben und 20 bis 30 Minuten backen. Herausnehmen und mit Puderzucker bestauben.

BACKREZEPTE

Traubentarte

Für den Teig
110 g Mehl, 75 g kalte Butter
20 g Puderzucker
1 Eigelb, 1 Prise Salz
Mark von ¼ Vanilleschote

Für die Creme
45 g weiche Butter
45 g gemahlene gehäutete Mandeln
45 g Zucker, 15 g Speisestärke
1 Eigelb, 1 EL Rum
50 g Sahne, 50 ml Milch
40 g Zucker
Mark von ½ Vanilleschote
8 g Speisestärke, 1 Eigelb

Für den Belag
200 bis 250 g blaue Trauben
2 bis 3 EL passierte Aprikosenkonfitüre

Außerdem
Backpapier und Hülsenfrüchte zum Blindbacken
1 Obstkuchenform von 18 bis 20 cm Durchmesser

1 Für den Mürbeteig das Mehl auf eine Arbeitsfläche sieben. In die Mitte eine Mulde drücken. Butter in Stückchen, Puderzucker, Eigelb, Salz und Vanillemark hineinfüllen; alles mit einer Gabel vermengen; dabei etwas Mehl einarbeiten.

2 Mit einem breiten Messer oder einer Palette den Teig zu feinen Krümeln hacken. Rasch zu einem glatten Teig verkneten, in Folie wickeln und 1 Stunde im Kühlschrank ruhen lassen.

3 Den Backofen auf 220 °C vorheizen. Den Teig auf einer bemehlten Arbeitsfläche ausrollen und die Obstkuchenform damit auslegen. Den Teigboden mit einer Gabel mehrmals einstechen, mit Backpapier belegen und mit den Hülsenfrüchten beschweren.

4 Den Teigboden im vorgeheizten Ofen (Mitte) 10 Minuten blindbacken. Danach Backpapier und Hülsenfrüchte entfernen.

5 Für die Creme die Butter mit den Mandeln und dem Zucker schaumig rühren. Die Speisestärke mit dem Eigelb und dem Rum glatt rühren und unter die Butter-Mandel-Creme mischen.

6 Die Sahne (bis auf 1 TL) mit Milch, Zucker und Vanillemark aufkochen. Die Speisestärke mit der restlichen Sahne und dem Eigelb anrühren. Die kochende Flüssigkeit damit binden und aufwallen lassen. Die Masse anschließend kaltrühren.

7 Die Sahnemasse unter die Butter-Mandel-Creme mischen und gleichmäßig auf dem Tarteboden verstreichen. Den Backofen auf 200 °C vorheizen.

8 Die Trauben unter warmem Wasser waschen, dann halbieren und entkernen. Mit den Schnittflächen nach unten auf die Creme legen. Tarte 35 Minuten im Ofen (Mitte) backen. Die Konfitüre erhitzen; die Tarte damit glasieren.

MIT OBST

Beerentoreletts

Für den Teig
220 g Mehl
125 g kalte Butter, in Stücken
50 g Puderzucker
1 Ei
Mark von ½ Vanilleschote
1 Prise Salz
abgeriebene Schale
  von ½ Bio-Zitrone

Für die Zitronencreme
65 g weiche Butter
65 g Zucker
Saft und abgeriebene Schale
  von 1 Bio-Zitrone
1 Ei, 100 g Sahne

Für den Belag
400 g beliebige Beeren oder
  Früchte (gut passen z. B.
  Physalis, Kiwi oder Mango)

Außerdem
Puderzucker zum Bestauben
8 Tortelettförmchen von 8 cm
  Durchmesser
Backpapier und Hülsenfrüchte
  zum Blindbacken

1 Für den Teig alle Zutaten zu einem Mürbeteig verarbeiten, wie auf den Seiten 96 und 97 beschrieben. Teig zu einer Kugel formen, in Folie wickeln; 1 Stunde im Kühlschrank ruhen lassen.

2 Für die Zitronencreme die Butter, den Zucker, Zitronensaft und -schale in einem Topf aufkochen. Das Ei darunterschlagen und die Masse stocken, aber keinesfalls aufkochen lassen (sie würde sonst gerinnen). Durch ein Sieb streichen und kalt stellen.

3 Den Backofen auf 200 °C vorheizen. Den Teig etwa 4 mm dick ausrollen und daraus Kreise, die etwas größer als die Förmchen sind, ausschneiden.

4 Die Förmchen mit den Teigkreisen auskleiden. Die Teigböden mit Backpapier belegen und mit Hülsenfrüchten beschweren.

5 Die Toreletts im vorgeheizten Ofen (Mitte) in 15 bis 20 Minuten blindbacken. Anschließend Backpapier und Hülsenfrüchte entfernen; die Torelettböden auskühlen lassen. In der Zwischenzeit Beeren oder Früchte waschen, putzen und, falls nötig, klein schneiden.

6 Die Sahne steif schlagen und unter die Zitronencreme ziehen, diese Mischung auf den Torelettböden verstreichen, die Beeren oder Früchte üppig darauf verteilen und die Törtchen mit Puderzucker bestauben.

Orangen-Tarte

Für den Teig
190 g Mehl, 80 g kalte Butter
50 g Puderzucker
1 Ei, 1 Prise Salz

Für die Creme
70 g Marzipanrohmasse, 1 Eiweiß
2 cl Amaretto, 40 g Puderzucker
2 Blatt Gelatine
200 ml Milch
Mark von ½ Vanilleschote
60 g Zucker
2 Eigelbe, 20 g Speisestärke

Für den Belag
1 kg Orangen, 125 g Zucker

Außerdem
Tarteform von 28 cm
 Durchmesser
Backpapier und Hülsenfrüchte
 zum Blindbacken
120 g Orangenmarmelade
1 Maraschinokirsche

1 Für den Mürbeteig alle Zutaten verarbeiten, wie auf den Seiten 96 und 97 gezeigt. Den Teig zu einer Kugel formen, in Folie wickeln und mindestens 1 Stunde kühlen. Den Backofen auf 200 °C vorheizen.

2 Den Teig 3 mm dick ausrollen. Die Form damit auskleiden. Den Teigboden mit Backpapier belegen und mit Hülsenfrüchten beschweren. Im vorgeheizten Backofen (Mitte) 25 Minuten blindbacken. Hülsenfrüchte und Backpapier entfernen.

3 Für die Creme die Marzipanrohmasse mit dem Eiweiß, dem Amaretto und dem Puderzucker zu einer glatten Masse verrühren.

4 Die Gelatine in etwas kaltem Wasser einweichen. Die Milch mit Vanillemark und Zucker aufkochen. Die Eigelbe mit der Speisestärke und 1 bis 2 EL heißer Vanillemilch verrühren.

5 Die Eiercreme unter Rühren in die heiße Vanillemilch gießen und mehrmals aufwallen lassen. Vom Herd nehmen. Gelatine ausdrücken und unter Rühren in der Vanillecreme auflösen. Fast erkalten lassen, dabei ab und zu rühren, damit sich keine Haut bildet. Die Marzipanmasse unterrühren und die Vanille-Marzipan-Creme auf den Tarteboden streichen.

6 Die Orangen dick schälen, um die bittere weiße Innenhaut mit zu entfernen, dann mit einem Sägemesser oder mit einer Aufschnittmaschine in 3 mm dicke Scheiben schneiden.

7 Den Zucker mit ⅛ l Wasser in einem flachen Topf erhitzen und die Orangenscheiben schuppenartig hineinlegen. Den Topf nach 1 Minute vom Herd nehmen, zudecken und die Orangenscheiben langsam auskühlen lassen. Die Tarte mit den kalten Orangenscheiben überlappend belegen, wie links gezeigt.

8 Die Orangenmarmelade mit 60 ml Wasser in einer kleinen Kasserolle 2 bis 3 Minuten kochen. Anschließend durch ein feines Sieb streichen und die Orangenscheiben damit bestreichen. In die Mitte der Tarte eine Maraschinokirsche setzen.

MIT OBST

Zitronen-Pie

Für den Teig
200 g Mehl
100 g kalte Butter, in Stückchen
50 g Puderzucker
1 Eigelb
1 Messerspitze Salz

Für die Creme
¼ l Milch
30 g Zucker, 3 Eigelbe
30 g Speisestärke
Saft von 1 Zitrone
abgeriebene Schale von
  2 Bio-Zitronen

Für die Baisermasse
5 Eiweiße, 150 g Zucker
100 g Puderzucker

Außerdem
1 Pieform von 26 cm
  Durchmesser
Backpapier und Hülsenfrüchte
  zum Blindbacken

1 Für den Teig das Mehl in eine Schüssel sieben und in die Mitte eine Mulde drücken. Butter, Puderzucker, Eigelb und Salz hineingeben und alles zu einem Mürbeteig verarbeiten, wie auf den Seiten 96 und 97 beschrieben.

2 Den Teig zu einer Kugel formen, in Frischhaltefolie wickeln und mindestens 1 Stunde im Kühlschrank ruhen lassen.

3 Den Backofen auf 190 °C vorheizen. Den Teig ausrollen und die Pieform damit auskleiden. Die Ränder andrücken; den überstehenden Teig abschneiden.

4 Den Teigboden mit Backpapier belegen und mit Hülsenfrüchten beschweren. Im vorgeheizten Ofen (Mitte) in etwa 15 Minuten blindbacken. Hülsenfrüchte und Papier entfernen, den Pie-Boden in weiteren 10 bis 15 Minuten hellbraun backen.

5 Für die Zitronencreme die Milch mit dem Zucker in einem Topf aufkochen. Die Eigelbe mit der Speisestärke verrühren, 1 bis 2 EL von der heißen Milch darunterrühren und mit dieser Mischung die Milch binden, das heißt, unter ständigem Rühren mit dem Schneebesen die Milch einige Male aufwallen lassen. Zitronensaft und Zitronenschale darunterrühren.

6 Für die Baisermasse die Eiweiße in einer fettfreien Schüssel halbsteif schlagen, dabei den Zucker einrieseln lassen und weiterschlagen, bis ein schnittfester Eischnee entstanden ist.

7 Den Puderzucker auf den Eischnee sieben und mit einem Holzspatel unterheben. Die Hälfte des Eischnees mit dem Schneebesen unter die Zitronencreme im Topf rühren. Einmal aufwallen lassen.

8 Die heiße Zitronencreme auf den gebackenen Mürbeteigboden geben und glatt streichen. Den restlichen Eischnee auf die Creme streichen und mit dem Tortenmesser wellenförmig aufrauen.

9 Die Pie unter dem Grill oder bei Oberhitze im vorgeheizten Ofen überbacken, bis die Baisermasse hellbraun ist.

MIT OBST

Erdbeertorte

mit Frischkäsecreme

Für den Teig
180 g Mehl
50 g Puderzucker
100 g Butter
1 Eigelb

Für das Rotweingelee
¼ l Rotwein
½ TL Agar-Agar
½ TL gemahlener Zimt
40 g Zucker

Für die Creme
4 Blatt weiße Gelatine
2 Eigelbe
abgeriebene Schale von
 ½ Bio-Zitrone
100 g Zucker, 1 Prise Salz
⅛ l Milch
250 g Sahne
250 g Frischkäse (20 % Fett i. Tr.)

Außerdem
1 Springform von 24 cm
 Durchmesser
Backpapier und Hülsenfrüchte
 zum Blindbacken
500 g Erdbeeren
Kakaopulver

1 Aus den angegebenen Zutaten einen Mürbeteig herstellen, wie auf den Seiten 96 und 97 beschrieben. Den Teig zur Kugel formen, in Folie wickeln und mindestens 30 Minuten kühl ruhen lassen.

2 Den Backofen auf 200 °C vorheizen. Den Formboden mit Backpapier auslegen. Den Teig zu einem Kreis, der einen etwas größeren Durchmesser als die Form hat, ausrollen. In die Form legen, dabei einen etwa 1,5 cm hohen Rand formen. Den Teigboden mit einer Gabel mehrmals einstechen, mit Backpapier belegen und mit Hülsenfrüchten beschweren.

3 Den Mürbeteigboden im vorgeheizten Ofen (Mitte) etwa 20 Minuten blindbacken. Den Boden in der Form auskühlen lassen, Papier und Hülsenfrüchte entfernen.

4 Für das Rotweingelee 3 EL Rotwein mit dem Agar-Agar verrühren. Den restlichen Rotwein mit Zimt und Zucker erhitzen, aufgelösten Agar-Agar unterrühren und die Mischung etwa 2 Minuten köcheln lassen.

5 Die Erdbeeren waschen und putzen. Die Früchte vierteln und den vorgebackenen Boden damit belegen. Das etwas abgekühlte Rotweingelee mit einem Esslöffel gleichmäßig über die Erdbeeren verteilen. Den belegten Tortenboden in den Kühlschrank stellen, bis das Rotweingelee fest ist.

6 Für die Frischkäsecreme die Gelatine in kaltem Wasser einweichen. Eigelbe, Zitronenschale, Zucker, Salz und Milch verrühren und auf einem warmen Wasserbad mit einem Holzlöffel zu einer samtigen Creme rühren. Vom Wasserbad nehmen und die ausgedrückte Gelatine in der sehr warmen Creme auflösen.

7 Die Sahne steif schlagen. Den Frischkäse in einer Schüssel mit der Eigelbcreme verrühren und die geschlagene Sahne unterheben. Tortenboden aus dem Kühlschrank nehmen, die Käsecreme auf das Gelee streichen.

8 Die Erdbeertorte für 2 Stunden in den Kühlschrank stellen, bis die Käsecreme schnittfest ist. Aus dem Kühlschrank nehmen, aus der Form lösen und dick mit Kakaopulver besieben.

Gestreifte Himbeerroulade

Für den hellen Teig
3 Eier
75 g Zucker
75 g Mehl, 15 g Speisestärke

Für den dunklen Teig
3 Eier
75 g Zucker
75 g Mehl, 15 g Speisestärke
2 bis 3 EL Kakaopulver

Für die Füllung
11 Blatt weiße Gelatine
200 g Himbeermark
150 g Zucker
200 g Magerquark
2 cl Himbeerlikör
500 g Sahne
3 TL Vanillezucker
etwa 180 g Himbeeren

Außerdem
1 Backblech
Backpapier für das Blech
2 Spritzbeutel mit Lochtülle Nr. 11

1 Ein Backblech mit Backpapier auslegen. Backofen auf 200 °C vorheizen. Für den hellen Biskuit Eier mit Zucker schaumig schlagen. Das Mehl mit der Speisestärke mischen, auf die Eischaummasse sieben und unterheben. Die dunkle Masse genauso herstellen wie die helle, dafür allerdings das Mehl mit Speisestärke und Kakaopulver mischen.

2 Den dunklen und den hellen Teig jeweils in einen Spritzbeutel füllen. Im Wechsel helle und dunkle Streifen auf das Blech spritzen, wie auf dem Bild links unten gezeigt.

3 Den Biskuit im heißen Ofen (Mitte) 10 bis 12 Minuten backen. Herausnehmen und auf Pergamentpapier oder ein mit Zucker bestreutes Küchentuch stürzen. Das Backpapier abziehen und den Biskuit auskühlen lassen.

4 Für die Füllung die Gelatine in kaltem Wasser einweichen. Himbeermark mit Zucker aufkochen, vom Herd nehmen. Gelatine ausdrücken und im warmen Himbeermark auflösen, die Fruchtmasse in einer Schüssel etwas abkühlen lassen. Quark und Himbeerlikör unterrühren. Die Sahne mit dem Vanillezucker steif schlagen und unter die Quarkmasse ziehen.

5 Die Biskuitplatte samt Papier oder Tuch auf das Backblech legen und die Füllung auf den Biskuit streichen. Die Himbeeren darauf verteilen, das Blech in den Kühlschrank stellen und die Creme kurz anziehen lassen.

6 Biskuit von einer Längsseite her mithilfe des Papiers oder des Tuchs aufrollen. 2 Stunden kalt stellen. Nach Belieben mit Puderzucker bestauben und servieren.

Helle und dunkle Biskuitmasse abwechselnd dicht nebeneinander auf das Blech spritzen.

Die Quarkfüllung gleichmäßig auf dem abgekühlten Biskuitboden verteilen und glatt streichen.

Die Himbeeren parallel zu den Streifen in zwei Reihen auf die Füllung setzen.

BACKREZEPTE

Biskuitroulade

mit Maracuja-Orangen-Sahne

Für den Teig
6 Eigelbe
80 g Zucker
1 Messerspitze Salz
½ TL abgeriebene Schale von
   1 Bio-Zitrone
4 Eiweiße
70 g Mehl
20 g Speisestärke

Für die Füllung
2 Bio-Orangen
1 Limette
2 Maracujas (Passionsfrüchte)
120 g Zucker
5 Blatt weiße Gelatine
20 ml brauner Rum
375 g Sahne

Außerdem
1 Backblech
Backpapier für das Blech
Puderzucker zum Besieben
Erdbeeren zum Garnieren

1 Für die Biskuitmasse die Eigelbe mit 20 g Zucker, dem Salz und der Zitronenschale schaumig rühren. Die Eiweiße zu sehr steifem und schnittfestem Schnee schlagen, dabei den restlichen Zucker einrieseln lassen.

2 Zuerst die Eigelbcreme unter den Eischnee heben, dann die Mehl-Stärke-Mischung darübersieben und unterziehen.

3 Den Backofen auf 240 °C vorheizen. Das Backblech mit Backpapier belegen. Die Biskuitmasse gleichmäßig darauf verstreichen und im vorgeheizten Ofen (Mitte) in 8 bis 10 Minuten hellbraun backen.

4 Das Blech aus dem Ofen nehmen. Den Biskuit am Papierrand sofort vom Blech ziehen, auf ein leicht angefeuchtetes Tuch stürzen, mit einem feuchten Tuch bedecken und abkühlen lassen.

5 Für die Füllung 1 Orange unter warmem Wasser gründlich abbürsten und abtrocknen. Die Schale fein abreiben. Die Maracujas halbieren, das Fruchtfleisch herauslösen und durch ein Sieb streichen, um die Kernchen zu entfernen. Die Gelatine für ein paar Minuten in kaltem Wasser einweichen.

Die eingeweichte und ausgedrückte Gelatine unter Rühren in dem Fruchtsirup auflösen, dann den Rum zugießen.

Die geschlagene Sahne mit dem Schneebesen vorsichtig, aber gründlich unter den Rum-Frucht-Sirup heben.

Die in Scheiben geschnittene Biskuitroulade mit Erdbeeren und eventuell auf Schokoladensauce anrichten.

MIT OBST

6 Die Orangen und die Limette auspressen. Den Saft mit der Orangenschale und dem Maracujamark aufkochen. Den Zucker unterrühren und alles 3 bis 4 Minuten weiterkochen. Anschließend das Ganze durch ein feines Sieb passieren.

7 Die eingeweichte Gelatine ausdrücken. Unter Rühren in dem heißen Fruchtsirup auflösen, wie im ersten Bild links gezeigt. Den Rum zugießen und die Mischung etwas abkühlen lassen. Die Sahne steif schlagen und mit dem Schneebesen vorsichtig unterheben.

8 Vom abgekühlten Biskuit das Papier abziehen und die Creme gleichmäßig darauf verstreichen. Sobald die Creme etwas fest geworden ist, den Biskuit von der Längsseite her mithilfe des Tuches aufrollen. Kühl stellen.

9 Die Biskuitroulade mit Puderzucker bestauben und mit einem glühenden Draht ein Muster einbrennen, wie in dem Bild oben gezeigt. Die Roulade in Scheiben schneiden, mit Erdbeeren dekorieren und nach Belieben auf einem Spiegel aus dunkler Schokoladensauce mit weißem Muster servieren.

Tipp Die Biskuitplatte können Sie schon einen Tag vor dem Füllen backen. In diesem Fall von der noch warmen Biskuitplatte das Backpapier abziehen. Wenn Sie das Papier vorher mit kaltem Wasser befeuchten, lässt es sich leicht abziehen. Danach die Rolle mitsamt dem Tuch aufrollen und auskühlen lassen. Vor dem Füllen auseinanderrollen, mit der Füllung bestreichen und aufrollen, wie im Rezept beschrieben.

Kiwi-Quark-Torte

Für den Teig
400 g Mehl
200 g kalte Butter
100 g Puderzucker
1 Ei, 1 Messerspitze Salz
100 g Konfitüre

Für das Gelee
6 g gemahlenes Agar-Agar
200 ml lieblicher Weißwein
⅛ l heller Traubensaft
30 g Zucker

Für den Belag
3 grüne Kiwis, 5 gelbe Kiwis

Für die grüne Kiwischicht
85 g Zucker, 30 g Speisestärke
2 grüne Kiwis, püriert (100 g)
50 ml Zitronensaft
20 ml Reislikör

Für die Quark-Sahne-Creme
5 Blatt weiße Gelatine
200 g Schichtkäse
4 Eigelbe, 80 g Puderzucker
1 TL Vanillezucker
20 ml Zitronensaft
abgeriebene Schale
  von ½ Bio-Zitrone
40 ml Reislikör, 300 g Sahne

Für die gelbe Kiwischicht
5 gelbe Kiwis, püriert (300 g)
50 g Zucker

Außerdem
1 Backblech, 1 Tortenring von
  26 cm Durchmesser mit Folie

1 Teigzutaten zu einem Mürbeteig kneten, wie auf den Seiten 96 und 97 gezeigt. Zur Kugel formen, in Folie wickeln. 1 Stunde kühl stellen. Backofen auf 180 °C vorheizen. Weiterverfahren, wie rechts (Bild 1) gezeigt. Teigböden auf das Blech legen, mehrmals einstechen; 8 bis 10 Minuten im Ofen (Mitte) backen. Auskühlen lassen. Weiterarbeiten, rechts (Bild 2 und 3) gezeigt.

2 Den Tortenring mit Tortenringfolie auskleiden und um die Böden legen, wie im vierten Bild rechts gezeigt. Den zweiten Boden mit Konfitüre bestreichen.

3 Agar-Agar in 3 bis 4 EL Wein anrühren. Restlichen Wein mit Traubensaft und Zucker aufkochen, Agar-Agar einrühren und erneut aufkochen. Kiwis vorbereiten, wie im fünften Bild rechts beschrieben.

4 Für die grüne Schicht Zucker, Stärke, Kiwipüree und Zitronensaft mit 100 ml Wasser verrühren. Aufkochen; vom Herd nehmen. Die Hälfte des Agar-Agar-Gelees und den Likör einrühren; aufkochen und abkühlen lassen. Über die Kiwis gießen, 1 bis 2 Stunden auskühlen lassen.

5 Für die Quark-Sahne-Creme die Gelatine einweichen. Alle anderen Zutaten (bis auf die Sahne) verrühren. Gelatine ausdrücken, auf einem heißen Wasserbad auflösen und unter die Quarkmasse rühren. Kurz vor dem Gelieren die Sahne schlagen und unterziehen. Die Masse auf der grünen Schicht verteilen, wie im vorletzten Bild rechts gezeigt.

6 Für die gelbe Schicht das gelbe Kiwipüree mit Zucker aufkochen, das restliche Agar-Agar-Gelee zufügen, nochmals aufkochen. Bis zum Gelierpunkt auskühlen lassen, dann auf die Torte gießen, wie im letzten Bild gezeigt. Tortenring entfernen.

MIT OBST

Den Mürbeteig ausrollen, mit dem Tortenring 2 runde Böden (Ø 26 cm) ausschneiden.

Den ersten Tortenboden gleichmäßig mit Stachelbeerkonfitüre bestreichen.

Den zweiten Tortenboden passgenau darauf setzen und leicht andrücken.

Tortenring mitsamt der Folie um die zusammengesetzten Mürbeteigböden legen.

Die Kiwis schälen, in 1 cm dicke Scheiben schneiden und den Boden damit auslegen.

Den grünen Kiwi-Jus kurz vor dem Gelierpunkt über die Kiwischeiben gießen, glätten.

Quarkmasse auf der erstarrten Oberfläche verteilen, glatt streichen und kühlen.

Die gelbe Kiwischicht zügig auf die Quarkcreme gießen, glatt streichen und kalt stellen.

Fruchtige Maracujawürfel

Für 56 Stück
Für den Teig
200 g Mehl
100 g kalte Butter, in Stückchen
40 g Puderzucker
1 Eigelb, 1 Prise Salz

Für das Gelee
5 Blatt weiße Gelatine
200 g Maracujafruchtfleisch
225 g Zucker
150 ml trockener Weißwein

Für die Creme
5 Blatt weiße Gelatine
200 g Maracujafruchtfleisch
120 g Zucker
60 ml trockener Weißwein
3 Eigelbe
300 g Sahne

Außerdem
Mehl für die Arbeitsfläche
1 Backblech, Backpapier
1 rechteckige Form
   von 22 x 24 cm

1 Aus den Teigzutaten wie auf den Seiten 96 und 97 beschrieben einen glatten Mürbeteig herstellen. Den Teig in Folie wickeln und 1 Stunde im Kühlschrank ruhen lassen.

2 Ein Backblech mit Backpapier auslegen. Backofen auf 220 °C vorheizen. Den Teig auf einer bemehlten Arbeitsfläche 4 bis 5 mm dick ausrollen.

3 Den Teig in Formgröße ausschneiden; auf das Blech legen. Mit einer Gabel mehrmals einstechen. Den Teigboden in etwa 8 Minuten im Ofen (Mitte) hellbraun backen. Herausnehmen und abkühlen lassen.

4 Für das Gelee die Gelatine einweichen. Das Maracujafruchtfleisch mit Zucker und Wein in einer Kasserolle unter Rühren langsam zum Kochen bringen, dabei den entstehenden Schaum mit einem Löffel abnehmen. Die Mischung 4 bis 5 Minuten kochen lassen. Zuckerkristalle, die sich dabei eventuell am Topfrand absetzen, am besten mit einem angefeuchteten Pinsel abwischen.

5 Den Frucht-Wein-Sirup durch ein feines Sieb passieren. Den aufgefangenen Sirup etwas abkühlen lassen. Die Gelatine ausdrücken und unter Rühren im heißen Sirup auflösen. Weiterverfahren, wie im ersten Bild unten gezeigt.

6 Für die Creme die Gelatine in kaltem Wasser einweichen. Das Maracujafruchtfleisch in einer Kasserolle mit dem Zucker, 60 ml Wasser und dem Weißwein aufkochen und bei mittlerer Hitze um etwa ein Drittel einkochen lassen.

Das Maracujagelee in die Form gießen und im Kühlschrank gelieren lassen.

Die Maracujacreme auf der erstarrten Geleeschicht verteilen und glatt streichen.

Den Mürbeteigboden auf die Cremeschicht legen und die Torte 3 Stunden kühlen.

MIT OBST

7 Den Sirup durch ein Sieb passieren; die Eigelbe unterrühren. Alles in einen Topf umfüllen und unter ständigem Rühren bis kurz vor den Siedepunkt erhitzen. Die Gelatine ausdrücken und im Sirup auflösen. Vom Herd nehmen; abkühlen lassen.

8 Sobald die Creme zu gelieren beginnt, die Sahne steif schlagen und mit dem Schneebesen sorgfältig unterheben.

9 Weiterverfahren, wie im zweiten und dritten Bild in der Bildfolge unten links gezeigt.

10 Die Form aus dem Kühlschrank nehmen und bis zum oberen Rand kurz in heißes Wasser tauchen. Sofort auf ein Brett stürzen und die erstarrte Torte aus der Form lösen. Mit einem scharfen Messer in etwa 3 cm große Würfel schneiden.

Fruchtiger Quarkkuchen

Für den Teig
300 g Mehl, 200 g kalte Butter
100 g Puderzucker, 1 Prise Salz
1 Eigelb

Für die Quarkcreme
8 Blatt weiße Gelatine, ⅛ l Milch
180 g Zucker, 1 Prise Salz
abgeriebene Schale von
  1 Bio-Zitrone, 4 Eigelbe
500 g Sahne, 500 g Quark

Für den Belag
1 Dose Pfirsichhälften (470 g)
je 250 g Him- und Brombeeren
200 g Rote Johannisbeeren
200 g Heidelbeeren

Außerdem
Alufolie
Puderzucker zum Bestauben

1 Aus den Zutaten einen Mürbeteig zubereiten, wie auf den Seiten 96 und 97 beschrieben. Backofen auf 200 °C vorheizen. Den Teig auf Blechgröße ausrollen, auf das Blech legen, mehrmals einstechen und 10 Minuten im Ofen (Mitte) backen. Herausnehmen; auskühlen lassen. Vom Blech lösen und mit einer 7 cm hohen Manschette aus vierfach gefalteter Alufolie umschließen.

2 Für die Quarkcreme die Gelatine in Wasser einweichen. Die Milch mit Zucker, Salz, Zitronenschale und den Eigelben verquirlen. Unter ständigem Rühren einmal aufkochen lassen. Gelatine ausdrücken; in der Creme auflösen. Abkühlen lassen.

3 Sahne steif schlagen. Quark durch ein Sieb streichen. Sobald die Creme zu erstarren beginnt, Quark und Sahne unterheben.

4 Die Pfirsiche in einem Sieb abtropfen lassen und etwa 1 cm groß würfeln. Die Beeren verlesen und mit den Pfirsichen vermischen. Die Hälfte der Früchte auf dem Boden verteilen.

5 Die Quarkcreme auf die Früchte streichen. Den Kuchen kalt stellen. Sobald die Creme fest zu werden beginnt, die restlichen Früchte darauf verteilen. Die Creme vollständig gelieren lassen. Vor dem Servieren mit Puderzucker bestauben; in Stücke schneiden.

Quark-Obst-Kuchen

Für den Teig
3 Eier, getrennt
65 g Zucker
50 g Speisestärke
70 g Mehl

Für die Creme
4 Blatt weiße Gelatine, ⅛ l Milch
100 g Zucker, 1 Prise Salz
Mark von 1 Vanilleschote
abgeriebene Schale von
 ½ Bio-Zitrone
2 Eigelbe
250 g Sahne
250 g Quark

Für den Belag
1 Dose Aprikosen (240 g)
250 g Erdbeeren
150 g Himbeeren
100 g Johannisbeergelee

Außerdem
1 Springform von 24 cm
 Durchmesser
1 Tortenring
1 Päckchen klarer Tortenguss
50 g geröstete Mandelblättchen

1 Den Backofen auf 200 °C vorheizen. Den Boden mit der Form mit Backpapier belegen. Aus den Teigzutaten eine Biskuitmasse zubereiten, wie auf den Seiten 78 und 79 beschrieben. In die Form füllen und im vorgeheizten Ofen 35 Minuten backen.

2 Inzwischen die Quarkcreme zubereiten, wie im Rezept links beschrieben. Für den Belag die Aprikosen in einem Sieb abtropfen lassen, den Saft dabei auffangen. Den Saft abmessen, bei Bedarf mit Wasser auf ¼ l auffüllen. Die Beeren verlesen und die Erdbeeren zerkleinern. Aprikosen und Beeren mischen.

3 Den Biskuitboden mit Johannisbeergelee bestreichen und mit dem Tortenring umschließen. Die Quarkcreme darauf verteilen, glatt streichen und im Kühlschrank fest werden lassen.

4 Die Beeren und die Aprikosen auf dem Kuchen arrangieren. Den Tortenguss mit dem Aprikosensaft nach Packungsanleitung zubereiten. Den Kuchen damit überziehen. Den Rand mit den Mandelblättchen bestreuen und den Guss fest werden lassen.

Torten
mit feiner Füllung

Sachertorte

Für den Schokoladenbiskuit
120 g Zartbitterkuvertüre
100 g Butter
100 g Puderzucker
5 Eigelbe
Mark von ½ Vanilleschote
4 Eiweiße
50 g Mehl
120 g gemahlene Mandeln

Für die Schokodenglasur
100 g Zartbitterkuvertüre
300 g Zucker
60 g Kakaopulver

Außerdem
1 Springform oder 1 Tortenring von 22 cm Durchmesser
Butter und Brösel für die Form
200 g Aprikosenkonfitüre

1 Für den Schokoladenbiskuit die Kuvertüre über dem 40 °C warmen Wasserbad schmelzen und warm halten.

2 Die Butter in einer Schüssel mit einem Drittel des Puderzuckers und den Eigelben schaumig rühren. Das Vanillemark und die lauwarme Kuvertüre unterrühren.

3 Die Eiweiße in einer fettfreien Schüssel mit dem restlichen Zucker steif schlagen. Auf die Schokoladenmasse geben, das Mehl daraufsieben und darauf die Mandeln geben. Alles locker unterheben.

4 Den Backofen auf 180 °C vorheizen. Nur den Boden (nicht den Rand) der Springform mit Butter ausfetten und mit Bröseln ausstreuen. Die Biskuitmasse hineinfüllen und glatt streichen. Im vorgeheizten Ofen (Mitte) 40 bis 50 Minuten backen. Aus dem Ofen nehmen und auskühlen lassen.

5 Für die Schokoladenglasur die Kuvertüre klein hacken. Mit dem Zucker, dem Kakaopulver und ⅛ l Wasser in eine Kasserolle geben und vermischen. Das Ganze unter Rühren langsam erhitzen und bis »zum starken Faden« kochen. Dieser Punkt ist erreicht, sobald die Glasur Fäden zieht.

6 Die Kasserolle vom Herd nehmen. Die Glasur in eine Schüssel gießen und mit einem Holzspatel ständig in Bewegung halten (in der Fachsprache heißt dies »tablieren«), bis sie beginnt dickflüssig zu werden.

7 Den Schokoladenbiskuit einmal durchschneiden. Einen Boden mit der Hälfte der Aprikosenkonfitüre bestreichen und den anderen daraufsetzen.

8 Die restliche Konfitüre mit 2 bis 3 EL Wasser einige Minuten kochen, passieren und die Torte gleichmäßig damit einstreichen. Auf ein Kuchengitter setzen, mit der Schokoladenglasur überziehen und trocknen lassen. Die original Sachertorte wird nicht weiter verziert.

Orangen-Quark-Torte

Für den Tortenboden
300 g Tiefkühl-Blätterteig

Für die Creme
7 Blatt Gelatine
3 Eigelbe
120 g Zucker
1 Messerspitze Salz
3 Bio-Orangen
50 g Würfelzucker
⅛ l Milch
400 g trockener Quark (oder Schichtkäse)
500 g Sahne

Für den Guss
30 ml Orangensaft
80 g Puderzucker

Außerdem
Mehl für die Arbeitsfläche
1 Springform oder 1 Tortenring von 26 cm Durchmesser
1 Orange zum Garnieren

1 Den Blätterteig auftauen lassen, anschließend grob würfeln und auf der bemehlten Arbeitsfläche zu einem glatten Teig verkneten. So geht er beim Backen nicht zu stark auf.

2 Den Teig halbieren und jede Hälfte zu einem 28 cm großen Kreis ausrollen. Jeweils auf ein mit Backpapier belegtes Backblech legen und mehrmals mit einer Gabel einstechen. Die Teigböden ½ Stunde im Kühlschrank ruhen lassen.

3 Den Backofen auf 220 °C vorheizen. Die Böden im heißen Ofen (Mitte) in 10 bis 12 Minuten hellbraun backen. Dabei »schnurren« sie auf etwa 26 cm Durchmesser zusammen.

4 Für die Quarkcreme die Gelatine in etwas kaltem Wasser einweichen. Die Eigelbe mit dem Zucker in einer Kasserolle verrühren. Das Salz zugeben. Die Orangen gründlich waschen und abtrocknen. Die Schale der mit dem Würfelzucker oder einer feinen Reibe sorgfältig von den Früchten abreiben; in die Kasserolle geben.

5 Die Orangen auspressen und ⅛ l Saft abmessen. Den Orangensaft und die Milch zu den Zutaten in der Kasserolle gießen. Mit einem Schneebesen alles kräftig durchrühren und unter ständigem Rühren bis kurz vor dem Siedepunkt erhitzen. Die Gelatine ausdrücken und unter Rühren in der Orangencreme auflösen. Vom Herd nehmen, etwas abkühlen lassen.

6 Den Quark in eine Schüssel geben. Die leicht abgekühlte Creme darübergießen und alles sofort mit dem Schneebesen

Mit einem kleinen, scharfen Messer die Schale der Orange von oben nach unten in Segmenten dick abschneiden. Dabei die weiße Haut mit entfernen.

Die Orange an den Häuten mit dem Messer einschneiden. Anschließend können Sie die Filets leicht herausheben.

TORTEN

kräftig zu einer glatten Creme verrühren. Die Sahne steif schlagen. Rasch und sorgfältig unter die noch fast lauwarme Orangen-Quark-Creme ziehen.

7 Einen gebackenen Blätterteigboden in eine Springform legen oder mit einem Tortenring umstellen. Die Creme einfüllen. Die Torte in den Kühlschrank stellen, bis sie fest geworden ist.

8 Für den Guss den Saft mit dem Puderzucker zu einer dünnflüssigen Glasur rühren und damit den zweiten Tortenboden bestreichen. Trocknen lassen und dann in 12 Stücke schneiden.

9 Die Orangen-Quark-Torte vorsichtig aus der Form oder dem Ring lösen. Den vorgeschnittenen Boden als Tortendeckel daraufsetzen.

10 Aus der Orange 12 Filets herauslösen, wie in der Bildfolge links gezeigt. Den Kuchen mit den Orangenfilets garnieren.

Tipp Aus gefrorenem Blätterteig oder gekühltem, aufgerolltem Blätterteig können Sie rasch dünne Tortenböden backen. Mit unterschiedlichsten Cremes gefüllt, entstehen prächtige Torten ohne großen Zeitaufwand. Blätterteigböden aus selbstgemachtem Blätterteig (wie auf den Seiten 82, 83 und 85 beschrieben) haben einen feinen Buttergeschmack und werden besonders blättrig.

Holländer Kirschtorte

Für den Tortenboden
400 g tiefgekühlter Blätterteig

Für die Füllung
1 großes Glas Sauerkirschen
1 Messerspitze Zimt
100 g Zucker
3 TL Speisestärke
750 g Sahne

Für die Glasur
60 g Johannisbeerkonfitüre

80 g Fondant oder Eiweißglasur
(siehe Seite 121 bis 123)

Außerdem
3 Backbleche und Backpapier
1 Springform von 26 cm
Durchmesser

1 Der Blätterteig für diese Torte darf nicht zu stark aufgehen. Deshalb den Teig auftauen lassen, in 8 bis 10 Stücke schneiden und auf einer bemehlten Unterlage wieder zusammenkneten. Auf diese Weise werden seine gleichmäßigen Teig- und Fettschichten zerstört, sodass er nicht mehr so stark aufgehen kann. Den Teig in 3 Stücke teilen, in Folie wickeln und 1 Stunde im Kühlschrank ruhen lassen.

2 Die Backbleche mit Backpapier belegen. Jedes Teigstück zu

Einen Boden in die Form legen, dünn mit Sahne bestreichen, dann 4 Sahneringe aufspritzen.

Die Kirschen zwischen die Sahneringe legen. Den zweiten Boden auflegen; leicht andrücken.

Eine Sahneschicht bis zum oberen Springformrand einfüllen und sorgfältig glatt streichen.

Den Ring der Springform vorsichtig abnehmen und den Rand der Torte ringsherum gleichmäßig mit Sahne einstreichen.

Den letzten Boden auf der Unterseite mit heißer Konfitüre bestreichen; trocknen lassen und dünn mit Fondant glasieren.

Die Glasur antrocknen lassen und den Boden mit einem langen, feuchten Messer in einzelne Tortenstücke schneiden.

TORTEN

einem Kreis von mindestens 28 cm Durchmesser ausrollen und jeweils eine Teigplatte auf ein Blech legen. Mehrmals einstechen. ½ Stunde ruhen lassen.

3 Den Backofen auf 220 °C vorheizen. Die Teigböden nacheinander in jeweils 10 bis 12 Minuten hellbraun backen. Dabei schrumpfen sie auf einen Durchmesser von etwa 26 cm zusammen. Falls nötig, die gebackenen Böden zurechtschneiden.

4 Für die Füllung die Kirschen abtropfen lassen. Den aufgefangenen Saft mit Zimt und 50 g Zucker aufkochen. Die Speisestärke mit etwas Wasser anrühren, in den Saft rühren und alles kurz aufkochen lassen. 12 Kirschen beiseitelegen, die übrigen in den angedickten Saft geben; abkühlen lassen. Die Sahne mit dem restlichen Zucker steif schlagen.

5 Die Torte, wie in der Bildfolge unten gezeigt, zusammensetzen. Zum Schluss den vorgeschnittenen, glasierten Tortenboden aufsetzen und leicht andrücken. Mit den beiseitegelegten Kirschen und Sahnetupfen garnieren.

Aprikosen-Weincreme-Torte

Für den Tortenboden
250 g tiefgekühlter Blätterteig

Für das Kompott
500 g Aprikosen
125 g Zucker
200 ml Wasser
Saft von ½ Zitrone
1 cl Amaretto

Für die Creme
7 Blatt weiße Gelatine
⅛ l Vin Santo
80 g Zucker
Saft von 1 Orange
3 Eigelbe
375 g Sahne, steif geschlagen

Für die Baiserhaube
4 Eiweiße
200 g Zucker

Außerdem
1 Backblech
Backpapier für das Blech
1 Tortenring von 24 cm
   Durchmesser
Backpapier
Mehl
100 g gehobelte, geröstete
   Mandeln

1 Das Backblech mit Backpapier belegen. Den Blätterteig auftauen lassen. Den Teig auf einer bemehlten Arbeitsfläche zu einem 28 cm großen Kreis ausrollen. Auf das Blech legen und mehrmals mit einer Gabel einstechen. 30 Minuten kühl stellen.

2 Den Backofen auf 200 °C vorheizen. Den Blätterteigboden in etwa 15 bis 20 Minuten hellbraun backen. Dabei »schnurrt« er etwas zusammen. Falls nötig, den Boden mit Hilfe des Tortenrings passend zuschneiden.

3 Die Aprikosen für das Kompott blanchieren, häuten, halbieren und entsteinen. Zucker, Wasser und Zitronensaft in einem Topf 2 bis 3 Minuten köcheln lassen. Die Früchte einlegen und in 8 bis 10 Minuten weich kochen. Vom Herd nehmen. Amaretto zugeben und die Früchte im Sud abkühlen lassen. Anschließend in einem Sieb gut abtropfen lassen.

4 Für die Weincreme die Gelatine in kaltem Wasser einweichen. Vin Santo, Zucker, Orangensaft und Eigelbe in einem Topf gut miteinander verrühren. Unter ständigem Rühren vorsichtig erwärmen und die Creme »zur Rose abziehen«, das heißt so lange erhitzen, bis sie leicht angedickt auf dem Kochlöffel liegen bleibt. Sie darf dabei auf keinen Fall mehr kochen.

5 Die Creme durch ein feines Sieb passieren, um eventuell vorhandene Klümpchen zu entfernen. Die ausgedrückte Gelatine in der noch warmen Creme auflösen. Diese abkühlen lassen, bis sie zu gelieren beginnt, dann die geschlagene Sahne unterheben.

6 Den Blätterteigboden auf eine Tortenplatte legen und mit dem Tortenring umschließen. Etwa ein Drittel der Creme gleichmäßig darauf verteilen. Die Aprikosenhälften mit der Wölbung nach oben daraufsetzen. Die restliche Creme daraufgeben und glatt streichen.

7 Die Torte etwa 3 Stunden kühl stellen. Anschließend den Tortenring abnehmen. Für die Baiserhaube die Eiweiße in einer völlig fettfreien Schüssel mit 50 g Zucker steif schlagen, den restlichen Zucker einrieseln lassen und weiterschlagen, bis der Eischnee schnittfest ist.

8 Etwa zwei Drittel des Eischnees in einen Spritzbeutel mit Lochtülle Nr. 10 füllen. Etwa 2 cm große Tupfen nebeneinander auf die Tortenoberfläche spritzen. Mit dem restlichen Baiser den Rand der Torte gleichmäßig bestreichen. Den Backofen (nur Oberhitze) oder den Grill vorheizen.

9 Die Torte überbacken, bis die Spitzen der Tupfen hellbraun sind. Den Rand der Torte mit Mandelblättchen bestreuen, einige davon auch auf die Oberfläche streuen.

TORTEN

Einfache Käsesahnetorte

Für den Teig
210 g Mehl
1 Eigelb
60 g Puderzucker
120 g Butter

Für die Creme
4 Eigelbe
200 g Zucker
1 Prise Salz
abgeriebene Schale von
 1 Bio-Zitrone

¼ l Milch
7 Blatt Gelatine
500 g abgetropfter Quark
500 g Sahne

Außerdem
1 Backblech
Backpapier für das Blech
1 Tortenring von 26 cm
 Durchmesser
Puderzucker zum Bestauben

1 Aus Mehl, Eigelb, Puderzucker und Butter einen Mürbeteig herstellen, wie auf den Seiten 96 und 97 beschrieben. Den Teig zur Kugel formen, in Folie wickeln und mindestens 1 Stunde im Kühlschrank ruhen lassen.

2 Den Backofen auf 200 °C vorheizen, das Backblech mit Backpapier belegen. Den Teig halbieren und jede Hälfte zu

Für die Käsesahne die Eigelbmasse erhitzen, bis sie leicht angedickt auf dem Löffel liegen bleibt.

Die eingeweichte, ausgedrückte Gelatine in der Creme auflösen. Durch ein feines Sieb streichen.

Den Quark durch ein Sieb passieren; die noch warme Creme in Portionen zugießen.

Jede Cremeportion mit einem Schneebesen sorgfältig unter den Quark rühren.

Die Sahne steif schlagen und zum Schluss behutsam unter die Quarkmasse ziehen.

TORTEN

einem 26 cm großen Kreis ausrollen. Die Teigböden im vorgeheizten Ofen (Mitte) in etwa 10 Minuten backen, bis sie hellbraun sind.

3 Einen Mürbeteigboden sofort nach dem Backen in 12 oder 16 Tortenstücke schneiden, beide Böden eventuell zurechtschneiden und auf einem Kuchengitter auskühlen lassen.

4 Für die Käsesahnecreme die Eigelbe, den Zucker, die Zitronenschale und das Salz in einer Kasserolle verrühren. Die Milch gründlich darunterrühren, den Topf auf den Herd stellen und die Masse bei mittlerer Hitze unter ständigem Rühren erhitzen. Die Gelatine in kaltem Wasser einweichen. Die Käsesahnecreme zubereiten, wie in der Bildfolge links gezeigt.

5 Den ganzen Mürbeteigboden in den Tortenring legen. Die Käsesahnecreme auf den Tortenboden füllen und glatt streichen.

6 Die Torte für mindestens 2 Stunden in den Kühlschrank stellen. Erst dann den in Stücke geschnittenen Boden darauf zusammensetzen und mit Puderzucker bestauben.

Erdbeer-Rhabarber-Torte

Für den Teig
¼ l Wasser
125 g Butter
1 Prise Salz
1 Prise Zucker
200 g Mehl
5 bis 6 Eier

Für die Fruchtfüllung
500 g Rhabarber
500 g Erdbeeren
6 Blatt rote Gelatine
2 TL Speisestärke
200 g Erdbeerkonfitüre
1 TL abgeriebene Schale von
  1 Bio-Orange

Für die Sahnefüllung
4 Blatt weiße Gelatine
750 g Sahne
50 g Zucker
4 cl Rum

Außerdem
2 Backbleche
Backpapier für die Bleche
30 g geröstete gehobelte Mandeln
Puderzucker zum Bestauben
2 Erdbeeren, 4 Rhabarberstücke
  und 4 grüne Marzipanblättchen
  zum Garnieren

1 Aus den Teigzutaten einen Brandteig zubereiten, wie auf den Seiten 88 und 89 beschrieben. Die Backbleche mit Backpapier auslegen und mit einem Bleistift 3 Kreise von je 24 cm Durchmesser aufzeichnen.

2 Den Brandteig in einen Spritzbeutel mit Sterntülle Nr. 6 füllen und die Masse in die vorgezeichneten Kreise spritzen, wie im Bild oben rechts gezeigt. Dabei von der Mitte aus beginnen und spiralförmig nach außen führen, bis der aufgezeichnete Kreis ausgefüllt ist. Zwischen den Strängen einen Abstand von etwa 1 cm einhalten, da der Teig beim Backen aufgeht.

3 Den Backofen auf 220° C vorheizen. Die Teigböden in etwa 20 Minuten hellbraun backen. Aus dem Ofen nehmen, vom Papier lösen und auf Kuchengittern auskühlen lassen.

4 Für die Fruchtfüllung den Rhabarber waschen, abziehen und in kleine Stücke schneiden. Die Erdbeeren putzen, waschen und halbieren. Die rote Gelatine in kaltem Wasser einweichen. Die Speisestärke mit wenig kaltem Wasser anrühren.

5 Den Rhabarber in der Konfitüre weich kochen. Die Erdbeeren unterrühren, die angerührte Speisestärke zugeben und alles aufkochen lassen. Ausgedrückte Gelatine und Orangenschale einrühren; abkühlen lassen.

Die Brandteigmasse mit einem Spritzbeutel in die vorgezeichneten Kreise spritzen. Dabei von der Mitte aus beginnen und spiralförmig nach außen führen.

6 Für die Sahnefüllung die Gelatine kalt einweichen, ausdrücken und heiß auflösen. Inzwischen die Sahne steif schlagen, dabei den Zucker einrieseln lassen, die Gelatine und den Rum zugeben. Vier Fünftel der Sahne in einen Spritzbeutel mit großer Lochtülle füllen.

7 Um die Torte zusammenzusetzen, auf 2 Brandteigböden je 3 dicke Sahneringe spritzen und die Zwischenräume mit der Fruchtmischung ausfüllen. Diese Böden übereinandersetzen und darauf den dritten Boden legen.

8 Den Tortenrand mit Sahne einstreichen und mit den Mandelblättchen bestreuen. Die restliche Sahne in einen Spritzbeutel mit Sterntülle füllen und einen Wellenrand aufspritzen. Die Torte mit Puderzucker bestauben und hübsch garnieren.

Erdbeer-Sahne-Baiser

Für 2 Torten
Für die Baiserböden
8 Eiweiße, 250 g Zucker
200 g Puderzucker
30 g Speisestärke

Für die Füllung
400 g reife Erdbeeren
30 g Puderzucker
2 cl brauner Rum
750 g Sahne, 35 g Zucker
Mark von ½ Vanilleschote

Außerdem
2 bis 3 Backbleche, Backpapier
Kakaopulver zum Besieben

1 Für die Baisermasse die Eiweiße in einer fettfreien Schüssel halbsteif schlagen, dabei den Zucker einrieseln lassen; weiterschlagen, bis der Eischnee schnittfest ist. Puderzucker mit Speisestärke darübersieben; mit einem Holzspatel unterheben, bis keine Klümpchen mehr sichtbar sind.

2 Die Backbleche mit Backpapier auslegen. Mit einem Bleistift insgesamt 8 Ringe von 18 bis 20 cm Durchmesser vorzeichnen.

3 Die Baisermasse in einen Spritzbeutel mit Lochtülle Nr. 11 füllen. Für jede Torte je 1 Boden aus eng aneinanderliegenden Kreisen sowie 2 große einzelne Ringe spritzen, wie im ersten Bild unten zu sehen ist. Anschließend für jede Torte mit Sterntülle Nr. 8 ein Gitter spritzen.

4 Den Backofen auf 50 °C vorheizen. Die Backbleche mit genügend Abstand in den vorgeheizten Ofen schieben. Einen Kochlöffel zwischen Ofen und Ofentür stecken, damit die Feuchtigkeit ganz entweichen kann. Die Baiserstücke über Nacht im warmen Ofen lassen, damit sie vollständig durchtrocknen. Vom Papier lösen.

5 Für die Füllung die Erdbeeren putzen, waschen und trocken tupfen. Die Beeren je nach Größe halbieren oder vierteln. In eine Schüssel geben, mit Puderzucker bestauben und mit dem Rum beträufeln. Etwa 30 Minuten durchziehen lassen.

6 Die Sahne mit dem Zucker und dem Vanillemark steif schlagen. Ein Viertel davon in einen Spritzbeutel mit Lochtülle Nr. 5 bis 6 füllen. Mit der Sahne, wie im mittleren Bild unten gezeigt, die Baiserringe auf den Böden befestigen.

7 Die restliche Sahne mit den vorbereiteten Erdbeeren mischen und die Erdbeersahne in die Baiserhülle füllen; glatt streichen. Zum Schluss das Baisergitter aufsetzen und mit Kakaopulver besieben. Die Torte nach Belieben garnieren.

Pro Torte werden 1 Baiserboden und 2 Baiserringe mit Lochtülle Nr. 11 sowie 1 Baisergitter mit Sterntülle Nr. 8 gespritzt.

Die getrockneten Baiserringe auf den Baiserboden setzen; damit sie zusammenhalten, jeweils Sahne dazwischenspritzen.

Die Erdbeersahne in die Baiserhülle füllen. Die Oberfläche glatt streichen und das Baisergitter daraufsetzen.

BACKREZEPTE

Rieslingtorte

Für den Teig
150 g Mehl
20 g Kakaopulver
1 Eigelb
2 EL Milch
75 g Butter, in Stücke geschnitten
75 g Zucker
75 g gemahlene Mandeln

Für die Creme
8 Blatt Gelatine
4 Eigelbe
160 g Zucker
⅜ l Riesling
abgeriebene Schale und Saft von 1 Bio-Zitrone
Saft von 1 Orange
250 g Sahne

Außerdem
2 Backbleche
1 Tortenring von 26 cm Durchmesser
Puderzucker zum Bestauben

1 Für den Teig das Mehl mit dem Kakao sieben und in die Mitte eine Mulde drücken. Das Eigelb und die Milch hineingeben. Die Butterstückchen mit dem Zucker und den Mandeln darüber verteilen.

2 Alles zu feinen Krümeln hacken und diese von außen nach innen rasch zu einem glatten Teig kneten. Zu einer Kugel formen, in Folie wickeln und für mindestens 1 Stunde im Kühlschrank ruhen lassen.

3 Den Backofen auf 200 °C vorheizen. Den Teig halbieren und jede Hälfte auf einer bemehlten Arbeitsfläche 3 bis 4 mm dick zu einem 26 cm großen Kreis ausrollen.

4 Die Teigböden auf 2 Backbleche legen, mehrmals einstechen und im vorgeheizten Ofen (Mitte) 10 bis 12 Minuten backen.

5 Sofort den schöneren der beiden Mürbeteigböden in 16 Stücke schneiden und mit Puderzucker bestauben. Falls nötig, die beiden Böden in der Größe noch zurechtschneiden.

6 Für die Weincreme die Gelatine in kaltem Wasser einweichen. Die Eigelbe mit dem Zucker in einer Kasserolle verrühren. Den Riesling, die abgeriebene Zitronenschale sowie den Zitronen- und Orangensaft zufügen. Das Ganze bis kurz vor dem Siedepunkt erhitzen, damit die Eigelbe leicht abbinden; vom Herd nehmen.

7 Die eingeweichte Gelatine gut ausdrücken und unter Rühren in der heißen Weincreme auflösen.

8 Die Sahne steif schlagen. Sobald die Weincreme zu gelieren beginnt, die Sahne daraufgeben und mit dem Schneebesen locker unterheben.

9 Den Tortenring um den ganzen Mürbeteigboden stellen, die Weincreme auf den Tortenboden füllen und glatt streichen. Die Creme im Kühlschrank fest werden lassen.

10 Die Stücke des vorgeschnittenen Tortenbodens auf der Weincreme anordnen. Die Torte nach Belieben mit Trauben garnieren und mit Puderzucker bestauben.

TORTEN

Flockenschnitten

Für den Teig
200 ml Wasser
70 g Butter
½ TL Salz
1 TL Zucker
200 g Mehl
5 Eier

Für die Füllung
300 g Himbeeren
50 g Puderzucker
1 EL Rum
750 g Sahne
80 g Zucker

Außerdem
2 Backbleche
Butter und Mehl für die Backbleche
1 EL Puderzucker zum Bestauben

1 Aus den Zutaten für den Teig einen Brandteig zubereiten, wie auf den Seiten 88 und 89 beschrieben. Den Backofen auf 250 °C vorheizen. Die Backbleche fetten und mit Mehl bestauben. Jeweils eine Hälfte des Teigs auf ein Backblech streichen, wie im ersten Bild unten gezeigt. Die Teigplatten in 15 Minuten im Ofen (Mitte) hellbraun backen. Herausnehmen; von den Blechen lösen und erkalten lassen.

2 Eine Teigplatte in 3 Streifen von je 10 cm Breite schneiden, wie im mittleren Bild unten gezeigt. Die zweite Platte mit einem langen Messer mit Sägeschliff in kleine Stücke beziehungsweise »Flocken« schneiden, wie im dritten Bild gezeigt.

3 Für die Füllung die Himbeeren verlesen. Mit dem Puderzucker bestauben, mit dem Rum beträufeln und mit einer Gabel grob zerdrücken. Etwas durchziehen lassen.

4 Die Sahne mit dem Zucker steif schlagen. Zwei Drittel davon mit der Himbeermasse vermischen. Einen Teigstreifen mit der Himbeersahne bedecken, den zweiten daraufsetzen und ebenfalls mit Füllung bestreichen, zum Schluss den dritten Teigstreifen aufsetzen.

5 Die mit der Himbeersahne zusammengesetzten Teigstreifen rundum, also Oberfläche und Ränder, mit der restlichen Sahne einstreichen und mit den Brandteigflocken bestreuen.

6 Die Schnitten mit Puderzucker dünn bestauben. Möglichst innerhalb der nächsten 2 bis 3 Stunden servieren, damit der Brandteig noch kross ist.

Den Brandteig dünn auf die beiden vorbereiteten Bleche streichen. Bei 250 °C in 15 Minuten hellbraun backen.

Die Teigplatten von den Blechen lösen. Eine der beiden Platten in 3 Streifen von je 10 cm Breite schneiden.

Die zweite Brandteigplatte mit einem Messer mit Sägeschliff in kleine Stücke bzw. »Flocken« schneiden.

Kokostorte

mit Vanillecreme

Für den Teig
50 g frische Kokosraspel
6 Eigelbe
120 g Zucker
1 Prise Salz
6 Eiweiße
100 g Mehl
100 g Biskuitbrösel

Zum Tränken
50 g Zucker
2 cl Orangenlikör
2 cl brauner Rum

Für die Creme
½ l Milch
1 Vanilleschote, längs aufgeschnitten
180 g Zucker
3 Eigelbe
45 g Speisestärke
3 Eiweiße

Außerdem
1 Kokosnuss
1 Springform von 24 cm Durchmesser
Backpapier
250 g frisches Kokosfruchtfleisch, grüne Marzipanblätter und 1 Cocktailkirsche zum Garnieren

1 Die Kokosnuss aufschlagen und das Fruchtfleisch herauslösen, wie in der Bildfolge unten beschrieben. Das Fruchtfleisch auf einer Reibe ganz fein raspeln. Den Boden der Springform mit Backpapier belegen. Den Backofen auf 190 °C vorheizen.

2 Für den Biskuit die Eigelbe mit 60 g Zucker und dem Salz schaumig rühren. Die Eiweiße in einer fettfreien Schüssel halbsteif schlagen, dabei den restlichen Zucker einrieseln lassen; weiterschlagen, bis ein schnittfester Eischnee entstanden ist.

3 Mehl mit Bröseln und Kokosraspeln mischen. Den Eischnee unter die Eigelbmasse ziehen; Mehlmischung darunterheben.

4 Die Biskuitmasse in die vorbereitete Form füllen und glatt streichen. Im vorgeheizten Ofen (Mitte) etwa 40 Minuten backen. Nach etwa 30 Minuten die Stäbchenprobe machen. Den Biskuit über Nacht ruhen lassen.

5 Am nächsten Tag zweimal horizontal durchschneiden, so dass 3 Böden entstehen: 2 Böden

Mit einem spitzen Gegenstand zwei der drei »Augen« der Kokosnuss aufschlagen.

Die Flüssigkeit der Kokosnuss (auch Kokosmilch genannt) in ein Gefäß auslaufen lassen.

Die harte Schale mit einem Hammer sprengen und stückweise abbrechen.

TORTEN

beiseitelegen. Den dritten Biskuitboden in Würfel schneiden und diese in eine Schüssel geben.

6 Den Zucker mit 2 EL Wasser aufkochen und 2 bis 3 Minuten sprudelnd kochen, dann abkühlen lassen. Den Orangenlikör und den Rum zufügen.

7 Die Biskuitwürfel mit dem aromatisierten Zuckersirup tränken und zugedeckt mindestens 1 Stunde durchziehen lassen.

8 Für die Vanillecreme die Milch mit der Vanilleschote und etwa 60 g Zucker aufkochen. Die Vanilleschote herausnehmen, das Mark auskratzen und in die Milch geben. Die Eigelbe mit der Speisestärke und 2 bis 3 EL der heißen Vanillemilch verrühren. Die angerührte Speisestärke unter Rühren in die restliche kochende Vanillemilch gießen. Mehrmals aufwallen lassen.

9 Die Eiweiße in einer fettfreien Schüssel zu steifem Schnee schlagen, dabei den restlichen Zucker einrieseln lassen. Den Eischnee vorsichtig unter die Vanillecreme mischen. Von der heißen Creme ein Viertel beiseitestellen. Den Rest gründlich mit den getränkten Biskuitwürfeln vermengen.

10 Diese Mischung auf den ersten Biskuitboden geben und glatt streichen. Den zweiten Boden daraufsetzen.

11 Die Torte mit der restlichen Creme rundherum einstreichen und abkühlen lassen. Dann großzügig und dicht mit den Kokosraspeln bestreuen. Nach Belieben mit Marzipanblättern und Cocktailkirsche garnieren.

EXTRA

Zitronenschale und Vanille zählen zu den beliebtesten Aromen für Kuchen, Torten und Gebäck.

Backwaren aromatisieren

Aromen, Liköre, Essenzen

Kuchen, Torten und Desserts können auf unterschiedlichste Weise aromatisiert werden und so eine zusätzliche Geschmacksnote erhalten. Oft werden Backwaren mit natürlichen Aromen wie Vanillezucker oder abgeriebenen Zitrusfruchtschalen verfeinert. Zum Aromatisieren von Teigen und Füllungen eignen sich aber auch Weinbrand, Rum, Kirschwasser oder Liköre. Darüber hinaus bietet der Handel künstlich hergestellte Backaromen wie Bittermandel-, Zitronen- oder Rumaroma (siehe Seite 9) an, die sich lange aufbewahren und gut dosieren lassen.

Aromatisierende Zutaten

Amaretto
Der italienische Likör aus Mandelkernen hat einen ausgeprägten Marzipangeschmack und wird zum Aromatisieren von italienischem Gebäck wie Amaretti oder Cantuccini verwendet.

Amaretto-Bittermandel-Aroma
Enthält unter anderem Amarettolikör und verleiht Backwaren und Desserts einen feinen Geschmack. Ein Beutel reicht für 250 g Mehl oder ½ l Flüssigkeit.

Arrak
Die aus Palmzuckersaft und vergorener Reismaische gewonnene Spirituose wird auch oft als Reisbranntwein bezeichnet. Arrak aromatisiert Süßspeisen, Sahne- und Buttercremes.

BACKWAREN AROMATISIEREN

Bittermandelaroma
Zarten Bittermandelgeschmack erhalten Gebäcke und Desserts durch die Zugabe von Bittermandelaroma. Ein Fläschchen reicht für 500 g Mehl oder ½ l Flüssigkeit. Sie können das Aroma auch tropfenweise dosieren. Das Aroma ist eine gute Alternative zu Bittermandeln.

Branntweine
Hochprozentige alkoholische Getränke eignen sich gut zum Aromatisieren von Füllungen und Desserts.

Orangenblütenwasser
Sie erhalten es in orientalischen Lebensmittel- oder Feinkostgeschäften und in Apotheken. Das Aroma verfliegt schnell. Orangenblütenwasser immer gut verschlossen, dunkel und kühl aufbewahren. So ist es etwa 1 Jahr lang haltbar (siehe Seite 49).

Rosenwasser und Rosenöl
Sowohl Rosenwasser als auch das Rosenöl aromatisieren Backwaren und Marzipan. Beides ist in Apotheken oder orientalischen Lebensmittelgeschäften erhältlich. Sie sollten gut verschlossen aufbewahrt und sparsam dosiert werden (siehe Seite 52).

Rumaroma
Um Gebäck einen dezenten Rumgeschmack zu geben, können Sie echten Rum oder auch Rumaroma aus dem Fläschchen verwenden. Letzteres ist ausreichend für 500 g Mehl oder ½ l Flüssigkeit.

Vanille
Dieses Gewürz ist zum Aromatisieren von Backwaren unverzichtbar (siehe Seite 62). Verwendet wird das Mark der Vanilleschoten. Die Schoten gibt es in Glasröhrchen verpackt zu kaufen. Sie sind einige Zeit haltbar und können als Vorrat angeschafft werden.

Vanillezucker
Er ist eines der gängigsten Würzmittel für Backwaren (siehe Seite 63). Verwenden Sie am besten Bourbon-Vanillezucker, den es in Tütchen im Handel gibt. Er bringt das feine Aroma der echten Bourbon-Vanille in Schlagsahne, Feingebäcke oder Cremefüllungen. Sie können Vanillezucker leicht selbst herstellen, indem Sie ein Stück Vanilleschote in ein Glas mit Zucker geben und darin ziehen lassen.

Vanillinzucker
Wird wie Vanillezucker verwendet, besteht aber nicht aus natürlicher Vanille, sondern aus Zucker und synthetisch hergestelltem Vanillin.

Zitrusfruchtschalen
Sie geben vor allem Backwaren aus Rühr- oder Hefeteig ein frisches Aroma. Sie können die Schalen von Orangen oder Zitronen abreiben oder mit einem Zestenreißer abziehen (siehe Foto oben links). Verwenden Sie immer nur die Schale von unbehandelten Zitrusfrüchten (Bio-Ware), waschen Sie die Früchte gründlich mit heißem Wasser und trocknen Sie sie gut ab. Abgeriebene Orangen- und Zitronenschalen werden auch als Fertigprodukt angeboten. Ein Beutel reicht für 250 g Mehl oder ½ l Flüssigkeit.

Spirituosen helfen, bestimmte Aromen in Teigen, Massen und Cremes zu unterstreichen.

Schwarzwälder Kirschtorte

Für den Teig
7 Eier, 250 g Zucker
60 g Butter
150 g Mehl
50 g Speisestärke
50 g Kakaopulver

Für die Füllung
1 großes Glas Sauerkirschen
40 g Zucker
½ Zimtstange
2 gehäufte TL Speisestärke

750 g Sahne
60 g Zucker

Zum Tränken und Dekorieren
6 cl Kirschwasser
4 cl Läuterzucker
150 g Halbbitter-Schokolade
Puderzucker

Außerdem
1 Springform von 26 cm Durchmesser, Backpapier

1 Für den Biskuitteig die Eier mit dem Zucker auf dem warmen Wasserbad lauwarm schlagen. Anschließend die Masse in etwa 8 Minuten kalt schlagen, bis sie cremig geworden ist.

2 Den Boden der Backform mit Backpapier belegen. Den Backofen auf 190 °C vorheizen. Die Butter zerlassen. Das Mehl, die Speisestärke und das Kakao-

Den ersten Boden mit Sahne bestreichen, dann 4 Sahneringe mit Lochtülle Nr. 10 aufbringen.

In die Zwischenräume die Kirschen dicht einlegen und diese mit Sahne bestreichen.

Zweiten Boden auflegen; tränken. Mit Sahne bestreichen, dritten Boden darauflegen; tränken.

Die Torte oben und an den Rändern gleichmäßig dick mit Schlagsahne einstreichen.

Die Torte mit Schokoladenspänen und -röllchen, Sahnerosetten und Kirschen garnieren.

TORTEN

pulver sieben und unter die Eiermasse heben. Zum Schluss die warme zerlassene Butter langsam unterziehen. Die Biskuitmasse in die vorbereitete Form füllen und glatt streichen. Im vorgeheizten Ofen (Mitte) 30 bis 35 Minuten backen. Den Tortenboden über Nacht auskühlen lassen.

3 Für die Füllung die Sauerkirschen in einem Sieb abtropfen lassen. ¼ l Saft mit Zucker und Zimtstange aufkochen; die Zimtstange herausnehmen.

4 Die Speisestärke mit etwas kaltem Wasser anrühren und die Flüssigkeit damit binden. Einige Male kräftig aufkochen lassen. 16 Kirschen für die Garnitur beiseitelegen, die restlichen Kirschen zu dem aufgekochten Saft geben, vorsichtig rühren, damit sie nicht zerdrückt werden. Erneut aufwallen lassen, vom Herd nehmen und auskühlen lassen.

5 Den Biskuitboden zweimal horizontal durchschneiden, damit 3 Böden entstehen. Die Sahne mit dem Zucker steif schlagen. Zum Tränken der Biskuitböden Kirschwasser und Läuterzucker mischen. Die Torte fertigstellen, wie in der Bildfolge links beschrieben.

6 Für die Schokoladenspäne von der Schokolade mit einem scharfen Messer feine Stücke abschaben – dabei das Messer nicht zu schräg halten, damit nicht ganze Schokoladenstücke herausbrechen.

7 Für die Schokoladenröllchen die Schokolade im Wasserbad schmelzen und mit einer Palette oder einem Messer hauchdünn auf eine glatte Arbeitsplatte – am besten aus Marmor – streichen und »fast« fest werden lassen (sie darf auf keinen Fall hart sein!). Einen Spachtel im flachen Winkel ansetzen, auf die Unterlage drücken und jeweils 2 bis 3 cm vorschieben. Die Röllchen kühlen und fest werden lassen. Die Torte damit bestreuen.

BACKREZEPTE

Joghurt-Krokant-Torte

Für den Teig
5 Eigelbe
50 g gemahlene Mandeln
120 g Zucker
Mark von 1 Vanilleschote
1 Messerspitze gemahlener Zimt
1 TL abgeriebene Schale von
   1 Bio-Zitrone
1 Prise Salz
5 Eiweiße
80 g Mehl
20 g zerlassene Butter

Für den Krokant
80 g Zucker
80 g geröstete grob gehackte
   Mandeln

Für die Creme
8 Blatt weiße Gelatine
50 ml Orangensaft
abgeriebene Schale von
   1 Bio-Orange
1 TL Orangenblütenwasser
90 g Zucker
375 g Sahne
200 g Joghurt

Außerdem
etwas Pflanzenöl
1 Springform von 24 cm
   Durchmesser
Backpapier fü die Form
Zesten von ½ Bio-Orange

1 Für den Krokant den Zucker in einer Stielkasserolle bei mittlerer Hitze unter Rühren zu hellbraunem Karamell schmelzen. Die gerösteten Mandeln rasch unterrühren und die Kasserolle vom Herd nehmen.

2 Den heißen, noch formbaren Krokant auf eine eingeölte Marmorplatte schütten, mit einem geölten Rollholz etwa 1 cm dick ausrollen und erkalten lassen. Die Hälfte des Krokants in einer Nussmühle fein reiben. Den restlichen Krokant zerstoßen.

3 Den Boden der Springform mit Backpapier belegen. Den Backofen auf 180 °C vorheizen. Für den Teig die Eigelbe, die gemahlenen Mandeln, 20 g Zucker, Vanillemark, Zimt, Zitronenschale und Salz in einer Schüssel schaumig rühren.

4 Die Eiweiße in einer fettfreien Schüssel zu halbsteifem Schnee schlagen, den restlichen Zucker einrieseln lassen und weiterschlagen, bis ein schnittfester Eischnee entstanden ist.

5 Das Mehl sieben und mit dem gemahlenen Krokant mischen. Den Eischnee vorsichtig unter die Eigelbmasse heben und die Krokant-Mehl-Mischung sowie die Butter unterziehen. Die Masse in die vorbereitete Springform füllen und glatt streichen. Im vorgeheizten Ofen (Mitte) 40 bis 45 Minuten backen.

6 Den Mandelbiskuit aus dem Ofen nehmen, 5 Minuten in der Form abkühlen lassen. Mit einem Messer vorsichtig den Rand lösen und den Boden vollständig auskühlen lassen. Den Tortenboden am nächsten Tag zweimal horizontal durchschneiden, damit 3 Böden entstehen.

7 Für die Joghurtcreme die Gelatine in kaltem Wasser einweichen. Orangensaft, Orangenschale, Orangenblütenwasser und Zucker in einem Topf erwärmen, bis der Zucker geschmolzen ist.

8 Die Gelatine gut ausdrücken, im Orangensirup auflösen und etwas abkühlen lassen. Die Sahne steif schlagen. Den Joghurt mit dem Sirup verrühren und die Sahne unterheben.

9 Zwei Biskuitböden gleichmäßig mit je einem Drittel Joghurtcreme bestreichen. Kühl stellen, bis die Creme zu erstarren beginnt. Die Tortenböden aufeinandersetzen, den dritten Boden daraufsetzen.

10 Die Torte oben und am Rand mit der restlichen Joghurtcreme bestreichen. Die Creme im Kühlschrank fest werden lassen.

11 Die Torte aus dem Kühlschrank nehmen. Oben und am Rand mit dem zerstoßenen Krokant bestreuen und mit den Orangenzesten garnieren.

Bananentorte

mit Schokoladensahne

Für die Tortenböden
5 Eiweiße
150 g Zucker
75 g geröstete gemahlene Mandeln
75 g geröstete Kokosraspel
25 g Mehl
50 g Puderzucker
½ TL Vanillezucker

Für die Schokoladensahne
550 g Sahne
150 g Zartbitterkuvertüre
2 cl brauner Rum

Außerdem
2 Backbleche
Backpapier für die Bleche
700 g Bananen für die Füllung
60 g geröstete Kokosraspel zum Bestreuen
etwas Kakaopulver zum Bestauben
1 Cocktailkirsche

1 Die Backbleche mit Backpapier auslegen und darauf mit einem Bleistift 3 Kreise von 24 cm Durchmesser aufzeichnen.

2 Den Backofen auf 190 °C vorheizen. Für die Japonaisböden die Eiweiße in einer fettfreien Schüssel halbsteif schlagen. Den Zucker einrieseln lassen und den Schnee weiterschlagen, bis er schnittfest ist. Die Mandeln, die Kokosraspeln, das gesiebte Mehl und den mit Vanillezucker vermischten Puderzucker vorsichtig unter den Eischnee heben, damit dieser möglichst wenig an Volumen verliert.

3 Die Japonaismasse auf die vorgezeichneten Kreise verteilen und glatt streichen. Im vorgeheizten Ofen etwa 5 Minuten vorbacken. Die Hitze auf 50 °C reduzieren und die Japonaisböden über Nacht im Ofen trocknen lassen.

4 Für die Schokoladensahne die Sahne in einer Kasserolle aufkochen, die Hitze reduzieren und die zerkleinerte Kuvertüre unter ständigem Rühren in der heißen Sahne schmelzen. Den Rum zugießen und die Kasserolle vom Herd nehmen. Die Schokoladensahne über Nacht kalt stellen.

5 Die Japonaisböden vorsichtig vom Papier lösen und auskühlen lassen. Die Schokoladensahne steif schlagen. Einen Japonaisboden auf eine Tortenunterlage setzen und etwas Schokoladensahne mit einer Palette darauf verstreichen.

6 Die Bananen für die Füllung schälen. ½ Banane beiseitelegen. Die restlichen Bananen quer in etwa 1½ cm breite Scheiben schneiden; gleichmäßig auf der Creme verteilen. Mit einer dünnen Schicht Schokosahne bedecken. Den zweiten Boden darauflegen und nur mit Schokosahne bestreichen. Mit dem dritten Boden (Unterseite nach oben) abdecken. Die Torte für 1 Stunde in den Kühlschrank stellen.

7 Einen Springformboden auf die Torte legen und die Torte an dessen Rand entlang glatt schneiden. Oben und rundherum die Torte mit der restlichen Creme bestreichen, ringsum mit Kokosraspeln bestreuen. Die Oberfläche mit Kakao bestauben.

8 Die halbe Banane in ½ cm dicke Scheiben schneiden und mit Zitronensaft beträufeln. Die Torte mit Bananenscheiben und der Cocktailkirsche verzieren.

Schokoladen-Trüffel-Torte

Für den Teig
100 g Zartbitterkuvertüre oder -schokolade, gehackt
50 g Butter
120 g Puderzucker
5 Eier, getrennt
120 g Mehl, gesiebt
50 g gemahlene Mandeln

Für die Creme
550 g Sahne
150 g Zartbitterkuvertüre, in Stückchen
2 cl Cognac

Zum Beträufeln
50 g Zucker
1 TL Zitronensaft
2 cl Orangenlikör (Grand Manier)
4 cl Cognac

Außerdem
1 Springform von 24 cm Durchmesser
Butter und Semmelbrösel für die Form
150 g Zartbitterkuvertüre für die Schokoladenröllchen
1 EL Kakaopulver zum Bestauben

1 Für den Biskuit Kuvertüre oder Schokolade auf einem 40 °C warmen Wasserbad schmelzen und warm halten. Die Butter in einer Schüssel mit 40 g Puderzucker und den Eigelben schaumig schlagen. Die Kuvertüre unterrühren.

2 Den Boden der Springform mit Butter bestreichen und mit Bröseln ausstreuen. Den Backofen auf 180 °C vorheizen. Die Eiweiße mit dem restlichen Puderzucker steif schlagen und auf die Schokoladenmasse geben. Mehl und gemahlene Mandeln daraufstreuen und alles locker unterheben.

3 Die Biskuitmasse in die Form füllen, glatt streichen und im vorgeheizten Ofen (Mitte) 30 bis 40 Minuten backen. Herausnehmen und den Biskuit am besten über Nacht auskühlen lassen.

4 Für die Canache-Creme die Sahne in einer Kasserolle aufkochen. Die zerkleinerte Kuvertüre zufügen und unter ständigem Rühren in der heißen Sahne schmelzen. Den Cognac einrühren und die Creme mit dem Mixstab homogenisieren.

5 Die Creme abkühlen lassen, zudecken und am besten für 24 Stunden kalt stellen. Kurz vor der Fertigstellung der Torte die Creme mit dem Handrührgerät aufschlagen.

Kuvertüre hauchdünn ausstreichen und beinahe fest werden lassen, mit einem Messer Streifen einritzen.

Einen Spachtel in flachem Winkel ansetzen und quer zu den parallel geritzten Streifen Röllchen abschaben.

6 Aus der Kuvertüre Schokoladenröllchen herstellen, wie in der Bildfolge links unten gezeigt. Die fertigen Röllchen kühl stellen. Nach dem Durchkühlen lassen sie sich an den eingeritzten Linien auseinanderbrechen.

7 Zum Beträufeln des Biskuitbodens den Zucker und 80 ml Wasser 2 bis 3 Minuten kochen lassen. Vom Herd nehmen, dann Zitronensaft, Orangenlikör und Cognac einrühren. Den ausgekühlten Biskuit mit einem Messer vom Formrand lösen, aus der Form nehmen und zweimal horizontal durchschneiden, um 3 Böden zu erhalten.

8 Einen Biskuitboden auf die Tortenunterlage legen. Diesen mit einem Drittel des hergestellten Orangenlikörsirups beträufeln, darauf ein Drittel der Canache-Creme verstreichen.

9 Den zweiten Boden auflegen, ebenso mit dem Sirup beträufeln und die Creme darauf verteilen. Den dritten und letzten Boden auflegen und mit dem restlichen Sirup beträufeln.

10 Die Torte oben und rundherum mit der restlichen Canache-Creme bestreichen. Den Rand mit Schokoröllchen bestreuen und die Torte etwa 30 Minuten kühl stellen. Mit Kakaopulver besieben und servieren.

Tipps Die Schokoladenbiskuitböden können Sie auch als Basis für eine Orangencremetorte verwenden. Dafür die Schlagsahne mit 1 bis 2 Esslöffeln Orangenblütenwasser und fein abgeriebener Orangenschale aromatisieren; Schokolade weglassen.

Die Schokoladensahne ist nicht nur eine raffinierte Füllung für diese Torte, bieten Sie sie auch einmal anstelle von Schlagsahne zu Obst- oder Rührkuchen an. Rechnen Sie für 200 g Sahne etwa 75 g Zartbitterkuvertüre oder Zartbitterschokolade.

Schokoladenroulade

Für den Teig
8 Eiweiße
180 g Zucker
Mark von ½ Vanilleschote
100 g geschmolzene lauwarme Kuvertüre
60 g Mehl

Für die Füllung
100 g Zucker
30 g Speisestärke
2 Eigelbe
⅜ l Milch
250 g Butter
4 cl Cognac

Außerdem
1 Backblech
Backpapier für das Blech
120 g Himbeerkonfitüre, durchpassiert
Kakaopulver und Puderzucker zum Bestauben

1 Den Backofen auf 200 °C vorheizen. Das Backblech mit Backpapier auslegen.

2 Für den Biskuit die Eiweiße in einer fettfreien Schüssel zu halbsteifem Schnee schlagen. Den Zucker einrieseln lassen und den Eischnee weiterschlagen, bis er schnittfest ist. Das Vanillemark einrühren und die Kuvertüre unterziehen. Mehl auf die Eischneemasse sieben; unterheben.

3 Die Schokoladenmasse in einen Spritzbeutel mit Lochtülle füllen und in Strängen auf das vorbereitete Backblech spritzen, wie im ersten Bild der Bildfolge unten gezeigt.

4 Die Biskuitmasse im Ofen (Mitte) 10 bis 12 Minuten backen. Aus dem Ofen nehmen, auf Backpapier stürzen und 10 Minuten auskühlen lassen.

5 Für die Füllung aus Zucker, Speisestärke, Eigelben und Milch eine Konditorcreme herstellen, dann die Butter darunterrühren, wie auf Seite 128 beschrieben. Die Buttercreme mit dem Cognac aromatisieren.

6 Die Schokoladeplatte erst mit der Konfitüre, dann mit der Creme bestreichen und aufrollen, wie im zweiten und dritten Bild der Bildfolge unten gezeigt.

7 Die Schokoladenroulade mit Kakaopulver und Puderzucker bestauben, in 16 Stücke schneiden und sofort servieren.

Die Schokoladenmasse in einen Spritzbeutel füllen und mit Lochtülle Nr. 9 in Strängen nebeneinander auf das Blech spritzen.

Den gebackenen Biskuit auf Backpapier stürzen und auskühlen lassen. Das Papier abziehen und den Boden bestreichen.

Erst die Himbeerkonfitüre, dann die Creme aufstreichen und die Roulade mithilfe des unteren Papiers aufrollen.

BACKREZEPTE

Mazarintorte

Für 1 Torte oder 6 Törtchen
Für den Teig
220 g Mehl
150 g kalte Butter, in Stücken
40 g Puderzucker
1 Eigelb, 1 Prise Salz
Mark von 1 Vanilleschote

Für die Füllung
125 g Butter
100 g Marzipanrohmasse
70 g Puderzucker
2 Eier
80 g gemahlene gehäutete
   Mandeln
abgeriebene Schale von
   1 Bio-Zitrone

Außerdem
Mehl für die Arbeitsfläche
1 Springform von 26 cm
   Durchmesser oder 6 Förmchen
   von je 10 cm Durchmesser
Backpapier und Hülsenfrüchte
   zum Blindbacken

1 Für den Teig das Mehl auf eine Arbeitsfläche sieben und in die Mitte eine Mulde drücken. Die Butter, den Puderzucker, das Eigelb und das Salz hineingeben. Alle Zutaten mit einem Messer oder einer Palette zu feinen Krümeln hacken, dann den Teig mit den Händen kurz kneten und zu einer Kugel formen. In Folie wickeln; mindestens 1 Stunde im Kühlschrank ruhen lassen.

2 Den Teig auf einer leicht bemehlten Arbeitsfläche dünn ausrollen, einen gut 26 cm großen Kreis oder 6 kleine Kreise von reichlich 10 cm Durchmesser schneiden.

3 Die Form bzw. die Förmchen mit dem Teig auslegen; mehrmals mit einer Gabel einstechen. Den Teig blindbacken, wie auf den Seiten 100 und 101 gezeigt.

4 Den Backofen auf 180 °C vorheizen. Für die Füllung die Butter mit der Marzipanrohmasse und dem Puderzucker schaumig rühren. Die Eier nacheinander zugeben und jeweils gut unterarbeiten. Zuletzt die Mandeln und die abgeriebene Zitronenschale unterziehen.

5 Die Mandelmasse in die vorgebackenen Mürbeteigböden (bzw. den Mürbeteigboden) füllen und glatt streichen. Im vorgeheizten Ofen (Mitte) in 25 bis 30 Minuten hellbraun backen.

6 Aus dem Ofen nehmen; etwas auskühlen lassen. Die Torte bzw. die Törtchen nach Belieben mit Puderzucker bestauben.

Tipp Für ein Blumenmuster, wie im Bild links gezeigt, ein dünnes Papier in der Größe der Törtchen in der Mitte falten und beliebige Ornamente ausschneiden. Das Papier auf die Törtchen legen und die Törtchen mit Puderzucker bestauben. Das Papier rasch und vorsichtig nach oben abheben, damit das Muster nicht verwischt wird.

BACKREZEPTE

Malakofftorte

Für den Biskuitboden
⅓ der Zutaten vom Grundrezept Wiener Masse (siehe Seite 78)

Für die Löffelbiskuits
6 Eigelbe
130 g Zucker
4 Eiweiße
60 g Speisestärke
70 g Mehl
Puderzucker zum Bestauben

Für die Creme
6 Blatt Gelatine
50 ml Milch
100 g Zucker
2 Eigelbe, 1 Prise Salz
Mark von 1 Vanilleschote
2 cl Orangenlikör
2 Eiweiße
500 g Sahne
2 cl Rum
2 cl Läuterzucker

Zum Garnieren
250 g Sahne
1 EL Zucker
80 g geröstete gehobelte Mandeln
Zesten von 1 Bio-Orange

Außerdem
1 Backblech
Backpapier für das Blech
1 Tortenring oder 1 Springform von 26 cm Durchmesser

Zuerst die Speisestärke unter den Eischnee ziehen, dann die schaumige Eigelbcreme.

Zum Schluss das gesiebte Mehl so unterheben, dass die Masse nicht an Volumen verliert.

Mit einem Spritzbeutel »Löffel« mit zungenförmigen Enden auf die Backpapierstreifen spritzen.

Die Löffelbiskuits mit Puderzucker besieben und im vorgeheizten Ofen hell backen.

Die Löffelbiskuits vom Papier lösen. Dafür am besten über einer Kante abziehen.

TORTEN

1 Für die Löffelbiskuits die Eigelbe mit 40 g Zucker schaumig schlagen, bis der Zucker aufgelöst ist. Die Eiweiße steif schlagen, dabei den restlichen Zucker einrieseln lassen.

2 Die Speisestärke unter den Eischnee ziehen. Zuerst die Eigelbcreme unterheben, dann das Mehl, wie in der Bildfolge links gezeigt. Der Eischnee soll dabei nicht zusammenfallen, damit die Löffelbiskuits beim Backen ihre Form behalten.

3 Den Backofen auf 180 °C vorheizen. Das Backblech mit 10 cm breiten Backpapierstreifen auslegen. Die Biskuitmasse in einen Spritzbeutel mit Lochtülle Nr. 7 füllen und »Löffel« mit zungenförmigen Enden aufspritzen, wie in der Bildfolge links gezeigt.

4 Die aufgespritzten Biskuits mit Puderzucker besieben. Im vorgeheizten Ofen backen. Nach 8 bis 10 Minuten den Bräunungsgrad prüfen. Löffelbiskuits vom Papier lösen. Dafür die Streifen am besten über die Kante einer Blechdose oder eines Tisches ziehen, wie im letzten Bild links gezeigt. So lösen sie sich von selbst, ohne zu brechen.

5 Einen Biskuitboden backen, wie auf den Seiten 78 und 79 beschrieben. Diesen mit dem Tortenring oder dem Ring der Springform umstellen. Für die Creme die Gelatine in kaltem Wasser einweichen.

6 Die Milch mit 50 g Zucker, den Eigelben, dem Salz und dem Vanillemark unter Rühren im Wasserbad bis »zur Rose abziehen«, das heißt, mit dem Kochlöffel so lange bewegen, bis die Creme beginnt, dickflüssig zu werden. Sie soll auf dem Kochlöffel liegen bleiben und beim Daraufblasen sollen sich Kringel zeigen. Vom Herd nehmen. Die ausgedrückte Gelatine und den Likör zugeben und die Creme kalt rühren.

7 Die Eiweiße mit dem restlichen Zucker zu steifem Schnee schlagen. Die Sahne ebenfalls steif schlagen. Zuerst den Eischnee unter die Grundcreme ziehen, dann die Sahne. Von der Creme eine Schicht auf den Biskuitboden streichen. Darauf eine Schicht Löffelbiskuits legen.

8 Den Rum mit dem Läuterzucker verrühren und die Löffelbiskuits damit beträufeln, am besten geht dies mit einem Pinsel. Eine weitere Schicht Creme darüberstreichen, erneut Löffelbiskuits darüberlegen und mit Rum und Läuterzucker beträufeln. Die restliche Creme darüberstreichen und die Torte im Kühlschrank fest werden lassen.

9 Für die Garnitur die Sahne mit dem Zucker steif schlagen. Die Torte aus dem Ring lösen und damit einstreichen. 16 Stücke auf der Torte markieren, jeweils eine Sahnerosette aufspritzen und mit einem halben Löffelbiskuit garnieren. Die Torte oben und am Rand mit gerösteten Mandelblättchen bestreuen; mit Orangenzesten garnieren.

BACKREZEPTE

Dobostorte

Für den Teig
9 Eier, getrennt
220 g Puderzucker
180 g Mehl
50 g zerlassene Butter

Für die Creme
300 g Butter
½ l Milch
3 Eigelbe
50 g Speisestärke
250 g Zucker
Mark von ½ Vanilleschote
50 g Kakaopulver
120 g geschmolzene Kuvertüre

Für die Glasur
1 TL Butter
150 g Zucker
einige Tropfen Zitronensaft

Außerdem
3 Backbleche
Backpapier für die Bleche
1 Tortenring von 26 cm Durchmesser

1 Backofen auf 220 °C vorheizen. Aus den Teigzutaten eine Biskuitmasse zubereiten, wie auf den Seiten 78 und 79 beschrieben. Auf Backpapier 7 Kreise von je 26 cm Durchmesser zeichnen. Auf die Bleche legen und die Biskuitmasse in gleichen Portionen daraufstreichen. Die Böden rasch nacheinander im Ofen (Mitte) unbedingt »nach Sicht« backen, da sie leicht verbrennen können. Sofort vom Blech nehmen. Mithilfe des Tortenrings und einem Messer die Böden in Form schneiden.

2 Für die Creme die Butter schaumig rühren. 2 EL Milch mit den Eigelben und der Speisestärke verrühren. Die restliche Milch mit Zucker, Vanillemark und Kakao aufkochen. Die angerührte Speisestärke unter ständigem Rühren zugeben; aufwallen lassen. Abkühlen lassen, durch ein Sieb streichen; nach und nach unter die Butter rühren. Kuvertüre zugeben.

3 Von einem Biskuitboden das Papier abziehen. Die abgezogene Seite mit etwas Creme bestreichen. Einen weiteren Boden mit der Papierseite nach oben auflegen und fest andrücken. Papier abziehen. Erneut eine Schicht Creme daraufstreichen. So weiterverfahren, bis alle Böden aufgelegt sind (den schönsten für die Karamelldecke zurückbehalten). Die Torte rundherum dünn mit der restlichen Creme bestreichen, im Kühlschrank fest werden lassen.

4 Für die Karamelldecke die Butter zerlassen, Zucker und Zitronensaft untermengen und unter Rühren zu hellem Karamell schmelzen. Sofort weiterarbeiten, wie unten gezeigt.

Den warmen Karamell zügig und gleichmäßig mit einer Palette auf dem zurückbehaltenen Biskuitboden verstreichen.

Mit einem langen Tortenmesser in 16 Stücke teilen. Das Messer vor jedem Schnitt durch ein Stück Butter ziehen.

Die karamellisierte Decke vorsichtig von der Unterlage lösen und Stück für Stück auf die Torte legen.

TORTEN

Kaffeetorte

Für 2 Torten
Für die Tortenböden
6 Eiweiße
80 g Zucker
130 g gemahlene Mandeln
80 g Puderzucker
20 g Mehl
100 g gehobelte Mandeln

Für die Kaffeecreme
½ l Milch
10 g lösliches Kaffeepulver
120 g Zucker, 4 Eigelbe
40 g Speisestärke
300 g Butter
30 g Puderzucker
4 cl Kaffeelikör

Zum Garnieren
60 g geröstete gehobelte Mandeln
125 g Sahne, steif geschlagen
Schokoladenröllchen

Außerdem
2 Backbleche
Backpapier für die Bleche

1 Für die Tortenböden die Eiweiße halbsteif schlagen. Den Zucker langsam einrieseln lassen und die Eiweiße weiterschlagen, bis steifer Eischnee entstanden ist. Die gemahlenen Mandeln mit dem Puderzucker und dem Mehl mischen, vorsichtig unter den Eischnee heben, damit er möglichst wenig an Volumen verliert.

2 Den Backofen auf 150 °C vorheizen. Die Backbleche mit Backpapier auslegen. Darauf 6 etwa 18 cm große Kreise zeichnen. Die Japonaismasse daraufstreichen. Mit den gehobelten Mandeln bestreuen. Die Bleche in den vorgeheizten Ofen übereinander einschieben. Die Ofentür einen Spalt offen lassen, damit die Feuchtigkeit abziehen kann. Die Böden 40 bis 50 Minuten backen.

3 Für die Kaffeecreme die Milch mit dem Kaffeepulver und dem Zucker zum Kochen bringen. Die Eigelbe mit der Speisestärke verrühren, dann 2 bis 3 EL von der heißen Milch unterrühren. Unter ständigem Rühren mit einem Schneebesen in die kochende Milch einrühren, bis die Milch bindet. Kräftig rühren und mehrmals aufkochen lassen.

4 Die Creme in eine Schüssel umfüllen; mit Puderzucker bestreuen, damit sich keine Haut bilden kann, und erkalten lassen. Die Butter mit dem Puderzucker schaumig rühren. Nach und nach die abgekühlte Creme unterrühren. Mit dem Likör parfümieren.

5 Die Böden vorsichtig vom Papier lösen. 2 Torten herstellen, wie unten gezeigt. Die Torten mit der restlichen Creme bestreichen und mit den Mandeln bestreuen. Mit Sahne und Schokoladenröllchen garnieren.

Den ersten Boden auf eine Tortenunterlage legen, Kaffeecreme daraufgeben und mit einer Palette verstreichen.

Den zweiten Boden passgenau auflegen, ebenfalls mit Creme bestreichen und mit dem dritten Boden abdecken.

Die Torte in Form schneiden. Dafür einen Topfdeckel auf die Torte drücken und die Ränder glatt schneiden.

Oblatentorte

Für die Tortenböden
2 Pakete Karlsbader Oblaten (je 5 Stück)

Für die Füllung
½ l Milch
80 g Zucker
1 Vanilleschote, längs aufgeschnitten
2 Eigelbe
40 g Speisestärke
50 g Marzipanrohmasse
250 g Butter
60 g Puderzucker
2 cl brauner Rum
160 g gemahlene Mandeln

Zum Garnieren
Kuvertüre für Schokoladenspäne
Puderzucker zum Bestauben
Maraschinokirschen

1 Für die Füllung die Milch mit dem Zucker zum Kochen bringen und die Vanilleschote zufügen. Sobald die Milch einmal kräftig aufgekocht ist, die Vanilleschote herausnehmen, das Mark auskratzen und in die Milch geben.

2 Die Eigelbe mit der Speisestärke und 1 bis 2 EL heißer Vanillemilch verrühren. Die angerührte Eiercreme unter kräftigem Rühren mit dem Schneebesen in die heiße Vanillemilch gießen. Einige Male aufwallen lassen, bis die Creme gebunden ist. In eine Schüssel füllen und mit etwas Puderzucker bestreuen, damit sich keine Haut bildet.

3 Die Marzipanrohmasse mit der Hälfte der Butter verkneten. Die restliche Butter und den Puderzucker zugeben und mit dem Handrührgerät so lange verrühren, bis eine cremige Masse entstanden ist. Diese durch ein feines Sieb streichen. Zunächst den Rum und dann die gemahlenen Mandeln zufügen. Alles gut miteinander vermischen.

4 Die erkaltete Vanillecreme ebenfalls durch das Sieb streichen, dann löffelweise unter die Marzipanmischung rühren.

5 Die Oblaten gleichmäßig dick mit der Creme bestreichen und übereinandersetzen. Die restliche Creme mit einem Messer auf die Torte streichen, dabei eine wellige Kontur entstehen lassen.

6 Für die Garnitur die Kuvertüre schmelzen und daraus Schokoladenspäne herstellen, wie auf Seite 300 beschrieben. Die Torte reichlich mit den Schokoladenspänen bestreuen, mit Puderzucker bestauben und mit Maraschinokirschen belegen.

Süße Aufläufe
und Soufflés

SÜSSE AUFLÄUFE

Scheiterhaufen

Für den Auflauf
6 Brötchen vom Vortag (250 g)
500 g Äpfel
100 g gemahlene Mandeln
100 g Sultaninen
½ l Milch
50 g Zucker
3 Eier
abgeriebene Schale
  von ½ Bio-Zitrone
1 Prise Salz
40 g Butter, in Flöckchen

Für die Weinschaumcreme
1 Ei
2 Eigelbe
120 g Zucker
¼ l trockener Weißwein

Außerdem
1 flache Auflaufform
Butter für die Form

1 Die Brötchen in etwa 7 mm dicke Scheiben schneiden. Die Äpfel waschen, schälen, vierteln, die Kerngehäuse entfernen und das Fruchtfleisch in dünne Scheiben schneiden.

2 Die Auflaufform mit Butter fetten. Zuerst eine Schicht Brötchenscheiben hineinlegen und darauf eine Schicht Apfelscheiben geben; diese gleichmäßig mit Mandeln und Sultaninen bestreuen. So weiterverfahren, bis alle Zutaten verbraucht sind. Die letzte Schicht soll aus Brötchenscheiben bestehen.

3 Den Backofen auf 180 °C vorheizen. Die Milch mit dem Zucker in einem entsprechend großen Topf erwärmen.

4 Die Eier in der warmen Milch verquirlen, die Zitronenschale zufügen; die Eiermilch salzen.

5 Die Eiermilch gleichmäßig über den Auflauf gießen und den Auflauf mit Butterflöckchen belegen. Im vorgeheizten Ofen (Mitte) 30 Minuten backen.

6 Inzwischen für die Weinschaumcreme die Eigelbe, das Ei und den Zucker in einer Schüssel mit einem Schneebesen cremig rühren.

7 Die Schüssel auf ein Wasserbad setzen, wobei das Wasser nicht kochen darf, sondern nur gerade unter dem Siedepunkt simmern soll. Den Weißwein unter Rühren langsam zur Eigelbcreme gießen und mit dem Schneebesen kräftig schlagen, bis eine schaumige Masse entstanden ist, die etwa um das Doppelte an Volumen zugenommen hat.

8 Die Schüssel vom Wasserbad nehmen. Eine größere Schüssel mit Eiswasser (das bedeutet kaltes Wasser mit Eiswürfeln darin) füllen. Die Weincreme mit dem Schneebesen weiterschlagen, bis sie abgekühlt ist. Möglichst bald zu dem warmen Scheiterhaufen servieren.

Kirschenmichel

Für 6 Portionen
4 Brötchen vom Vortag (200 g)
⅛ l Milch
750 g Süß- oder
  Sauerkirschen
125 g weiche Butter
150 g Zucker
Mark von 1 Vanilleschote
1 Prise Salz
4 Eigelbe
50 g gehackte Mandeln
1 TL gemahlener Zimt
2 EL Kirschwasser
4 Eiweiße

Für die Vanillesauce
6 Eigelbe
100 g Zucker
½ l Milch
Mark von ¼ Vanilleschote

Außerdem
1 flache Auflaufform
Butter und Semmelbrösel
  für die Form

1 Die Brötchen klein würfeln und 15 Minuten in der Milch einweichen. Die Kirschen waschen, abtropfen lassen, entstielen und entsteinen.

2 Die Butter mit dem Zucker, dem Vanillemark und dem Salz schaumig rühren. Die Eigelbe zufügen; alles cremig schlagen.

3 Nacheinander die Brötchenwürfel, die Mandeln, den Zimt und das Kirschwasser unter die Butter-Eigelb-Creme rühren.

4 Die Eiweiße zu schnittfestem Schnee schlagen, auf die Brötchenmasse geben und unterziehen. Zum Schluss die Kirschen unterheben.

5 Den Backofen auf 200 °C vorheizen. Die Auflaufform mit Butter ausfetten und mit Semmelbröseln ausstreuen. Die Auflaufmasse hineinfüllen. Den Kirschenmichel im vorgeheizten Ofen (Mitte) 45 bis 50 Minuten backen.

6 Inzwischen die Vanillesauce zubereiten. Dafür die Eigelbe und den Zucker in einer Schüssel mit einem Schneebesen vermengen, dann cremig, aber nicht schaumig rühren.

7 Die Milch mit dem Vanillemark aufkochen. Die noch heiße Vanillemilch portionsweise unter die Eigelbcreme rühren. Das Ganze in einen Topf umfüllen und unter ständigem Rühren bis »zur Rose abziehen«. Das heißt, die Sauce so lange erhitzen, bis sie auf dem Kochlöffel leicht angedickt liegen bleibt oder sich beim Daraufblasen Kringel zeigen, die an die Form einer Rose erinnern. Sollten sich Klümpchen gebildet haben, die Sauce durch ein feines Sieb passieren.

SÜSSE AUFLÄUFE

Mirabellen-Brioche-Auflauf

Für 4 Portionen
8 Briochescheiben (je 25 g;
  Rezept siehe Seite 376)
70 g Butter
500 g Mirabellen
160 g Zucker
2 cl Mirabellenschnaps
125 g Sahne
⅛ l Milch, 3 Eier
abgeriebene Schale von
  ½ Bio-Zitrone
Mark von ½ Vanilleschote
1 Messerspitze Ingwer

Außerdem
4 flache Auflaufförmchen
Butter für die Förmchen
Alufolie zum Abdecken
Puderzucker zum Bestauben

1 Die Briochescheiben in Dreiecke schneiden. Etwa 40 g Butter zerlassen und die dreieckigen Briochestücke von beiden Seiten kurz darin anbraten.

2 Die Mirabellen waschen, halbieren und entsteinen. Die restliche Butter in einer Kasserolle zerlassen, 80 g Zucker dazuschütten und leicht karamellisieren. Mirabellen darin schwenken, mit Mirabellenschnaps ablöschen und vom Herd nehmen.

3 Die Sahne mit der Milch und den Eiern in einer Schüssel verquirlen. Den restlichen Zucker, die Zitronenschale, das Vanillemark und den Ingwer daruntermischen. Die Förmchen mit Butter ausstreichen.

4 Den Backofen auf 200 °C vorheizen. Die Briochestücke kurz in die Eiermilch tauchen. Mit den Mirabellen pyramidenartig in die Förmchen schichten und mit der restlichen Eiermilch übergießen.

5 Die Förmchen locker mit gebutterter Alufolie abdecken. Die Aufläufe im Ofen (Mitte) 20 bis 25 Minuten backen. Herausnehmen, mit Puderzucker bestauben und möglichst sofort servieren.

Orangen-Clafoutis

Für den Auflauf
3 bis 4 Orangen (je etwa 200 g)
3 Eigelbe
1 Ei
100 g Zucker
1 Prise Salz
Mark von 1 Vanilleschote
100 g Mehl
40 g gemahlene Mandeln
300 ml Milch
2 cl Himbeergeist
3 Eiweiße
200 g Himbeeren

Außerdem
1 Auflaufform von 32 cm Länge und 5 cm Höhe
Butter für die Form
Puderzucker zum Bestauben

1 Die Orangen mit einem scharfen Messer am Fruchtfleisch entlang dick schälen, um dabei auch die weiße Haut zu entfernen. Die Orangenfilets beidseitig an den Häuten einschneiden und herausheben.

2 Die Eigelbe und das Ei mit 30 g Zucker, dem Salz und dem Vanillemark schaumig rühren. In einer anderen Schüssel das Mehl mit den Mandeln vermengen und diese Mischung unter die Eigelbmasse rühren.

3 Nach und nach die Milch und den Himbeergeist unterrühren. Die Eiweiße in einer fettfreien Schüssel zu halbsteifem Schnee schlagen, dabei den restlichen Zucker einrieseln lassen. Den Eischnee vorsichtig unter die Teigmischung heben.

4 Den Backofen auf 180 °C vorheizen. Die Auflaufform mit Butter ausfetten. Die Orangenfilets und die Himbeeren hineinschichten und die Clafoutis-Masse einfüllen.

5 Den Orangenauflauf im vorgeheizten Ofen (Mitte) 40 bis 45 Minuten backen, bis die Oberfläche goldbraun ist. Mit Puderzucker bestauben und am besten warm servieren.

SÜSSE AUFLÄUFE

Kirsch-Clafoutis

Für den Auflauf
4 Eier
80 g Zucker
Mark von 1 Vanilleschote
1 Messerspitze Salz
1 cl brauner Rum
140 g Mehl
380 ml Milch
500 g Kirschen, entsteint

Für die Weinschaumsauce
6 Eigelbe
200 g Zucker
¼ l Rotwein

Außerdem
1 Auflaufform von 32 cm Länge
Butter für die Form
Puderzucker zum Bestauben

1 Den Backofen auf 180 °C vorheizen. Die Eier mit dem Zucker schaumig rühren. Das Vanillemark, das Salz und den Rum untermischen. Mit dem Schneebesen erst das Mehl, dann die Milch unterrühren.

2 Die Auflaufform mit Butter ausfetten und ein Drittel der Auflaufmasse einfüllen. Die Kirschen gleichmäßig darauf verteilen; mit der restlichen Masse bedecken. Den Auflauf im vorgeheizten Ofen (Mitte) 40 bis 45 Minuten backen.

3 Inzwischen für die Weinschaumsauce die Eigelbe und den Zucker mit einem Schneebesen in einer Rührschüssel cremig rühren. Die Schüssel auf ein Wasserbad setzen; das Wasser darf dabei nicht kochen, sondern soll gerade unter dem Siedepunkt gehalten werden. Den Rotwein nach und nach zur Eigelb-Zucker-Masse gießen und mit dem Schneebesen schaumig schlagen, bis die Creme ihr Volumen verdoppelt hat.

4 Die Schüssel vom Wasserbad nehmen und in eine große Schüssel mit Eiswasser stellen. Die Weinschaumcreme mit dem Schneebesen weiterschlagen, bis sie abgekühlt ist. Das Eiswasser bewirkt dabei, dass die Creme schnell abkühlt, nicht zu sehr an Volumen verliert und dadurch entsprechend schaumig bleibt.

5 Den Auflauf aus dem Ofen nehmen. Den Garzustand zur Sicherheit noch einmal mit einem Holzstäbchen prüfen. Der Auflauf ist fertig, wenn nichts mehr an dem Stäbchen kleben bleibt. Den Auflauf sofort mit Puderzucker bestauben und heiß servieren. Die Weinschaumsauce dazu reichen.

Pfirsichauflauf

1 kg Pfirsiche
⅜ l Weißwein (Beerenauslese)
100 g Zucker
abgeriebene Schale von
 ½ Bio-Zitrone

Für die Creme
150 g Marzipanrohmasse
75 g Butter, 90 g Zucker
3 Eigelbe
75 g gemahlene Mandeln
15 g Speisestärke, 3 Eiweiße

Für die Baisermasse
3 Eiweiße, 150 g Zucker

Außerdem
1 eckige Auflaufform
Butter für die Form
10 g gehobelte Mandeln

1 Die Pfirsiche in kochendem Wasser kurz blanchieren, herausnehmen und häuten. Die Früchte mit einem Messer an ihrer natürlichen Nahtstelle teilen und den Kern entfernen. Den Wein mit dem Zucker und der Zitronenschale in einem Topf um die Hälfte einkochen lassen. Die Pfirsichhälften darin 5 Minuten kochen; vom Herd nehmen und die Pfirsiche abkühlen lassen.

2 Für die Mandelcreme die Marzipanrohmasse mit der Butter und 45 g Zucker verkneten. Die Eigelbe zugeben und alles mit dem Schneebesen schaumig rühren. Die Mandeln mit der Speisestärke mischen und unterrühren. Die Eiweiße zu steifem Schnee schlagen, dabei den restlichen Zucker einrieseln lassen. Unter die Mandelmasse heben.

3 Den Backofen auf 190 °C vorheizen. Die Form mit Butter fetten. Ein Drittel der Creme auf dem Boden verstreichen. Die Pfirsichhälften mit den Schnittflächen nach oben darauflegen.

4 Die restliche Mandelcreme in einen Spritzbeutel mit Lochtülle Nr. 8 füllen. Zunächst zwischen die Pfirsichhälften spritzen, wie im ersten Bild in der Bildfolge unten gezeigt. Die restliche Creme in Längsstreifen über die Pfirsiche spritzen. Den Auflauf im vorgeheizten Ofen (Mitte) 25 Minuten backen.

5 Für die Baisermasse die Eiweiße steif schlagen, dabei den Zucker nach und nach einrieseln lassen. Die Baisermasse in einen Spritzbeutel mit Sterntülle Nr. 12 füllen. Die Form aus dem Ofen nehmen und ein Baisergitter aufspritzen, wie im letzten Bild unten gezeigt.

6 Mandelblättchen auf das Baisergitter streuen. Den Auflauf unter den vorgeheizten Grill stellen und 2 Minuten überbacken, bis das Baiser leicht gebräunt ist.

Etwas Mandelcreme zwischen die Pfirsiche spritzen, damit die Früchte stabil in der Form liegen.

Die restliche Mandelcreme in Längsstreifen über die Pfirsiche spritzen; den Auflauf backen.

Die Baisermasse dekorativ als diagonales Gitter auf den Auflauf spritzen, dann übergrillen.

REZEPTE

Rhabarberauflauf

Für 6 Portionen
700 g Rhabarber
250 g Erdbeeren

Für den Teig
3 Eigelbe
60 g Honig
2 cl Rum
100 g Butter
100 g Weizenmehl
 (Type 1050)
50 g gemahlene Mandeln
¼ l Milch
3 Eiweiße
50 g Zucker

Für die Vanillesauce
½ l Milch
40 g Zucker
½ Vanilleschote
10 g Speisestärke
2 Eigelbe

Außerdem
1 Pieform von 28 cm
 Durchmesser
Butter für die Form
Alufolie zum Abdecken,
 falls nötig
Puderzucker zum Bestauben

1 Die Pieform mit Butter ausfetten. Die Rhabarberstangen waschen, Fäden abziehen und die Stangen in 2 bis 3 cm große Stücke schneiden.

2 Die Erdbeeren putzen, waschen, gut abtropfen lassen und halbieren. Rhabarber und Erdbeeren in der Form verteilen.

3 Für den Teig die Eigelbe mit dem Honig und dem Rum gründlich verrühren. Die Butter zerlassen und einrühren.

4 Mehl und Mandeln mischen und abwechselnd mit der Milch unter die Eigelb-Butter-Masse rühren.

5 Den Backofen auf 180 °C vorheizen. Die Eiweiße in einer fettfreien Schüssel zu schnittfestem Schnee schlagen, dabei den Zucker nach und nach einrieseln lassen. Vorsichtig unter den Teig heben. Diesen über dem Obst verstreichen.

6 Den Auflauf im vorgeheizten Ofen (Mitte) etwa 40 Minuten backen. Sollte die Oberfläche zu stark bräunen, diese mit Alufolie abdecken. Auflauf aus dem Ofen nehmen und mit Puderzucker bestauben.

7 Während der Backzeit des Auflaufs die Vanillesauce zubereiten. Dafür von der Milch 2 bis 3 EL zum Anrühren der Speisestärke abnehmen. Die restliche Milch mit dem Zucker und der Vanilleschote zum Kochen bringen. Die Vanilleschote aus der kochenden Milch herausnehmen, das Mark abstreifen und in die Milch geben.

8 Die Speisestärke mit der abgenommenen Milch und den Eigelben gut verrühren. Unter kräftigem Rühren mit dem Schneebesen in die Milch geben, um die Sauce damit zu binden. Die Sauce einige Male aufwallen lassen, anschließend unter Rühren (nach Belieben im kalten Wasserbad) abkühlen lassen.

SÜSSE AUFLÄUFE

Löffelbrot mit Feigenkompott

Für den Teig
300 g Sahne
300 ml Milch
60 g Butter
60 g Honig
½ TL Salz
150 g Maismehl
6 Eigelbe
1 TL Backpulver
4 Eiweiße
50 g Zucker

Für das Kompott
500 g Feigen
¼ l Weißwein
Saft von ½ Zitrone und 1 Orange
100 g Zucker

Außerdem
1 Pieform von 26 cm Durchmesser
Butter für die Form
125 g Sahne
Mark von ¼ Vanilleschote
20 g Zucker
Puderzucker zum Bestauben

1 Für den Teig Sahne, Milch, Butter, Honig und Salz in einen Topf geben. Bei schwacher Hitze unter Rühren erwärmen, bis die Butter geschmolzen ist. Nach und nach das Maismehl unterarbeiten und unter ständigem Rühren bei schwacher Hitze etwa 20 Minuten quellen lassen.

2 Den Backofen auf 190 °C vorheizen. Den Teig in eine Schüssel füllen. Die Eigelbe einzeln unterrühren. Das Backpulver einrühren. Die Eiweiße in einer fettfreien Schüssel zu steifem Schnee schlagen, dabei den Zucker langsam einrieseln lassen. Den Eischnee mit einem Teigspatel vorsichtig unter die Masse heben.

3 Die Form mit Butter ausfetten und den Teig einfüllen. Das Löffelbrot im vorgeheizten Ofen (Mitte) etwa 35 Minuten backen.

4 Für das Kompott die Feigen längs halbieren; vierteln und die Schale abziehen. Den Wein mit dem Zitronen- und Orangensaft und dem Zucker etwa 3 Minuten sprudelnd kochen. Die Feigenstücke in den Sud legen; 2 Minuten darin ziehen lassen.

5 Die Sahne mit dem Vanillemark und dem Zucker halbsteif schlagen. Das abgekühlte Feigenkompott in Portionsschälchen anrichten; mit Sahne garnieren.

6 Auflauf aus dem Ofen nehmen, mit Puderzucker bestauben und sofort servieren. Das Feigenkompott dazu reichen.

REZEPTE

Salzburger Nockerln

Für 3 große Nockerln
6 Eiweiße
50 g Zucker
6 Eigelbe
40 g Mehl
Mark von ½ Vanilleschote

Für die Himbeersauce
100 ml Rotwein (Blaufränkischer aus dem Burgenland)
250 g Himbeeren
80 g Zucker
1 Stück Schale von 1 Bio-Zitrone

Außerdem
1 flache Auflaufform
Butter für die Form
Puderzucker

1 Für die Himbeersauce den Rotwein in einer Kasserolle auf etwa ⅓ einkochen. Die Himbeeren pürieren und durch ein feines Sieb passieren.

2 Den Zucker mit Wein und Zitronenschale aufkochen. Das Himbeerpüree zugeben und 3 bis 4 Minuten einkochen lassen.

3 Die Eiweiße in einer großen fettfreien Schüssel oder in einem Schneekessel zu schnittfestem Schnee schlagen, dabei den Zucker langsam einrieseln lassen.

4 Die Eigelbe zunächst separat mit etwas Eischnee zu einer glatten Masse verrühren, ohne den übrigen Schnee zu berühren.

5 Das Mehl über den gesamten Eischnee sieben und das Vanillemark zugeben. Dabei sollen sowohl das Mehl als auch das Vanillemark so gleichmäßig über dem Eischnee verteilt werden, dass sie sich möglichst schnell unterrühren lassen.

6 Mit dem Schneebesen Mehl, Vanillemark und Eigelb zu einem glatten Teig verrühren, dabei sehr schnell und vorsichtig arbeiten, damit der Eischnee so wenig wie möglich an Volumen verliert. Den Backofen auf 220 °C vorheizen.

7 In der Form die Butter zerlassen und die Form damit ausstreichen. Mit einem Teigschaber aus der Eischneemasse 3 große Nockerln (Klößchen) abstechen und diese in die Form umheben. Dabei unbedingt darauf achten, dass die Nockerln ihre typische Form behalten: Sie sollen pyramidenförmig hoch aufragen, und die Zwischenräume sollen deutlich sichtbar bleiben.

8 Die Salzburger Nockerln im vorgeheizten Ofen (Mitte) in 2 bis 4 Minuten backen, bis sie eine schöne hellbraune Farbe angenommen haben. Die Form aus dem Ofen nehmen, die Nockerln mit Puderzucker bestauben; sofort servieren. Die Himbeersauce separat dazu reichen.

Tipps Dieses typische süße Gericht aus Österreich wird dort traditionell als warme Nachspeise serviert. Die gehaltvolle Mehlspeise kann aber auch einen Hauptgang bilden.

Zu Salzburger Nockerln passen Fruchtsaucen aller Art. Diese können Sie fertig kaufen oder selbst machen. Besonders gut schmeckt dazu eine Himbeersauce. Dazu 150 ml Wasser und 100 g Zucker zum Kochen bringen und 300 g tiefgekühlte Himbeeren darin etwa 5 Minuten bei mittlerer Hitze kochen. Dann pürieren, mit 2 Esslöffeln Himbeerlikör aromatisieren und auskühlen lassen.

Vanillesoufflé

Für die Soufflémasse
¼ l Milch, ½ Vanilleschote
50 g weiche Butter
50 g Mehl
5 Eiweiße, 4 Eigelbe
70 g Zucker

Außerdem
1 Souffléform von 18 cm Durchmesser und 1,3 l Inhalt
zerlassene Butter und Zucker für die Form, Puderzucker

1 Die Souffléform mit zerlassener, abgekühlter Butter dünn ausstreichen. Den Zucker hineinstreuen und die Form hin und her schwenken, um Rand und Boden vollständig mit Zucker zu bedecken. Zucker, der nicht anhaftet, aus der Form schütten.

2 Die Milch in einer entsprechend großen Kasserolle aufkochen. Die Vanilleschote längs aufschneiden und die Milch einmal aufkochen lassen. Die Schote herausnehmen, das Mark herauskratzen und in die Milch geben.

3 Die Butter mit dem Mehl zusammenwirken, zu einer Rolle formen und diese in Stücke schneiden. Die Mehlbutterstücke nach und nach unter ständigem Rühren mit dem Schneebesen in die kochende Milch geben.

Mehlbutterstücke nacheinander in die Milch rühren, bis eine homogene Masse entstanden ist.

Mit einem Schneebesen rasch 1 Eiweiß unter die noch heiße Masse schlagen.

Die Masse in einer Schüssel etwas abkühlen lassen. Eigelbe nacheinander darunterschlagen.

In einer zweiten Schüssel die restlichen Eiweiße mit dem restlichen Zucker zu cremigem Eischnee schlagen.

Ein Viertel des Eischnees mit dem Schneebesen unter die Auflaufmasse ziehen, dann den Rest mit dem Kochlöffel unterheben.

Die Soufflémasse nur bis etwa 1 cm unterhalb des Randes in die Form füllen, da sie während des Backens nach oben steigt.

SÜSSE AUFLÄUFE

4 Die Soufflémasse weiter zubereiten, wie in der Bildfolge unten links gezeigt. Den Backofen auf 200 °C vorheizen. Die Soufflémasse im Wasserbad im vorgeheizten Backofen garen. Dafür in einer großen feuerfesten Form (die Form muss so groß sein, dass die Souffléform leicht hineinpasst) ein 80 °C warmes Wasserbad vorbereiten. Das Wasser so hoch in die große Form füllen, dass die Souffléform mindestens bis zur halben Höhe darin steht.

5 Das Soufflé etwa 40 Minuten im vorgeheizten Ofen (Mitte) garen. Mit Puderzucker bestauben und sofort servieren.

Tipps Während der Garzeit des Soufflés auf keinen Fall die Backofentür öffnen – das Soufflé würde dann möglicherweise zusammenfallen.

Um es effektvoll zu servieren, ist es wichtig, dass Sie das Soufflé sofort und ganz vorsichtig aus dem Ofen direkt auf den Esstisch stellen, damit es nicht in letzter Minute zusammenfällt.

Schokoladensoufflé

Für die Soufflémasse
50 g weiche Butter
50 g Mehl
¼ l Milch
40 g Kuvertüre
40 g Kakaopulver
5 Eiweiße
4 Eigelbe
70 g Zucker

Für die Erdbeersauce
250 g vollreife Erdbeeren
60 g Zucker
Saft und Zesten von
 ½ Bio-Orange
2 cl brauner Rum

Außerdem
6 Souffléförmchen (120 ml Inhalt)
zerlassene Butter und Zucker
 für die Förmchen
Puderzucker zum Bestauben

1 Die Förmchen mit Butter fetten und gründlich mit Zucker ausstreuen, wie im ersten Bild der Bildfolge unten gezeigt.

2 Die Butter mit dem Mehl zusammenwirken, zu einer Rolle formen und diese in kleine Stücke teilen.

3 Die Milch in einen Kasserolle gießen, die Kuvertüre in Stück-

Förmchen ausbuttern; mit Zucker ausstreuen. Sie müssen lückenlos mit Zucker bedeckt sein.

Kuvertürestückchen und Kakaopulver in die Milch geben und alles unter Rühren aufkochen.

Mehlbutterstücke in die kochende Schokomilch rühren, bis eine homogene Masse entstanden ist.

1 Eiweiß unterrühren. Die Eigelbe nacheinander in die lauwarme Masse rühren; weiterrühren, bis diese wieder glatt und cremig ist.

Ein Viertel des Eischnees mit dem Schneebesen untermischen. Dann den restlichen Schnee mit dem Kochlöffel unterrühren.

Die Förmchen bis etwa 1 cm unter den Rand mit Schokoladensoufflémasse füllen. Dann im Wasserbad im Ofen garen.

SÜSSE AUFLÄUFE

chen brechen bzw. hacken und zusammen mit dem Kakaopulver in die Milch geben. Alles aufkochen, wie im zweiten Bild der Bildfolge links gezeigt.

4 Die Mehlbutterstückchen nacheinander mit einem Schneebesen unter die kochend heiße Schokoladenmilch schlagen. Es soll eine gebundene, homogene Masse entstehen. Die noch heiße Masse vom Herd nehmen; sofort und rasch 1 Eiweiß unterrühren.

5 Die Soufflémasse in eine Schüssel umfüllen; abkühlen lassen, bis sie lauwarm ist. Dann erst die Eigelbe nacheinander unterrühren und den Eischnee portionsweise vorsichtig unter die Soufflémasse heben, wie im fünften Bild der Bildfolge links gezeigt.

6 Den Backofen auf 200 °C vorheizen. Die Soufflémasse gleichmäßig in die vorbereiteten Förmchen füllen, wie im letzten Bild der Bildfolge links gezeigt.

7 Die Förmchen in ein 80 °C warmes Wasserbad stellen (siehe Seite 327, Schritt 4) und etwa 25 Minuten im vorgeheizten Ofen (Mitte) garen.

8 Inzwischen die Erdbeersauce zubereiten. Dafür die Beeren abrausen, putzen und im Mixer oder mit dem Mixstab fein pürieren. Anschließend durch ein feinmaschiges Sieb streichen, damit eine glatte Sauce entsteht.

9 Den Zucker mit 60 ml Wasser in einem Topf zum Kochen bringen. Den Orangensaft und die Zesten einrühren und etwa 2 Minuten einkochen lassen. Den Rum zum Zuckersirup gießen und das Ganze erkalten lassen.

10 Den Sirup mit dem Erdbeerpüree vermischen. Die Soufflés vorsichtig aus dem Ofen nehmen, mit Puderzucker bestauben und sofort servieren. Die Erdbeersauce dazu reichen.

Tipp Zu dem Schokoladensoufflé passt ebenso gut eine Himbeersauce, die Sie auf die gleiche Weise wie die Erdbeersauce zubereiten können.

Mohnsoufflé

Für die Soufflémasse
100 g gemahlener Mohnsamen
⅛ l Milch
4 Eigelbe
120 g Zucker
1 TL gemahlener Zimt
25 g Speisestärke
3 Eiweiße

Außerdem
400 g frische Aprikosen
50 g Marzipanrohmasse
1 Souffléform von 22 cm Durchmesser und 1,5 l Inhalt
zerlassene Butter und Zucker für die Form
Puderzucker zum Bestauben

1 Den Mohn mit der Milch in einem Topf zum Kochen bringen. Den Topf vom Herd nehmen, zudecken und die Mohnmasse für etwa 30 Minuten ausquellen und abkühlen lassen.

2 Inzwischen die Aprikosen in kochendheißes Wasser legen, kurz darin ziehen lassen, herausnehmen, abschrecken und die Haut abziehen. Die Früchte halbieren und entsteinen. Die Marzipanrohmasse in etwa 5 mm große Würfel schneiden.

3 Für die Soufflémasse die Eigelbe, 20 g Zucker und den Zimt in einen Schlagkessel oder eine Rührschüssel geben und mit einem Schneebesen schaumig schlagen, dabei die Speisestärke unterrühren. Die Eiweiße zu steifem Schnee schlagen, dabei den restlichen Zucker langsam einrieseln lassen.

4 Die Form mit zerlassener, abgekühlter Butter ausstreichen und mit Zucker ausstreuen, so dass Wände und Boden der Form lückenlos bedeckt sind. Restlichen Zucker ausschütten.

5 Den Backofen auf 160 °C vorheizen. Die abgekühlte Mohnmasse zu der Eigelbmischung in den Schlagkessel geben und unterrühren, wie in der Bildfolge unten im ersten Bild gezeigt. Eischnee vorsichtig unterheben, ohne dass er an Volumen verliert.

6 Die Aprikosenhälften mit den Schnittflächen nach unten dicht an dicht in die Form legen. Die Marzipanwürfel darüberstreuen. Die Mohnmasse über die Aprikosen verteilen. Das Soufflé im vorgeheizten Ofen (Mitte) etwa 40 Minuten backen. Mit Puderzucker bestauben; sofort servieren.

Die Mohnmasse mit einem Schneebesen unter die Eigelb-Zucker-Creme mischen.

Den Eischnee unterheben, dabei darauf achten, dass er nicht an Volumen verliert.

Die Aprikosenhälften in die Form legen und die Marzipanwürfel gleichmäßig darüberstreuen.

SÜSSE AUFLÄUFE

Zitronensoufflé

Für die Soufflémasse
200 ml Milch
50 g Butter
50 g Mehl
4 Eier, getrennt
5 cl Zitronensaft
abgeriebene Schale von
 1 Bio-Zitrone
2 cl Zitronenlikör
40 g gemahlene Mandeln
90 g Zucker

Für die Orangensauce
200 ml frisch gepresster
 Orangensaft
90 g Zucker
Schale von 1 Bio-Orange,
 in Streifen geschnitten
3 cl Orangenlikör

Außerdem
8 kleine Souffléförmchen
 (je 120 ml Inhalt)
Butter und Zucker für die
 Förmchen
Puderzucker zum Bestauben

1 Die Förmchen mit zerlassener, abgekühlter Butter ausfetten. Den Zucker hineinstreuen und die Formen hin und her schwenken, bis sie innen vollständig vom Zucker bedeckt sind. Überschüssigen Zucker herausschütten.

2 Die Milch in einer Kasserolle aufkochen. Die Butter mit dem Mehl zusammenwirken, zu einer Rolle formen und diese in kleine Stücke teilen.

3 Die Mehlbutterstückchen nacheinander in die kochendheiße Milch rühren, bis eine homogene Masse entstanden ist. Den Topf vom Herd nehmen und 1 Eiweiß rasch unter die noch heiße Masse rühren. Zitronensaft, Zitronenschale und Likör einrühren.

4 Die Masse in eine Schüssel umfüllen und etwas abkühlen lassen. Die Eigelbe einzeln und nacheinander zugeben, dabei mit dem Schneebesen so lange rühren, bis die Masse wieder glatt und cremig ist. Die Mandeln unterrühren.

5 Die restlichen Eiweiße mit dem Zucker in einer fettfreien Schüssel steif schlagen. Zuerst ein Viertel des Eischnees mit dem Schneebesen vorsichtig unter die Mandelmasse rühren, dann den restlichen Eischnee mit dem Kochlöffel vorsichtig unterheben, ohne dass er dabei an Volumen verliert.

6 Den Backofen auf 200 °C vorheizen. Die Soufflémasse bis etwa 1 cm unter den Rand in die Förmchen füllen. Das tiefe Backblech oder eine flache Auflaufform mit 90 °C heißem Wasser füllen.

7 Die Förmchen in das Wasserbad stellen, dabei soll der Wasserspiegel bis knapp zur halben Höhe der Förmchen reichen. Die Soufflés im vorgeheizten Ofen (Mitte) etwa 30 Minuten backen.

8 Während der Backzeit die Orangensauce zubereiten. Dafür den Orangensaft durch ein Sieb in einen kleinen Topf gießen und mit dem Zucker und der in feine Streifen geschnittenen Orangenschale 3 bis 4 Minuten sirupartig einkochen.

9 Den Orangenlikör unter den Orangensirup rühren und die Sauce erkalten lassen. Das Soufflé aus dem Ofen nehmen, mit Puderzucker bestauben. Sofort mit der Orangensauce servieren.

Kalte Kuchen
und Törtchen

Kalte Zitronentarte

Für den Tarteboden
100 g Zwieback
100 g Löffelbiskuits
150 g Butter

Für den Belag
8 Blatt weiße Gelatine
500 g Joghurt
2 EL Zucker
abgeriebene Schale und Saft
 von 1 großen Bio-Zitrone
250 g Sahne
1 Päckchen Vanillezucker
2 EL Kokosraspel

Außerdem
Frischhaltefolie
1 Springform von
 26 cm Durchmesser

1 Den Zwieback und die Löffelbiskuits in einen Gefrierbeutel geben und mithilfe einer Teigrolle zerkrümeln. Die Butter in einer Pfanne zerlassen und die Keksbrösel daruntermischen.

2 Die Springform mit Frischhaltefolie auslegen. Die Keks-Butter-Mischung darauf verteilen und am Boden festdrücken; kalt stellen. Für den Belag die Gelatine in Wasser einweichen. Den Joghurt mit dem Zucker verrühren.

3 Die Zitrone halbieren und von einer Hälfte die Schale abreiben, dann die Hälfte auspressen. Die andere Zitronenhälfte in hauchdünne Scheiben schneiden und beiseitelegen. Zitronensaft und -schale unter die Joghurtmasse rühren.

4 Die Gelatine ausdrücken und in einem kleinen Topf bei mittlerer Hitze unter Rühren auflösen (nicht kochen lassen!). Etwas abkühlen lassen.

5 Die Gelatine zuerst mit 1 EL von der Joghurtmasse schnell verrühren und diese Mischung dann unter die gesamte Joghurtmasse mischen. Die Creme für etwa 30 Minuten kalt stellen.

6 Die Sahne mit dem Vanillezucker steif schlagen und unter die gelierende Joghurtcreme heben. Die Zitronencreme auf den Boden in der Form streichen; im Kühlschrank in 2 bis 3 Stunden fest werden lassen.

7 Die Zitronentarte vor dem Servieren aus der Springform nehmen; die Frischhaltefolie entfernen. Die Tarte mit den Kokosraspeln bestreuen und mit den Zitronenscheiben garnieren.

Tipp Die Gelatine löst sich besser auf, wenn Sie einen Spritzer Alkohol, beispielsweise Zitronenlikör, unterrühren.

Aprikosen-Mascarpone-Torte
mit Amarettiboden

Für den Tortenboden
250 g Amaretti (italienische Mandelmakronen)
125 g Butter

Für den Belag
1 Dose Aprikosen (Abtropfgewicht 480 g)
200 g Mascarpone
3 EL Zucker
1 Päckchen Vanillezucker
200 g Sahne
Minzeblättchen zum Garnieren

Außerdem
Frischhaltefolie
1 Springform von 26 cm Durchmesser

1 Für den Boden 200 g von den Amaretti in einen Gefrierbeutel geben. Mit einem Nudelholz darüberrollen, um die Kekse zu zerkleinern.

2 Die Butter in einer Pfanne zerlassen, die Amarettikrümel dazugeben und untermischen.

3 Die Springform mit Frischhaltefolie auslegen, die Amarettikrümel auf dem Boden verteilen und festdrücken. 30 Minuten in das Gefrierfach stellen.

4 Die Aprikosenhälften gut abtropfen lassen. 4 Hälften zum Garnieren beiseitelegen, die restlichen Früchte gleichmäßig auf dem Keksboden verteilen.

5 Den Mascarpone mit dem Zucker und dem Vanillezucker verrühren. Die Sahne steif schlagen und unter den Mascarpone heben. Die Mascarponecreme auf dem Keksboden verteilen und glatt streichen. Die Torte über Nacht im Kühlschrank fest werden lassen.

6 Die Torte vor dem Servieren aus der Form nehmen. Die beiseitegelegten Aprikosen in Spalten schneiden und auf die Torte legen. Die Torte außerdem noch mit den restlichen Amaretti und den Minzeblättchen garnieren.

Für den Boden die Amaretti in einen Gefrierbeutel geben und mit dem Rollholz zerkleinern.

Die Keksmischung auf dem mit Frischhaltefolie ausgelegten Springformboden festdrücken.

Die gekühlte Torte zum Schluss mit Amaretti und Minzeblättchen garnieren.

Frischkäse-Kirsch-Kuchen

Für den Kuchenboden
200 g Butterkekse, 125 g Butter
100 g Puderzucker

Für den Belag
125 g Sahne
200 g Doppelrahm-Frischkäse
100 g Puderzucker
1 Glas Sauerkirschen
  (Abtropfgewicht 680 g)
4 EL Speisestärke

Außerdem
1 ovale oder eckige Auflaufform
  (etwa 25 x 30 cm)

1 Die Butterkekse in einen Gefrierbeutel füllen. Mit dem Nudelholz darüberrollen, um die Kekse zu zerkrümeln.

2 Für den Kuchenboden in einer Pfanne die Butter zerlassen. Die zerkrümelten Kekse zur Butter geben und untermischen, dann den Puderzucker dazugeben und alles verrühren.

3 Die Keksmischung in die Form füllen und mit einem Kartoffelstampfer am Boden festdrücken. Zugedeckt kühl stellen.

4 Die Sahne steif schlagen. Den Frischkäse in einer Schüssel mit dem restlichen Puderzucker verrühren und die Sahne mit einem Schneebesen unterheben. Die Käsecreme auf dem Keksboden in der Form verteilen und glatt streichen. Kalt stellen.

5 Die Kirschen mit dem Saft in einem Topf aufkochen. Die Speisestärke mit etwas kaltem Wasser anrühren und untermischen. Unter Rühren aufkochen lassen. Sobald die Mischung bindet, den Topf vom Herd ziehen und die Kirschen abkühlen lassen.

6 Die angedickten Kirschen auf der Käsecreme verteilen und den Kuchen für etwa 2 Stunden in den Kühlschrank stellen.

Tipp Anstelle der Kirschen passt auch angedicktes Heidelbeer- oder ein gemischtes Beerenragout auf den Käsekuchen. Dieser Käsekuchen eignet sich bestens zum Dessert.

Beerenkuchen

mit Löffelbiskuitboden

Für den Kuchenboden
200 g Löffelbiskuits
125 g Butter

Für den Belag
500 g gemischte
 tiefgekühlte Beeren
150 g Zucker
6 Blatt weiße Gelatine
2 EL Zitronensaft
400 g Doppelrahm-Frischkäse
250 g Sahne

Außerdem
Frischhaltefolie
1 Springform von 26 cm
 Durchmesser

1 Für den Belag die Beeren mit 100 g Zucker bestreuen und auftauen lassen. Für den Kuchenboden die Löffelbiskuits in einen Gefrierbeutel geben und mithilfe einer Nudelrolle zerkrümeln. Die Butter zerlassen, die Biskuitbrösel dazugeben und unterrühren.

2 Die Form mit Frischhaltefolie auslegen, Butter-Brösel-Mischung hineingeben und auf dem Formboden festdrücken. Kalt stellen, bis der Belag fertig zubereitet ist. Dafür die Gelatine in kaltem Wasser einweichen, wie auf Seite 125 beschrieben.

3 200 g Beeren pürieren. Diese mit dem Zitronensaft, dem Frischkäse und dem restlichen Zucker verrühren. Die Gelatine ausdrücken, auflösen und unter die Beeren-Käsecreme rühren.

4 Die Sahne steif schlagen und unter die Creme heben. Etwas Beerencreme auf dem Biskuitboden verteilen, darauf eine Schicht von 200 g Beeren verteilen.

5 Die übrige Creme auf die Beeren streichen. Kuchen 3 Stunden kalt stellen. Mit den restlichen Beeren bestreuen; servieren.

Klassischer Butterkekskuchen

250 g Kokosfett
2 Eier
200 g Puderzucker
1 Päckchen Vanillezucker
50 g lösliches Kakaopulver
4 EL Rum
50 g gemahlene Mandeln
300 g Butterkekse

Außerdem
Frischhaltefolie für die Form
1 Kastenform von 26 cm Länge

1 Das Kokosfett in einem Topf zerlassen. Die Eier mit dem Puderzucker, dem Vanillezucker, dem Kakaopulver und dem Rum verrühren.

2 Das Kokosfett und die Mandeln zu der Eier-Kakao-Masse geben; alles gründlich verrühren.

3 Die Kastenform mit Frischhaltefolie auskleiden und den Boden der Form mit etwas Schokoladencreme bedecken.

4 Eine Lage Butterkekse darauf verteilen und diese mit einer Schicht Creme bedecken. So weiterverfahren, bis alle Kekse und die Schokoladencreme vollständig aufgebraucht sind.

5 Den Kekskuchen im Kühlschrank in mindestens 4 Stunden fest werden lassen.

6 Vor dem Servieren den Kuchen aus der Form auf eine längliche Kuchenplatte stürzen, die Frischhaltefolie abziehen und den Kuchen in nicht zu dünne Scheiben schneiden.

Info Der klassische Butterkekskuchen wird auch »Kalter Hund« oder »Kellerkuchen« genannt. Denn er wird nicht gebacken, sondern muss in einem kühlen Raum (wie dem Keller) oder im Kühlschrank in ein paar Stunden fest werden.

Tipp Der Kuchen ist mehrere Tage bis zu einer Woche haltbar, wenn man ihn in Alufolie wickelt und kühl stellt. Sie können ihn deshalb bereits ein paar Tage vor dem Servieren zubereiten.

Für die Schokoladencreme das Kokosfett und die Mandeln unter die Eier-Kakao-Masse rühren.

Schokoladencreme und Butterkekse in die mit Folie ausgekleidete Form schichten.

Den erstarrten Kuchen aus der Form auf eine Platte stürzen; die Frischhaltefolie abziehen.

Ananastörtchen

Für 10 Stück
200 g Zartbitterkuvertüre
100 g Butter
100 g kernige Haferflocken
100 g Cornflakes
4 Blatt weiße Gelatine
200 g Ananas
1 Kiwi
200 ml Kokosmilch
1 EL Puderzucker
200 g Sahne
2 EL gehackte Pistazienkerne

Außerdem
10 runde Glas- oder Steingutförmchen
Frischhaltefolie

1 Die Kuvertüre und die Butter über dem warmen Wasserbad unter Rühren schmelzen (siehe Seite 133, zweites Bild oben).

2 Die Haferflocken in einer Pfanne ohne Fett hell rösten. Die Cornflakes grob zerkrümeln und beides mit Butter und Kuvertüre mischen.

3 Die Förmchen mit Frischhaltefolie auslegen. Die Kuvertüremischung hineinfüllen und die Förmchen für mindestens 2 Stunden kalt stellen.

4 Inzwischen die Ananas schälen und in kleine Stücke schneiden. Die Kiwi ebenfalls schälen, in Scheiben schneiden und diese vierteln.

5 Kurz vor Ende der Kühlzeit die Gelatine in kaltem Wasser einweichen. Ausdrücken und in einem kleinen Topf unter Rühren erwärmen und auflösen, 2 EL Kokosmilch unterrühren.

6 Den Puderzucker und die restliche Kokosmilch in einer Schüssel verrühren und die Gelatinemischung zugeben und rasch untermischen. Für 10 Minuten in das Gefrierfach stellen.

7 Die Sahne steif schlagen und unter die gelierende Kokosmilch in der Schüssel heben. Das Ganze 5 Minuten gefrieren lassen.

8 Die Schokoladenböden aus den Förmchen nehmen, die Folie entfernen und die Böden auf Dessertteller legen. Jede Portion mit Kokoscreme bestreichen, mit Ananas und Kiwi garnieren und mit Pistazien bestreuen. Möglichst bald servieren und bis zum Servieren in den Kühlschrank stellen.

Für die Schokoladenböden die Cornflakes mit einem Stößel nicht zu fein zerdrücken.

Die Förmchen mit Folie auskleiden, um die Schokoböden später leicht herausheben zu können.

Die Schokoböden mit der Kokoscreme bestreichen und mit den Früchten garnieren.

Pikantes
aus dem Ofen

Zwiebelkuchen

Für den Teig
300 g Mehl
150 g kalte Butter, in Stücken
½ TL Salz
1 Ei

Für die Füllung
650 g Zwiebeln
200 g durchwachsener Speck
20 g Butter
5 Eier
200 ml Milch
100 g Crème fraîche
Salz
frisch gemahlener weißer Pfeffer
1 Prise frisch geriebene
 Muskatnuss

Außerdem
Mehl für die Arbeitsfläche
1 Quicheform von 26 cm Ø

1 Aus Mehl, Butterstückchen, Salz und Ei einen Mürbeteig herstellen, wie auf den Seiten 96 und 97 beschrieben. Den Teig zu einer Kugel formen, in Folie wickeln und 1 Stunde kühl ruhen lassen.

2 Den gekühlten Teig auf einer bemehlten Arbeitsfläche zu einer etwa 5 mm dicken runden Teigplatte ausrollen. Um die Form mit dem Teig auszukleiden, diesen mit dem Rollholz aufrollen und vorsichtig über der Form abrollen. Die mit dem Teig ausgelegte Form kühl stellen.

3 In der Zwischenzeit die Zwiebeln schälen und in dünne Ringe schneiden. Den Speck in schmale Streifen schneiden.

4 Die Speckstreifen in einem Topf auslassen, die Zwiebelringe dazugeben und im Speckfett glasig dünsten; die Butter zufügen. Die Zwiebelmischung etwas auskühlen lassen.

5 Die Eier mit der Milch und der Crème fraîche in einer großen Schüssel verquirlen. Die Zwiebelmischung zugeben und untermischen. Die Masse mit Salz, Pfeffer und Muskat kräftig würzen.

6 Den Backofen auf 200 °C vorheizen. Die Zwiebelmasse in die mit Teig ausgelegte Form füllen und glatt streichen. Den Kuchen im vorgeheizten Ofen (Mitte) bei etwa 45 Minuten backen.

Tipp Falls die Oberfläche des Zwiebelkuchens vor Ende der Backzeit zu dunkel werden sollte, diese für die restliche Backzeit mit Alufolie abdecken und die Backofentemperatur auf 180 °C reduzieren.

Quiche mit Kartoffeln

Für den Teig
200 g Mehl
100 g kalte Butterwürfel
1 Eigelb, ½ TL Salz

Für den Belag
600 g festkochende Kartoffeln
Salz
¼ TL gemahlener Kümmel
100 g gekochter Schinken
50 g weiße Zwiebel
80 g Lauch
1 EL Öl
1 EL gehackte Petersilie
frisch gemahlener schwarzer Pfeffer

Für den Guss
3 Eier
100 g Sahne
100 g Crème fraîche
1 Knoblauchzehe
Salz
frisch gemahlener weißer Pfeffer

Außerdem
Mehl für die Arbeitsfläche
1 Quicheform von 26 cm Ø oder 4 Tortelettförmchen von jeweils 10 cm Ø
Backpapier und Hülsenfrüchte zum Blindbacken

1 Für den Teig das Mehl auf eine Arbeitsfläche sieben und in die Mitte eine Mulde drücken. Butterwürfel, Eigelb, Salz sowie 2 EL Wasser hineingeben. Alles rasch zu einem Mürbeteig verkneten, in Folie wickeln und 1 Stunde kühl ruhen lassen.

2 Den Backofen auf 200 °C vorheizen. Den Teig auf einer bemehlten Arbeitsfläche zu einem etwa 4 mm dicken Kreis ausrollen und die Form damit auslegen. Den Teigboden mit einer Gabel mehrmals einstechen. Mit Backpapier belegen; mit Hülsenfrüchten beschweren. Den Teigboden im vorgeheizten Ofen (Mitte) etwa 15 Minuten blindbacken. Hülsenfrüchte und Backpapier entfernen und den gebackenen Quicheboden auskühlen lassen. Ofentemperatur auf 180 °C reduzieren.

3 Die Kartoffeln waschen und in Salzwasser mit Kümmel in 15 bis 20 Minuten garen. Die Knollen pellen und in 4 mm dicke Scheiben schneiden.

4 Den Schinken in ½ cm große Würfel schneiden. Die Zwiebel schälen und fein hacken. Lauch putzen, waschen und in feine Ringe schneiden. Das Öl erhitzen und die Zwiebel darin glasig dünsten, Lauch und Schinken 2 bis 3 Minuten mitdünsten. Petersilie untermischen. Alles salzen, pfeffern und etwas auskühlen lassen.

5 Zwei Drittel von der Gemüse-Schinken-Mischung auf dem Quicheboden verteilen, diese kreisförmig und leicht überlappend mit Kartoffelscheiben belegen und den Rest der Füllung darauf verteilen.

6 Für den Guss die Eier mit Sahne und Crème fraîche verquirlen. Knoblauch schälen und dazupressen, salzen und pfeffern. Guss über die Füllung gießen; Quiche etwa 45 Minuten, kleinere Torteletts in 25 bis 30 Minuten im Ofen (Mitte) backen.

PIKANTES

Brokkoli-Quiche

Für den Teig
250 g Mehl
100 g Butterschmalz
½ TL Salz

Für den Belag
300 g Brokkoli
Salz
80 g Zwiebeln
1 Knoblauchzehe
160 g Schinken
2 EL Öl
200 ml Milch
200 g Sahne
1 Ei
4 Eigelbe
frisch geriebene Muskatnuss
Salz
frisch gemahlener Pfeffer
90 g geriebener Emmentaler

Außerdem
1 Quicheform von 32 cm Durchmesser
Backpapier und Hülsenfrüchte zum Blindbacken

1 Aus den angegebenen Teigzutaten einen Mürbeteig zubereiten, wie auf den Seiten 96 und 97 beschrieben. Die Form mit dem Teig auslegen und den Quicheboden blindbacken, wie auf den Seiten 100 und 101 gezeigt.

2 Inzwischen für den Belag Wasser mit Salz in einem Topf aufkochen. Brokkoli waschen, putzen und in kleine Röschen teilen. In das sprudelnd kochende Salzwasser geben, 1 bis 2 Minuten darin kochen, herausheben, kalt abschrecken, abtropfen und abkühlen lassen.

3 Zwiebeln und Knoblauch schälen und fein hacken. Den Schinken in Streifen schneiden.

4 Das Öl in einer Pfanne erhitzen. Die Zwiebel- und Knoblauchwürfel glasig dünsten, die Schinkenstreifen kurz mitdünsten. Pfanne vom Herd nehmen und den Inhalt auskühlen lassen.

5 Den Backofen auf 200 °C vorheizen. Die Milch, die Sahne, das Ei und die Eigelbe in einer Schüssel miteinander verquirlen. Mit Muskat, Salz und Pfeffer würzen. Den geriebenen Käse unter die Eiersahne rühren, dann die Schinken-Zwiebel-Mischung und die Brokkoliröschen gründlich unterheben.

6 Die Brokkoli-Sahne-Füllung auf dem vorgebackenen Quicheboden verteilen und glatt streichen. Die Quiche im vorgeheizten Ofen (Mitte) in 40 bis 45 Minuten fertig backen.

Gemüsestrudel

Für den Teig
150 g Mehl
1 Prise Salz
2 ½ EL Maiskeimöl

Für die Füllung
150 g Möhren
200 g Kohlrabi
100 g Sellerieknolle
100 g Zuckerschoten
150 g grüne Bohnen
Salz
750 g ausgepalte Erbsen
5 Eier
3 EL Mehl
50 g Semmelbrösel
frisch gemahlener Pfeffer
1 Prise frisch geriebene Muskatnuss
60 g flüssige Butter

Außerdem
Mehl zum Bestauben

1 Das Mehl für den Teig auf eine Arbeitsplatte sieben. Eine Vertiefung in die Mitte drücken, Salz und 2 EL Öl hinfüllen, mit einer Hand leicht verrühren und währenddessen nach und nach 80 ml Wasser angießen.

2 Alles zu einem geschmeidigen glatten Teig verkneten. Den Teig zu einer Kugel formen, diese rundherum mit ½ EL Öl bepinseln und in Frischhaltefolie wickeln. Den Teig bei Raumtemperatur etwa 30 Minuten ruhen lassen.

3 Für die Füllung Möhren, Kohlrabi und Sellerieknolle schälen und in etwa ½ cm dicke Stifte schneiden. Zuckerschoten und Bohnen putzen und unzerkleinert mit den Gemüsestiften in sprudelnd kochendem Salzwasser knapp 2 Minuten vorgaren,

dann abgießen und mit kaltem Wasser abschrecken; gut abtropfen lassen.

4 Die Erbsen in sprudelnd kochendem Salzwasser weich kochen. Abtropfen lassen, pürieren und passieren. Eier, Mehl und Semmelbrösel untermischen. Das Erbsenpüree mit Salz, Pfeffer und Muskat würzen.

5 Ein großes Tuch ausbreiten und mit Mehl bestauben. Den Teig darauf so weit wie möglich ausrollen und über den Handrücken hauchdünn ausziehen.

6 Den Backofen auf 190 °C vorheizen. Teig gleichmäßig mit der Hälfte der zerlassenen Butter bestreichen und füllen, wie in der Bildfolge unten beschrieben. Den Strudel 35 bis 45 Minuten im Ofen (Mitte) hellbraun backen.

Das Erbsenpüree 5 cm breit auf den Teig streichen und mit dem blanchierten Gemüse belegen.

Das Tuch an einer Seite anheben, um Teig und Füllung zu einer Rolle zu formen.

Strudel vollständig aufrollen, auf ein gefettetes Blech legen, mit der restlichen Butter bestreichen.

PIKANTES

Mangold-Soufflé

Für die Soufflémasse
80 g Butter
30 g Mehl
¼ l Milch
50 g Sahne
Salz
frisch gemahlener weißer Pfeffer
frisch geriebene Muskatnuss
400 g Mangoldblätter
2 Schalotten
½ Knoblauchzehe
5 Eigelbe

2 EL Basilikumblätter, in
  Streifen geschnitten
50 g frisch geriebener Bergkäse
5 Eiweiße

Außerdem
2 Souffléformen von je ½ l Inhalt
zerlassene Butter und Mehl
  für die Formen

1 60 g Butter zerlassen und das Mehl unter Rühren darin in 2 Minuten hell anschwitzen; nach und nach die Milch mit dem Schneebesen einrühren.

2 Das Ganze 15 Minuten köcheln lassen und die Sauce fertigstellen, wie im ersten und zweiten Bild unten gezeigt. Die Sauce etwas abkühlen lassen.

Die Sahne unterrühren, die Sauce aufkochen. Mit Salz, Pfeffer und Muskat würzen.

Die Eigelbe nacheinander in die inzwischen abgekühlte Sauce einarbeiten.

Basilikum und die abgekühlte Mangoldmasse unter die Sauce mischen. Den Käse einrühren.

Die Eiweiße zu steifem Schnee schlagen und vorsichtig unter die Soufflémasse heben.

Das Mangoldsoufflé ist fertig, sobald es goldgelb und schön aufgegangen ist.

PIKANTES

3 Inzwischen die Mangoldblätter waschen, in kochendem Salzwasser 3 Minuten blanchieren und anschließend in Eiswasser abschrecken. Die Mangoldblätter gut ausdrücken und dann fein pürieren.

4 Schalotten und Knoblauch schälen, fein würfeln und in der restlichen Butter glasig dünsten. Mangoldpüree zugeben; kurz mitdünsten. Die Mangoldmischung etwas abkühlen lassen und weiterverfahren, wie in der Bildfolge im dritten Bild beschrieben.

5 Die Souffléformen mit der zerlassenen, abgekühlten Butter fetten, mit Mehl ausstreuen. Den Backofen auf 190 °C vorheizen. Weiterverfahren, wie im vierten Bild der Bildfolge beschrieben.

6 Die Soufflémasse bis 1 cm unter den Rand in die Formen füllen und im vorgeheizten Ofen (Mitte) etwa 40 Minuten backen, bis die Soufflés aufgegangen und goldbraun sind. Sofort servieren.

Käsetorte

mit vielerlei Käse

Für den Teig
300 g Mehl
150 g Weizenvollkornmehl
¾ Würfel Hefe
1 Ei
1 TL Salz
3 EL Olivenöl

Für die Füllung
175 g Feta (Schafkäse)
175 g mittelalter Gouda
175 g Bergkäse
175 g Sahnequark
30 g Butter
150 g Sahne
3 Eier
½ Bund glatte Petersilie
1 EL gehackter Dill
frisch gemahlener Pfeffer
Salz nach Bedarf

Außerdem
1 Quiche- oder Springform von 30 cm Durchmesser
1 Eigelb zum Bestreichen

1 Die beiden Mehlsorten in einer Schüssel miteinander vermischen und in die Mitte eine Mulde drücken. Die Hefe hineinbröckeln und unter Rühren in 200 ml lauwarmem Wasser auflösen, dabei etwas Mehl vom Rand mit untermischen.

2 Den Teigansatz mit Mehl bestauben. Die Schüssel mit einem sauberen Tuch abdecken und den Teig an einem warmen, zugfreien Ort gehen lassen, bis die Oberfläche Risse zeigt.

3 Ei, Salz und Öl zum Vorteig geben und alles zu einem festen, geschmeidigen Teig verarbeiten. Den Teig zu einer Kugel formen und zugedeckt ruhen lassen, bis die Füllung fertig ist.

4 Für die Füllung den Feta zerbröckeln, Gouda und Bergkäse grob zerkleinern. Alle Käsesorten mit dem Quark mischen. Butter, Sahne und Eier zufügen und alles im Mixer zu einer cremigen Masse verarbeiten.

5 Die Petersilie hacken und mit dem Dill unter die Käsemasse heben. Mit Pfeffer und Salz herzhaft würzen.

6 Den Teig kräftig mit den Händen kneten. Zwei Drittel davon auf einer bemehlten Fläche ausrollen. Die Form so damit auslegen, dass der Rand 1 cm übersteht. Den Teigboden mit einer Gabel mehrmals einstechen.

7 Die Käsemasse in den Teigboden füllen und gleichmäßig darin verteilen. Die Oberfläche mit einer angefeuchteten Palette glatt streichen. Den Teigrand mit verquirltem Eigelb bestreichen.

8 Den restlichen Teig ausrollen und als Decke auf die Füllung legen. Den Rand mit Daumen und Zeigefinger fest zusammendrücken, überstehende Teigreste abschneiden.

9 Den Backofen auf 220 °C vorheizen. Aus den Teigresten beliebige Ornamente ausstechen oder formen. Torte mit Eigelb bestreichen; Ornamente darauflegen.

10 In der Mitte ein Loch für den Dampfabzug ausstechen und dieses rundherum mit Teig garnieren. Die Verzierungen ebenfalls mit Eigelb bestreichen. Die Käsetorte im vorgeheizten Ofen (Mitte) 35 bis 40 Minuten backen.

PIKANTES

Profiteroles mit Käse

Für den Teig
⅛ l Flüssigkeit (halb Milch, halb Wasser)
60 g Butter
¼ TL Salz
110 g Mehl
3 Eier
75 g frisch geriebener Gruyère

Für die Füllung
60 g Sahne
40 g rote Zwiebel
250 g Doppelrahmfrischkäse
1 EL gehackte Kräuter (z. B. Schnittlauch, Petersilie)
Salz
frisch gemahlener Pfeffer

Außerdem
1 Backblech, Fett für das Blech
1 Ei
grobes Meersalz, Kümmel-, Sesam- und Mohnsamen sowie geriebener Käse zum Bestreuen

1 Den Brandteig zubereiten, wie in der Bildfolge unten rechts gezeigt. Das Backblech fetten.

2 Die Brandmasse in einen Spritzbeutel mit Lochtülle Nr. 7 füllen; in Abständen von etwa 5 cm kleine Häufchen auf das Backblech spritzen. Profiteroles werden schön rund, wenn man dazwischen genügend Abstand lässt, damit sie aufgehen können.

PIKANTES

3 Den Backofen auf 200 °C vorheizen. Die Teighäufchen mit Eigelb bestreichen und mit Salz, Kümmel, Sesamsamen, Mohn oder Käse bestreuen.

4 Die Profiteroles im Ofen (Mitte) 10 bis 12 Minuten backen. Herausnehmen und auskühlen lassen. Die Profiteroles schmecken auch ohne Füllung sehr gut, da der Teig Käse enthält.

5 Für die Käsecreme-Füllung die Sahne steif schlagen. Die Zwiebel schälen und in sehr feine Würfel schneiden.

6 Den Frischkäse in einer Schüssel mit einer Gabel fein zerdrücken. Die Sahne zugeben und unterheben. Die Zwiebelwürfel und die Kräuter unterrühren, bis eine cremige Masse entstanden ist; alles salzen und pfeffern.

7 Die noch heißen Profiteroles horizontal mit einem Sägemesser oder der Küchenschere aufschneiden. Die Käsemasse in einen Spritzbeutel füllen und auf die unteren Hälften der Profiteroles spritzen.

8 Jeweils den passenden Deckel aufsetzen und die gefüllten Profiteroles auf einer Servierplatte anrichten.

Für den Teig Milch, Wasser, Butter und Salz in einem Topf unter ständigem Rühren aufkochen.

Das Mehl auf einmal in die kochende Flüssigkeit schütten, dabei ständig kräftig weiterrühren.

Rühren, bis sich die Masse als Kloß vom Topf löst und eine weiße Haut den Topfboden überzieht.

Die Masse in eine Schüssel umfüllen, etwas abkühlen lassen. 1 Ei unterrühren, bis es sich völlig mit der Masse verbunden hat.

Das zweite Ei unter die Masse rühren; erst, wenn es vollständig untergearbeitet ist, das letzte Ei unter Rühren einarbeiten.

Zuletzt den geriebenen Käse unter die Brandteigmasse rühren und einarbeiten. Die Masse sollte gleichmäßig glänzen.

Mürbes Käsegebäck

Für etwa 75 Stück
150 g weiche Butter
180 g geriebener Greyerzer
½ TL Salz
1 TL edelsüßes Paprikapulver
100 g Sahne
250 g Mehl, ½ TL Backpulver

Zum Bestreichen und zum Bestreuen
2 Eigelbe
1 EL Milch
Mohnsamen
Kümmelsamen
gehackte Pistazien
weiße und schwarze Sesamsamen
grobes Meersalz
abgezogene, halbierte Mandeln

Außerdem
1 Backblech

1 Für den Teig die Butter, den Käse, das Salz und das Paprikapulver in eine Rührschüssel geben. Die Sahne dazugießen und alles zu einer glatten Masse verarbeiten. Es dürfen keine Butterstückchen mehr sichtbar sein.

2 Mehl und Backpulver auf eine Arbeitsfläche sieben und eine Mulde hineindrücken. Die Käsemasse daraufgeben und alles krümelig verreiben.

3 Mit den Händen zu einem glatten Teig verkneten, dabei möglichst rasch arbeiten, denn der Mürbeteig wird sonst zu brüchig. Den Teig zu einer Kugel formen, in Frischhaltefolie wickeln und für etwa 2 Stunden im Kühlschrank ruhen lassen. Noch besser ist es, ihn über Nacht im Kühlschrank zu belassen.

4 Den Teig auf einer leicht bemehlten Arbeitsfläche mit einem Rollholz etwa 3 bis 4 mm dick ausrollen.

5 Den Backofen auf 200 °C vorheizen. Mit Ausstechern in verschiedenen Formen ausstechen. Die Plätzchen auf das ungefettete Backblech legen, denn der Teig enthält genug Fett, um ein Ankleben zu verhindern.

6 Die Eigelbe mit der Milch verquirlen und die Plätzchen damit bestreichen. Nach Belieben mit Mohn, Kümmel, Pistazien, Sesam oder Salz bestreuen oder mit Mandeln belegen.

7 Die Plätzchen im vorgeheizten Ofen (Mitte) in 12 bis 15 Minuten goldgelb backen. Herausnehmen, auf einem Kuchengitter etwas auskühlen lassen, dann sofort servieren.

REZEPTE

Pizza mit Muscheln

PIKANTES

Für 2 Pizzafladen
300 g Mehl
½ Würfel Hefe
2 EL Olivenöl
½ TL Salz

Für die Tomatensauce
100 g Zwiebeln
1 Knoblauchzehe
3 EL Olivenöl
1 EL Tomatenmark
Salz
frisch gemahlener weißer Pfeffer

Für die Muscheln
2 kg Miesmuscheln
1 große Zwiebel
1 kleine Möhre
½ Lauchstange
1 Selleriestange
1 Knoblauchzehe
2 EL Olivenöl
1 Lorbeerblatt
2 Thymianzweige
3 Petersilienstängel
¼ l Weißwein

Für den Belag
250 g Tomaten, 1 weiße Zwiebel
2 Knoblauchzehen
14 schwarze Oliven
Salz, frisch gemahlener Pfeffer
Olivenöl zum Beträufeln, geriebener Pecorino zum Bestreuen

1 Aus Mehl, Hefe, Olivenöl und Salz einen Hefeteig herstellen, wie in den Schritten 1 bis 3 auf Seite 102 beschrieben.

2 Während der Teig geht, die Tomatensauce machen. Dafür Zwiebeln und Knoblauch schälen, fein würfeln; im Olivenöl glasig dünsten. Tomatenwürfel zugeben und alles 10 Minuten dünsten. Tomatenmark einrühren; salzen, pfeffern und die Sauce noch 5 Minuten dünsten.

3 Muscheln putzen (geöffnete wegwerfen!). Zwiebel schälen, Gemüse putzen; in Ringe bzw. in Würfel schneiden. Alles im Öl anbraten. Muscheln, Kräuter dazugeben; Wein zugießen. Topf schließen; Muscheln und Gemüse bei starker Hitze etwa 8 Minuten kochen, bis sich die Muscheln geöffnet haben. (Muscheln, die sich nicht geöffnet haben, wegwerfen!). Geöffnete Muscheln, bis auf 6 Stück, aus den Schalen lösen.

4 Die Tomaten für den Belag in Scheiben schneiden. Zwiebel und Knoblauch schälen und in Ringe bzw. Scheiben schneiden.

5 Backofen auf 190 °C vorheizen. Teig halbieren, zu zwei 28 cm großen Fladen ausrollen. Ränder 2 cm nach innen schlagen; umgedreht auf ein bemehltes Blech legen. Pizzen belegen, wie unten gezeigt. Im Ofen (Mitte) 15 Minuten backen. Kurz vor Ende der Garzeit die restlichen Muscheln auf die Pizzen legen.

Den Teig gleichmäßig mit Tomatensauce bestreichen, den Rand dabei freilassen.

Gemüse und Muscheln auf die Sauce legen, würzen und die Oliven darüber verteilen.

Pizza mit Olivenöl beträufeln und mit Pecorino bestreuen. Die Teigränder mit Eigelb bestreichen.

Watruschki

Teigtaschen mit Quark

Für den Teig
300 g Mehl
½ TL Backpulver
½ TL Salz
80 g weiche Butter
1 Ei
125 g saure Sahne

Für die Quarkfüllung
500 g Magerquark
1 EL saure Sahne
2 Eier
½ TL Salz
frisch gemahlener Pfeffer
1 TL Zucker

Außerdem
1 Backblech
Fett für das Blech
1 verquirltes Eigelb
  zum Bestreichen

1 Für den Teig das Mehl und das Backpulver in eine Schüssel sieben. In die Mitte eine Mulde drücken; Salz und Butter hineingeben und mit etwas Mehl vermengen. Ei und Sahne zufügen und alles zu einem glatten Teig verarbeiten. Den Teig zu einer Kugel formen, in Frischhaltefolie wickeln und für 45 Minuten in den Kühlschrank stellen.

2 Den Quark in einem Sieb gut abtropfen lassen, dann durch das Sieb streichen. Mit Sahne, Eiern, Salz, Pfeffer und Zucker verrühren. 45 Minuten kalt stellen.

3 Den Teig auf einer bemehlten Arbeitsfläche etwa 3 mm dick ausrollen. Aus der Teigplatte jeweils gleich viele Kreise von etwa 9 und 12 cm Durchmesser ausstechen.

4 Wie im ersten Bild der Bildfolge unten gezeigt, auf jeden größeren Kreis etwas Quarkfüllung geben. Den kleineren Teigkreis daraufsetzen. Den überstehenden Teigrand jeder Quarktasche mit Eigelb bestreichen, nach oben schlagen und in kleinen Falten zusammenkneifen.

5 Den Backofen auf 200 °C vorheizen. Das Backblech fetten und die Quarktaschen daraufsetzen. Diese mit Eigelb bestreichen, mehrmals oben einstechen und im vorgeheizten Ofen (Mitte) in 20 Minuten goldbraun backen.

Auf die größeren Kreise etwas Quarkfüllung geben und je eine kleinere Teigplatte daraufsetzen.

Überstehende Teigränder mit Eigelb bestreichen, nach oben schlagen und in kleinen Falten zusammenkneifen.

Die Watruschki im heißen Ofen knusprig und goldbraun backen. Noch am selben Tag servieren.

PIKANTES

Piroschki

Teigtaschen mit Lachs

Für den Teig
375 g Weizenmehl Type 550
1 TL Salz
¾ Würfel Hefe
⅛ l lauwarme Flüssigkeit
   (halb Milch, halb Wasser)
60 g weiche Butter
1 Ei

Für die Füllung
1 Zwiebel
250 g Räucherlachs
Salz, frisch gemahlener Pfeffer
1 EL gehackte Dillspitzen
etwas Zitronensaft

Außerdem
1 Backblech, Butter für das Blech
1 verquirltes Eigelb
   zum Bestreichen

1 Das Mehl in eine Schüssel sieben und mit Salz vermischen. Die Hefe in der lauwarmen Flüssigkeit unter Rühren auflösen.

2 Die aufgelöste Hefe, die Butter und das Ei zum Mehl geben und alles zu einem geschmeidigen Teig verkneten. Den Teig mit einem Tuch abdecken und etwa 30 Minuten gehen lassen.

3 Für die Füllung die Zwiebel schälen und fein würfeln. Den Räucherlachs in schmale Streifen schneiden. Zwiebel und Lachs vermischen; mit Salz und Pfeffer würzen; Dill unterrühren. Mit Zitronensaft abschmecken.

4 Den Teig auf einer bemehlten Arbeitsfläche etwa 5 mm dick ausrollen und Kreise von 10 bis 12 cm Durchmesser ausstechen. Die Füllung auf den Teigkreisen verteilen. Die Ränder mit Eigelb bestreichen; zur Hälfte zusammenklappen. Die Ränder mit den Fingern, dann mit einer Gabel zusammendrücken, damit keine Füllung austreten kann. Das Blech fetten. Piroschki daraufsetzen und 30 bis 40 Minuten gehen lassen, bis sich ihr Volumen deutlich vergrößert hat.

5 Inzwischen den Backofen auf 180 °C vorheizen. Teigtaschen mit Eigelb bestreichen; im Ofen (Mitte) etwa 20 Minuten backen.

Käsetörtchen

Für den Teig
250 g Mehl
125 g Butter
1 Ei
1 bis 2 EL lauwarmes Wasser
¼ TL Salz

Für die Füllung
1 EL Sahne
1 EL Milch
3 Eier
200 g geriebener Greyerzer
100 g geriebener Emmentaler
Salz
frisch gemahlener Pfeffer
frisch geriebene Muskatnuss

Außerdem
Mehl für die Arbeitsfläche
15 Tartelettförmchen von 8 cm Durchmesser

1 Das Mehl auf eine Arbeitsfläche sieben, in die Mitte eine Mulde drücken. Die Butter in Stücken, das Ei, das lauwarme Wasser und das Salz in die Mulde geben. Alles rasch zu einem glatten Teig verarbeiten. Zur Kugel formen, in Folie wickeln und für 1 bis 2 Stunden im Kühlschrank ruhen lassen.

2 Für die Käsefüllung Sahne, Milch und Eier glatt rühren. Den Käse untermischen. Mit Salz, Pfeffer, Muskat würzen.

3 Den Teig auf einer leicht bemehlten Arbeitsfläche dünn ausrollen; Förmchen damit auslegen. Teigränder leicht andrücken; überstehende abschneiden.

4 Den Backofen auf 220 °C vorheizen. Die Käsemasse in die Teigböden füllen, wie oben gezeigt. Die Törtchen im Ofen (Mitte) etwa 25 Minuten backen.

Die Käsemasse gleichmäßig auf die vorbereiteten Teigböden füllen und glatt streichen.

PIKANTES

Käsewähe

Für den Teig
400 g Mehl
½ Würfel Hefe
½ TL Salz
75 g Butter

Für den Belag
2 Zwiebeln
1 EL Butter
300 g geriebener Käse (Emmentaler, Greyerzer)
3 Eier, verquirlt
150 g Sahne
Salz
frisch gemahlener Pfeffer

Außerdem
Mehl für die Arbeitsfläche
1 Spring- oder Quicheform von 25 cm Durchmesser

1 Aus Mehl, Hefe, ¼ l lauwarmem Wasser, Salz und Butter einen Hefeteig zubereiten, wie auf den Seiten 90 und 91 beschrieben. Den Teig 30 Minuten gehen lassen, bis sich sein Volumen verdoppelt hat.

2 Den Hefeteig auf einer bemehlten Arbeitsfläche zu einem etwa 1 cm dicken Kreis ausrollen. Die Form mit Butter fetten und mit dem Teigkreis auskleiden. Den Teig nochmals etwa 30 Minuten gehen lassen.

3 In der Zwischenzeit für den Belag die Zwiebeln schälen und sehr fein würfeln. Die Butter in einer Pfanne zerlassen und die Zwiebeln darin glasig dünsten.

4 Den Backofen auf 220 °C vorheizen. Den geriebenen Käse, die Eier, die Sahne, Salz und Pfeffer in einer Schüssel gründlich verrühren.

5 Zum Schluss die abgekühlten, gedünsteten Zwiebeln untermischen. Die Käse-Zwiebel-Masse auf dem Teig in der Form verstreichen. Die Käsewähe im Ofen (Mitte) etwa 30 Minuten backen.

Tipp Die Käsemasse können Sie auch auf einen Boden aus Blätterteig streichen und die Wähe wie angegeben backen.

363

Schinken-Gemüse-Torte

Für den Teig
200 g Mehl
100 g kalte Butter
1 Eigelb
½ TL Salz

Für die Füllung
200 g gekochter Schinken
2 Tomaten
3 Frühlingszwiebeln
1 kleine Möhre
50 g Butter
2 EL gehackte Kräuter
   (Petersilie, Schnittlauch)
Salz
frisch gemahlener Pfeffer

Für den Guss
2 Eier
250 g Sahne
Salz
frisch gemahlener Pfeffer
100 g Emmentaler

Außerdem
Mehl für die Arbeitsfläche
1 Spring- oder Quicheform von
   30 cm Durchmesser oder
   4 Tortelettförmchen von 12 cm
   Durchmesser
Backpapier und Hülsenfrüchte
   zum Blindbacken

1 Für den Teig das Mehl auf eine Arbeitsfläche geben und in die Mitte eine Mulde drücken. Die Butter in Stücken, das Eigelb, das Salz sowie 2 EL kaltes Wasser hineingeben. Alles rasch zu einem glatten Teig verkneten, wie auf den Seiten 96 und 97 gezeigt. Den Teig zu einer Kugel formen, in Folie wickeln und mindestens 1 Stunde im Kühlschrank ruhen lassen.

2 Den Backofen auf 200 °C vorheizen. Den Teig entweder in 4 Portionen teilen und jede Portion auf einer bemehlten Arbeitsfläche zu einem etwa 4 mm dicken Kreis ausrollen oder den ganzen Teig zu einer großen runden Teigplatte ausrollen. Die Form oder die Förmchen mit dem Teig auskleiden.

3 Den Teigboden bzw. die Teigböden zum Blindbacken vorbereiten, wie auf den Seiten 100 und 101 beschrieben und gezeigt. Den großen Tortenboden im vorgeheizten Ofen (Mitte) 15 bis 20 Minuten, die kleinen Tortenböden in nur 10 Minuten blindbacken. Aus dem Ofen nehmen, Hülsenfrüchte und Papier von den gebackenen Böden entfernen; auskühlen lassen.

4 Für die Füllung den Schinken klein schneiden. Die Tomaten blanchieren, häuten, vierteln und das Fruchtfleisch würfeln. Die Frühlingszwiebeln putzen und fein hacken. Die Möhre schälen und fein würfeln.

5 Die Butter in einer Pfanne zerlassen und die Schinkenstreifen darin anbraten. Die Frühlingszwiebeln und die Möhrenwürfel kurz mitbraten. Die Tomatenwürfel, die Petersilie und den Schnittlauch untermischen. Alles mit Salz und Pfeffer würzen und 1 bis 2 Minuten braten. Die Pfanne vom Herd nehmen und den Inhalt abkühlen lassen.

6 Den Backofen auf 200 °C vorheizen. Die Füllung auf die vorgebackenen großen Teigboden bzw. die kleinen Teigböden gleichmäßig verteilen.

7 Für den Guss die Eier mit der Sahne, Salz und Pfeffer verquirlen. Den Käse reiben und untermischen. Den Guss gleichmäßig über die Füllung gießen.

8 Die Schinken-Gemüse-Torte im vorgeheizten Ofen (Mitte) 35 bis 40 Minuten, die Törtchen nur 20 bis 25 Minuten backen. Herausnehmen und am besten noch warm servieren.

PIKANTES

PIKANTES

Elsässer Flammkuchen

Für 2 Stück
Für den Teig
300 g Weizenmehl Type 550
⅛ Würfel Hefe (5 g)
1 TL Salz

Für den Belag
200 g Zwiebeln
150 g roher geräucherter durchwachsener Speck
375 g Crème double
frisch geriebene Muskatnuss
frisch gemahlener Pfeffer
Salz
2 EL Öl

Außerdem
Mehl für die Arbeitsfläche und zum Bestauben
2 Backbleche
Öl für die Backbleche

1 Für den Teig das Mehl in eine Schüssel sieben und in die Mitte eine Mulde drücken. Die Hefe hineinbröckeln und mit 2 EL lauwarmem Wasser auflösen, dabei ein wenig Mehl vom Rand mit untermischen. Das Salz über das Mehl streuen. 180 ml lauwarmes Wasser zugießen und alles zu einem glatten Teig verkneten.

2 Den Teig zu einer Kugel formen und zugedeckt in einer Schüssel an einem warmen, zugfreien Ort gehen lassen, bis er sein Volumen verdoppelt hat.

3 Für den Belag die Zwiebeln schälen und in etwa 2 mm dünne Ringe schneiden. Den Speck zunächst in 3 mm dicke Scheiben, dann quer in dünne Streifen schneiden.

4 Den Teig kräftig durchkneten und halbieren. Auf einer leicht bemehlten Arbeitsfläche zu 2 hauchdünnen Fladen von 45 cm Durchmesser ausrollen. Die Ränder rundum etwa 1 cm breit einschlagen, so dass sie leicht erhöht sind.

5 Die Backbleche mit Öl einpinseln. Die Fladen umgedreht (also mit dem eingeschlagenen Rand nach unten) auf die Backbleche legen und mit einer Gabel mehrmals einstechen.

6 Den Backofen auf 250 °C vorheizen. Die Fladen mit Crème double bestreichen, dann belegen, wie in der Bildfolge unten gezeigt und beschrieben.

7 Die Ränder der Teigfladen mit Mehl bestauben. Die Flammkuchen im vorgeheizten Ofen (Mitte) 10 bis 15 Minuten knusprig backen. Aus dem Ofen nehmen; sofort heiß servieren.

Jeweils die Hälfte der Crème double auf einem Teigfladen verstreichen, dabei die Ränder frei lassen.

Beide Teigfladen gleichmäßig zuerst mit Zwiebelringen, dann mit Speckstreifen belegen.

Den Belag mit Muskatnuss und Pfeffer würzen, vorsichtig salzen und mit dem Öl beträufeln.

Gemüsetörtchen

Für den Teig
250 g Mehl
125 g kalte Butter
1 Ei
½ TL Salz

Für den Belag
60 g Möhren
40 g Stangensellerie
60 g Frühlingszwiebeln
100 g Brokkoliröschen
120 g Erbsen (ergeben ausgepalt etwa 40 g)
Salz

Für den Guss
100 g Sahne
3 Eigelbe
100 g geriebener Hartkäse (z. B. reifer Gouda)
2 EL gehackte Petersilie
Salz
frisch gemahlener weißer Pfeffer
3 Eiweiße

Außerdem
Mehl für die Arbeitsfläche
6 Tortelettförmchen von je 12 cm Durchmesser
Backpapier und Hülsenfrüchte zum Blindbacken
geriebener Käse zum Bestreuen

1 Das Mehl auf eine Arbeitsfläche sieben und in die Mitte eine Mulde drücken. Die Butter in Stücken, das Ei, das Salz und 1 bis 2 EL Wasser hineingeben.

2 Die Zutaten in der Mulde zunächst mit einer Gabel zerdrücken, mit einem Messer oder einer Palette zusammenhacken und dann mit den Händen rasch zu einem geschmeidigen Teig kneten; der Teig darf nicht zu warm werden. Bei Bedarf noch ein wenig Wasser zugeben. Den Teig zu einer Kugel formen, in Folie wickeln und im Kühlschrank 1 Stunde ruhen lassen.

3 Den Backofen auf 200 °C vorheizen. Den Teig auf einer leicht bemehlten Arbeitsfläche ausrollen. Mit einem Förmchen sechsmal den Durchmesser markieren, die Teigstücke etwas größer ausschneiden und die Förmchen damit auslegen. Den Teig mit den Fingern oder mit einer Teigkugel an den Rand der Förmchen drücken. Eventuell überstehende Ränder mit einem Messer abschneiden.

4 Die Teigböden mit Backpapier belegen und mit Hülsenfrüchten beschweren. Im vorgeheizten Ofen (Mitte) etwa 10 Minuten blindbacken. Herausnehmen, Papier und Hülsenfrüchte von den Teigböden entfernen.

5 Für den Belag das Gemüse putzen. Erbsen auspalen, Möhren in kleine Würfel, Brokkoli in kleine Röschen, Stangensellerie in feine Scheiben und Frühlingszwiebeln in Ringe schneiden. In einem Topf Wasser mit Salz aufkochen und das gesamte Gemüse darin blanchieren, abgießen und abtropfen lassen.

6 Für den Guss die Sahne mit den Eigelben, dem Käse und der Petersilie verrühren; salzen und pfeffern. Gemüse untermischen.

7 Die Eiweiße mit 1 Prise Salz zu steifem Schnee schlagen und unter die Gemüse-Sahne-Masse heben. Auf den gebackenen Teigböden verteilen und die Masse mit etwas geriebenem Käse bestreuen. Die Törtchen im vorgeheizten Ofen (Mitte) 20 bis 25 Minuten backen.

Tipps Kleine Tortelettförmchen sind im Haushaltswarenhandel erhältlich. In diesen Portionsförmchen serviert, eignen sich diese Törtchen als Vorspeise.

Sie können aus den angegebenen Zutaten auch eine Gemüsetarte in einer größeren runden Form von 28 cm Durchmesser zubereiten. Die Backzeit beträgt dann 30 bis 35 Minuten. Dazu passt ein frischer Salat aus verschiedenen Blattsalaten.

Spanisches Paprikabrot

Für den Teig
500 g Mehl
½ Würfel Hefe, 1 Prise Zucker
150 ml frisch gepresster
  Orangensaft
1 Ei
50 g weiches Schweineschmalz
¼ TL abgeriebene Schale
  von 1 Bio-Orange
1 TL Salz

Für den Belag
1 kg rote Paprikaschoten
3 Knoblauchzehen
Salz, frisch gemahlener Pfeffer
100 g schwarze Oliven
80 ml Olivenöl

Außerdem
1 Backblech
Schmalz für das Blech

1 Aus Mehl, Hefe, Zucker und 100 ml lauwarmem Wasser einen Vorteig herstellen, wie auf in der Bildfolge Seite 91 auf dem ersten und zweiten Bild gezeigt. Den Vorteig zugedeckt gehen lassen, bis sich oben Risse gebildet haben.

2 Den Orangensaft durch ein Sieb gießen und erwärmen. Ei und Schmalz verkneten, mit Orangensaft, Orangenschale und Salz zum Vorteig geben. Alles zu einem glatten Teig verkneten, gehen lassen, bis sich sein Volumen verdoppelt hat.

3 Backofen auf 220 °C vorheizen. Paprikaschoten darin (Mitte) backen, bis die Haut Blasen wirft. Herausnehmen (Ofentemperatur auf 200 °C senken). Die Schoten in einem Gefrierbeutel »schwitzen« lassen. Haut abziehen. Stielansätze und Samen entfernen; das Fruchtfleisch in ½ cm dicke Scheiben schneiden. Knoblauch schälen; in Scheiben schneiden.

4 Das Blech mit Schmalz fetten. Den Teig auf einer bemehlten Fläche ausrollen und auf das Blech legen. Paprikastücke auf dem Teig anordnen, Knoblauch dazwischen verteilen, salzen und pfeffern. Im vorgeheizten Ofen (Mitte) etwa 15 Minuten backen. Die Oliven darauflegen und alles weitere 5 Minuten backen. Das Brot herausnehmen und mit dem Olivenöl beträufeln.

Spanisches Brot mit Huhn

Für den Teig
die Hälfte der Zutaten aus dem Rezept links

Für den Belag
250 g Hähnchenfleisch (Brust oder Keule)
Salz
frisch gemahlener Pfeffer
5 EL Olivenöl
1 kleine Aubergine
1 Zucchini
1 große Zwiebel
1 rote Chilischote (ohne Samen)
2 Knoblauchzehen
40 g schwarze Oliven
1 EL gehackte Petersilie

Außerdem
1 Pie- oder Pizzaform von 28 cm Durchmesser, Öl für die Form

1 Für den Teig die Zutatenmengen für das Paprikabrot-Rezept (siehe links) halbieren. Statt der Orangenschale allerdings Zitronenschale nehmen und statt des ganzen Eies nur 1 Eigelb. Den Teig zubereiten und gehen lassen, wie im Rezept links beschrieben.

2 Das Hähnchenfleisch mit Salz und Pfeffer würzen. In 2 EL Öl auf jeder Seite 1 bis 2 Minuten braten. Aus der Pfanne nehmen; in Scheiben schneiden.

3 Das Gemüse putzen. Die Aubergine längs halbieren und quer in 2 mm dicke Scheiben schneiden. Die Zucchini längs in 2 mm dicke Scheiben schneiden. Die Zwiebel und die Chilischote in dünne Ringe schneiden.

4 Die Form mit Öl fetten. Den Backofen auf 200 °C vorheizen. Den Teig auf einer bemehlten Arbeitsfläche rund ausrollen und in die vorbereitete Form legen. Mit dem Fleisch und dem Gemüse belegen.

5 Den Knoblauch schälen und fein hacken; mit dem restlichen Olivenöl vermischen und gleichmäßig auf den Belag geben.

6 Das Brot 20 Minuten im Ofen (Mitte) backen. Die Oliven auflegen; weitere 5 Minuten backen. Aus dem Ofen nehmen und mit Petersilie bestreuen.

Calzone

Für den Teig
400 g Weizenmehl Type 550
1 TL Salz
¾ Würfel Hefe
3 EL Olivenöl

Für die Füllung
300 g Zwiebeln
100 g schwarze Oliven
6 Sardellenfilets, 1 EL Kapern
300 g kleine Tomaten
1 Bund Petersilie, 5 EL Olivenöl
gerebelter Oregano
Salz, frisch gemahlener Pfeffer
150 g junger Pecorino, grob gerieben

Außerdem
1 Backblech, Öl für das Blech
1 Eiweiß und 1 Eigelb zum Bestreichen

1 Das Mehl in einer Schüssel mit dem Salz mischen. Die Hefe in ¼ l lauwarmem Wasser auflösen und mit dem Öl zum Mehl geben. Alles zu einem geschmeidigen Teig verkneten. Teig zur Kugel formen, in einer Schüssel mit Mehl bestauben. Mit einem Tuch abdecken und den Teig an einem warmen Ort etwa 30 Minuten gehen lassen, bis er sein Volumen verdoppelt hat.

2 Für die Füllung die Zwiebeln schälen und in Ringe schneiden. Die Oliven entsteinen und fein hacken. Sardellenfilets und Kapern ebenfalls klein hacken. Die Tomaten blanchieren, häuten, Stielansätze und Samen entfernen und das Fruchtfleisch würfeln. Die Petersilie fein hacken.

3 Zwiebeln im Öl zugedeckt bei schwacher Hitze weich dünsten. Oliven, Sardellen, Kapern, Tomaten und Petersilie untermischen. Mit Oregano, Salz sowie Pfeffer würzen; abkühlen lassen. Käse unterrühren.

4 Teig durchkneten und auf einer bemehlten Arbeitsfläche zu einem ovalen Fladen von ½ bis 1 cm Dicke ausrollen. Die Zwiebelmasse auf den Teig geben, wie im Bild unten gezeigt, dabei einen 2 cm breiten Rand frei lassen; mit Eiweiß bestreichen.

5 Die andere Teighälfte über die Füllung klappen; den Rand fest zusammendrücken. Den äußeren Rand mit Eiweiß bestreichen und diesen nach innen klappen. Das Blech fetten. Calzone umdrehen, auf das Blech legen und den dicken Rand mit einem Messerrücken eindrücken, wie unten im zweiten Bild gezeigt. Zugedeckt noch 20 Minuten gehen lassen.

6 Inzwischen den Backofen auf 200 °C vorheizen. Die Calzone mit dem Eigelb bestreichen; im Ofen (Mitte) in 25 bis 30 Minuten goldgelb backen.

Die Füllung auf einer Teighälfte verstreichen, dabei einen Rand frei lassen; diesen mit Eiweiß bepinseln. Die zweite Teighälfte darüberklappen.

Die Calzone umgedreht auf ein Blech legen und den dicken Rand mit einem Messer in Abständen von etwa 1 cm eindrücken.

PIKANTES

Brot
und Brötchen

Hot Cross Buns

Für 16 Stück
600 g Weizenmehl Type 550
½ TL Salz
1½ gestrichener EL Zucker
1 Würfel Hefe
¼ l lauwarme Milch
2 Eier
50 g weiche Butter

Außerdem
1 Backblech
Fett für das Blech
1 Eigelb und 1 EL Sahne zum Bestreichen

1 Das Mehl in eine Schüssel sieben, Salz und Zucker darüberstreuen und untermischen. Die Hefe in der lauwarmen Milch auflösen.

2 Die Hefemilch zur Mehlmischung gießen; Eier und Butter hinzufügen und alles zu einem geschmeidigen Teig verkneten. Den Teig zur Kugel formen und in die Schüssel legen. Mit einem Tuch bedecken, an einen warmen, zugfreien Ort stellen und den Teig 40 bis 60 Minuten gehen lassen, bis er das Doppelte seines Volumens erreicht hat.

3 Den Teig durchkneten. In 10 Portionen von je 60 g teilen und diese zu Kugeln formen. Das Backblech mit Butter fetten.

4 Teigkugeln mit etwas Abstand voneinander auf das Blech legen. Zudecken; 30 Minuten gehen lassen, bis sich ihr Volumen deutlich vergrößert hat.

5 Den Backofen auf 200 °C vorheizen. Jede Teigkugel mit einem sehr scharfen Messer oben kreuzweise einschneiden.

6 Das Eigelb mit der Sahne verquirlen und die Buns damit bestreichen. Im vorgeheizten Ofen (Mitte) 20 bis 25 Minuten goldgelb backen.

Tipps Den Teig für die Hot Cross Buns können Sie auch mit Zucker süßen und mit Zimt und Piment würzen. Wenn Sie mögen, kneten Sie noch zusätzlich 100 g helle Rosinen oder andere klein gehackte Trockenfrüchte unter den Teig.

Aus dem Teig können Sie auch ein »Bun loaf« (ein Brot) backen. Dafür den Teig zu einem länglichen Laib formen, auf dem gefetteten Blech oder in einer langen Brotbackform zugedeckt gehen lassen. Die Oberfläche mit einem Messer mit mehreren schrägen Schnitten versehen, mit Eigelb-Sahne bestreichen. Das Brot im vorgeheizten Ofen (Mitte) 50 bis 60 Minuten backen.

Klassische Brioches

Für etwa 28 Stück
500 g Mehl
½ Würfel Hefe
4 Eier
1 TL Salz
250 g weiche Butter

Außerdem
Briocheförmchen von 7 cm Durchmesser
zerlassene Butter für die Förmchen
1 verquirltes Eigelb zum Bestreichen
1 Backblech

1 In einer Schüssel aus Mehl, Hefe und 50 ml lauwarmem Wasser einen Vorteig zubereiten, wie auf der Seite 91 in der Bildfolge auf dem ersten und zweiten Bild gezeigt. Zudecken und gehen lassen, bis der Vorteig oben deutliche Risse zeigt.

2 Die Eier und das Salz zufügen und alles mit einem Rührlöffel kräftig durchschlagen, bis der Teig Blasen wirft und sich vom Schüsselrand löst.

3 Die Butter in den Teig einarbeiten. Alles so lange kneten, bis der Teig locker ist und seidig glänzt; zugedeckt für 2 Stunden im Kühlschrank gehen lassen.

4 Den gekühlten Teig kurz durchkneten; zu einer Kugel formen und erneut zugedeckt im Kühlschrank gehen lassen, am besten über Nacht.

5 Die Förmchen mit zerlassener Butter auspinseln. Den Teig nochmals kräftig durchkneten und Stücke von je 35 g davon abwiegen. Wie in der Bildfolge unten gezeigt, jede Portion zu einer Kugel formen, teilen und in die Förmchen setzen. Man kann auch jedes Teigstück zu einer größeren und kleineren Kugel formen und im Förmchen zusammensetzen. Brioches etwa 90 Minuten in den Förmchen gehen lassen, bis sie ihr Volumen verdoppelt haben.

6 Den Backofen auf 230 °C vorheizen. Brioches mit dem Eigelb bestreichen, in den Förmchen auf das Blech stellen. Im vorgeheizten Ofen (Mitte) in etwa 12 Minuten goldbraun backen. Brioches aus dem Ofen nehmen, etwas abkühlen lassen, aus den Förmchen lösen und vollständig auskühlen lassen.

Die Teigstücke in der hohlen Hand »rundschleifen«, das bedeutet, sie zu völlig glatten Teigkugeln formen.

Anschließend mit der Handkante so hin und her rollen, dass dabei ein Drittel des Teiges ab-, aber nicht durchgetrennt wird.

Die geformten Teigportionen mit der größeren Kugel nach unten in die Förmchen legen, das »Köpfchen« darauf andrücken.

Croissants

Für 20 Stück
500 g Mehl
½ Würfel Hefe
300 ml Milch
1 ½ TL Salz
40 g Zucker
300 g Butter

Außerdem
1 Backblech
Butter für das Blech
Mehl zum Ausrollen
1 verquirltes Eigelb zum Bestreichen

1 Das Mehl auf eine Arbeitsfläche sieben und in die Mitte eine Mulde drücken. Die Hefe hineinbröckeln und mit der Milch auflösen, dabei etwas Mehl vom Rand mit untermischen.

2 Salz und Zucker zu in die Schüssel geben; alles zu einem geschmeidigen Teig verkneten.

3 Wegen des geringen Hefeanteils sollte der Teig bei Raumtemperatur langsam gehen, bis er sein Volumen etwa verdoppelt hat, das dauert ungefähr 1 Stunde. Den Teig anschließend nochmals kurz durchkneten und mit Folie zugedeckt für 1 bis 2 Stunden in den Kühlschrank stellen.

4 In der Zwischenzeit die Butter aus dem Kühlschrank nehmen, damit sie Raumtemperatur annimmt und weich wird. Sie soll dann die gleiche Konsistenz haben wie der Teig.

5 Den Teig aus dem Kühlschrank nehmen und in alle vier Richtungen dünner werdende »Lappen« ausrollen. Die Butter entweder zwischen Folie oder auf einer bemehlten Arbeitsfläche zu einer rechteckigen, flachen Platte drücken.

6 Weiterverfahren, wie in der Bildfolge auf Seite 105 gezeigt. Die »einfache Tour« noch zweimal wiederholen, den Teig dazwischen jeweils 10 Minuten im Kühlschrank ruhen lassen.

7 Nach der letzten »Tour« den Teig zu einer Platte von 60 x 40 cm ausrollen und erneut kurz ruhen lassen. Das Backblech fetten. Die Hörnchen zuschneiden und formen, wie in der Bildfolge unten beschrieben und gezeigt.

8 Während die Hörnchen ein letztes Mal gehen, den Backofen auf 220 bis 240 °C vorheizen. Die Hörnchen nach dem Gehenlassen mit dem Eigelb bestreichen. Im vorgeheizten Ofen (Mitte) etwa 15 Minuten backen, bis sie goldgelb sind. Ofenfrisch servieren.

Den Teig längs in 2 Streifen von 60 x 20 cm schneiden; daraus 20 Dreiecke von 12 x 20 cm schneiden. An der Basis je 3 cm tief einschneiden.

Die Teigdreiecke von der Basis zur Spitze hin aufrollen. Dabei die Spitze festdrücken, damit der Teig nicht verrutscht. Zu Hörnchen formen.

Die Hörnchen mit etwas Abstand zueinander und mit dem Schluss nach unten auf das gefettete Backblech setzen. Nochmals gehen lassen.

Mohnbrötchen

Für 14 Stück
⅛ l Milch
¾ Würfel Hefe
500 g Weizenmehl Type 550
1 TL Salz
1 Ei

Außerdem
1 Springform oder eine andere hohe runde Backform von 26 cm Durchmesser
50 g Butter zum Eintauchen der Teigkugeln
1 verquirltes Eigelb zum Bestreichen
Mohnsamen zum Bestreuen

1 Die Milch und gut ⅛ l Wasser in einem Topf schwach erwärmen. Die Hefe darin auflösen.

2 Das Mehl in eine Schüssel sieben und mit dem Salz vermischen. Die Hefelösung und das Ei nach und nach unter das Mehl rühren, bis ein geschmeidiger Teig entstanden ist.

3 Den Teig zu einer Kugel formen und in die Schüssel legen. Diese mit einem Tuch zudecken und den Teig an einem warmen Ort 30 Minuten gehen lassen.

4 Den Teig kräftig durchkneten und in 14 Stücke zu je 60 g teilen. Die Teigstücke zu Kugeln rollen.

5 Die Butter in einer kleinen Stielkasserolle zerlassen. Jede Kugel mit einer Hand fassen und in die Butter eintauchen, wie unten im ersten Bild der Bildfolge gezeigt. Durch dieses Einfetten lassen sich die Brötchen später besonders leicht voneinander trennen.

6 Die Backform fetten. Die Teigkugeln mit etwas Abstand zueinander hineinsetzen und weitere 30 Minuten zugedeckt gehen lassen.

7 Den Backofen auf 200 °C vorheizen. Die gegangenen Teigkugeln mit dem Eigelb bestreichen und mit den Mohnsamen bestreuen. Die Brötchen im vorgeheizten Ofen (Mitte) 40 bis 45 Minuten backen.

Die Teigkugeln einzeln in Butter tauchen und anschließend mit etwas Abstand zueinander in die gebutterte Form setzen.

Die Kugeln zugedeckt 30 Minuten gehen lassen, dann mit verquirltem Eigelb bestreichen und mit den Mohnsamen bestreuen.

Sesamringe

aus gewürztem Hefeteig

Für 16 Stück
500 g Mehl
½ Würfel Hefe
1 TL Salz
½ TL gemahlener Kreuzkümmel
½ TL gemahlener Koriander
100 g zerlassene Butter

Außerdem
1 Backblech
Öl für das Blech
1 Ei, mit 1 EL Wasser verquirlt
4 EL geschälte Sesamsamen
  zum Bestreuen

1 Das Mehl in eine Schüssel sieben und in die Mitte eine Mulde drücken. Die Hefe hineinbröckeln. Etwa 100 ml lauwarmes Wasser zugießen und die Hefe darin unter Rühren auflösen, dabei etwas Mehl vom Rand mit untermischen.

2 Den Teigansatz mit Mehl bestauben. Die Schüssel mit einem sauberen Tuch zudecken und den Teig an einem warmen, zugfreien Ort gehen lassen, bis die Oberfläche Risse zeigt.

3 Das Salz, den Kreuzkümmel, den Koriander, die Butter und 150 ml Wasser zum Vorteig in die Schüssel geben.

4 Alle Zutaten erst mit einem Holzlöffel verrühren, dann mit den Händen den Teig so lange kneten, bis er glatt und geschmeidig ist.

5 Den Teig zu einer Kugel formen und zugedeckt gehen lassen, bis er das Doppelte seines Volumens erreicht hat.

6 Den Teig kräftig durchkneten und in 16 Stücke von je etwa 50 g teilen. Die Stücke zuerst zu Kugeln formen und dann zu Strängen von etwa 30 cm Länge rollen, die an den Enden spitz zulaufen. Die Stränge zu Ringen zusammenlegen, dabei die Enden umeinanderschlingen und fest gegeneinander drücken.

7 Das Backblech mit wenig Öl fetten und die Teigringe mit etwas Abstand zueinander darauflegen. Nochmals mit dem Tuch abdecken und 15 Minuten gehen lassen.

8 Den Backofen auf 200 °C vorheizen. Die Teigringe mit der Eigelb-Wasser-Mischung bestreichen und dicht mit dem geschälten Sesam bestreuen. Im vorgeheizten Ofen etwa 15 Minuten goldgelb backen.

Oliven-Focaccia

Für 2 Stück
Für den Teig
1 kg Mehl, 1 Würfel Hefe
4 EL Olivenöl, 2 TL Salz

Für den Belag
2 Backbleche
Olivenöl für die Bleche
100 ml Olivenöl
50 kleine schwarze Oliven
grobes Meersalz

1 Das Mehl in eine Schüssel sieben und in die Mitte eine Mulde drücken. Die Hefe hineinbröckeln und ½ l lauwarmes Wasser dazugeben. Die Hefe unter Rühren darin auflösen und mit etwas Mehl vom Rand der Mulde vermischen. Zugedeckt etwa 15 Minuten gehen lassen.

2 Das Olivenöl und das Salz zum Vorteig geben und alles zu einem geschmeidigen Teig verkneten. Den Teig zu einer Kugel formen und in der Schüssel zugedeckt etwa 45 Minuten gehen lassen, bis sich sein Volumen ungefähr verdoppelt hat.

3 Den Teig nochmals durchkneten und in zwei gleich große Teile teilen. Auf einer bemehlten Arbeitsfläche die Teigportionen zu zwei rechteckigen Fladen von je 30 x 40 cm Größe ausrollen.

4 Die Backbleche mit Olivenöl fetten und die Teigfladen darauflegen. Zugedeckt weitere 15 Minuten gehen lassen. Den Backofen auf 200 °C vorheizen.

5 In die Teigfladen mit den Fingern Vertiefungen drücken. Die Fladen anschließend mit jeweils 50 ml Olivenöl beträufeln. Einen der beiden Fladen mit grobem Meersalz bestreuen, bei dem anderen je eine Olive in jede Vertiefung legen.

6 Die Fladen nacheinander im vorgeheizten Ofen etwa 20 Minuten backen, bis sie goldgelb sind. Herausnehmen und auf einem Kuchengitter abkühlen lassen.

Tipp Für eine besonders würzig-aromatische Variante können Sie noch zusätzlich einige gehackte schwarze Oliven unter den Teig mischen.

EXTRA

Das Brotsortiment ist in Italien unglaublich vielfältig. Bei uns sind Sorten wie die langen dünnen Grissini, die längliche Ciabatta und die runde oder ovale Foccacia am bekanntesten.

Italienisches Brot

Sorten und Grundrezepte

Mit Butter oder Oliven, zum Auftunken einer feinen Sauce oder einfach als Beilage – Brot gehört in Italien zu jeder Mahlzeit und steht immer mit auf dem Tisch. Beeindruckend ist die Vielfalt an Brotsorten, vor allem die an regionalen Spezialitäten. Das Sortiment reicht von lang und dünn (Grissini) bis zu flach und rund (Foccacia) über oval (italienisches Landbrot) bis zu unzähligen Kleinbroten (Vinschgauer, Panini).

Auffällig ist, dass italienisches Brot oft eine helle und auch weiche Kruste hat. Dafür gibt es, neben backtechnischen, ganz praktische Gründe: Da für Italiener Brot oft zu warmem Essen zum Neutralisieren des Geschmacks gegessen wird, darf es selbst nicht geschmacksintensiv sein und sollte auch eine weiche Kruste haben, um damit beispielsweise Saucen besser auftunken zu können. In den heißen Regionen Süditaliens kommt hinzu, dass weicheres Brot im Laufe des Tages nicht zu schnell hart wird.

Die verschiedenen Sorten

Ciabatta
Übersetzt heißt Ciabatta »Pantoffel«, vielleicht weil es mit seiner flachen, breiten und langgezogenen Form einem Hausschuh ähnelt. Das Brot wird auf Basis von Weizenmehl, Salz, Hefe, Wasser und Olivenöl zubereitet.
Zahlreiche große und kleine Varianten entstehen zum Beispiel durch die Zugabe von Walnüssen, getrockneten Tomaten, Oliven und Kräutern, wie Oregano oder Thymian, sowie Gewürzen (Grundrezept siehe Seite 388).

Focaccia
Das meist runde Fladenbrot (Grundrezept siehe Seite 384) kommt aus Ligurien und gilt als Vorläufer der Pizza. In Genua nennt man sie auch Pizza genovese, in Bologna Crescentina, und in Florenz ist

ITALIENISCHES BROT

sie als Schiacciata bekannt. In jedem Fall entsteht das Fladenbrot aus einem mit Olivenöl angereicherten gesalzenen Hefeteig, der entweder pur oder mit Rosmarin, Salbei oder Oliven belegt gebacken wird. Es eignet sich als Beilage und gefüllt als Snack.

Grissini
Die dünnen Brotstangen werden in Italien traditionell als Appetitmacher in Restaurants und Pizzerien zu den Mahlzeiten angeboten.

Grundrezept Grissini
Für 60 Grissini 1 Würfel Hefe in 200 ml lauwarmem Wasser auflösen. 500 g Mehl mit 1 TL Salz, 1 TL Zucker und 6 EL Olivenöl sowie dem Hefewasser zu einem weichen Teig verkneten und diesen zugedeckt 1 Stunde gehen lassen. Anschließend den Teig auf einer bemehlten Arbeitsfläche 2 cm dick ausrollen und in 10 cm lange Streifen schneiden, diese zu 20 cm langen Rollen formen. Den Backofen 220 °C vorheizen. Die Teigrollen auf ein gefettetes Backblech legen und 15 Minuten gehen lassen. Mit Milch bepinseln und im Ofen (oben) goldgelb backen.

Piadina
Das dünne italienische Fladenbrot (Grundrezept siehe Seite 397) aus der Emilia Romagna wird ohne Fett in der Pfanne (traditionell auf einer Terracottaplatte, der »testo«) gebacken. Der Teig besteht aus Weizenmehl, Wasser und Salz und wird mit Schweineschmalz oder Olivenöl angereichert. Als Treibmittel verwendet man Hirschhornsalz, heute auch Backpulver oder Natron. Der Teig wird zu dünnen runden Fladen ausgerollt und 3 bis 5 Minuten in der Pfanne gebacken.
Essen Sie Piadina, solange sie noch warm ist, als Beilage zu Salaten, Käse oder Prosciutto, Bauernschinken und Salami. Man kann sie auch belegen und zusammengeklappt als Zwischenmahlzeit reichen.

Pizzabrot
Diese einfache Variante der Pizza aus dünnem Teig mit wenig Belag eignet sich gut als Beilage.

Grundrezept Pizzabrot
Für 4 Stück 1/4 Würfel Hefe in 100 ml lauwarmem Wasser auflösen. 200 g Mehl mit 1 TL Salz, Hefewasser und 2 EL Olivenöl zu einem Teig verkneten. Diesen zugedeckt 1 Stunde gehen lassen. Den Backofen auf 220 °C vorheizen. Aus dem Teig vier runde Fladen herstellen und diese mit je 1 EL gehackten Tomaten (Dose oder Tetrapack), etwas getrocknetem Oregano, gehacktem Knoblauch, Salz und Pfeffer belegen. Mit Olivenöl beträufeln und im Backofen (Mitte)
10 bis 15 Minuten backen.

Grissini und Pizza können Sie leicht selber backen.

Ciabatta

Für 3 Brote
750 g Weizenmehl Type 550
1 Würfel Hefe
2 TL Zucker
160 ml Olivenöl
3 TL Salz

Außerdem
1 Backblech
Mehl für das Blech

1 500 g Mehl in eine Schüssel sieben und in die Mitte eine Mulde drücken. Die Hefe in ½ l lauwarmem Wasser mit 1 TL Zucker auflösen. Das Hefewasser in die Mulde gießen und mit etwas Mehl vom Rand verrühren. Den Vorteig mit Mehl bestauben; 1 Stunde gehen lassen.

2 Alle restlichen Zutaten in die Schüssel geben und miteinander zu einem glatten Teig verkneten. Diesen zur Kugel formen und zugedeckt etwa 3 Stunden gehen lassen. Zusammenschlagen und weitere 3 Stunden gehen lassen.

3 Den Hefeteig auf einer stark bemehlten Arbeitsfläche flach klopfen und in 3 gleich große Stücke teilen. Jedes Teigstück durchkneten und 2 Minuten ruhen lassen.

4 Jedes Teigstück zu einem Rechteck von etwa 20 x 30 cm formen. Die schmalen Seiten einschlagen, die Teigplatten von der Längsseite her aufrollen. Das Blech bemehlen, die aufgerollten Teigplatten darauflegen und 20 bis 30 Minuten gehen lassen. Backofen auf 250 °C vorheizen; Ciabattas im Ofen (Mitte) 20 bis 25 Minuten backen.

Tipp Für Ciabattini (Brötchen), die Teigstränge in je 4 Portionen teilen. Vor dem Backen etwa 30 Minuten auf dem bemehlten Blech gehen lassen.

Rustikales Weißbrot

Für den Teigansatz
250 g Weizenmehl Type 550
3 Würfel Hefe

Für den Teig
600 g Weizenmehl Type 550
1 Prise Salz

Außerdem
1 Backblech
Mehl für das Blech

1 Das Mehl für den Teigansatz in eine Schüssel sieben; in die Mitte eine Mulde drücken. Hefe in 150 ml lauwarmem Wasser auflösen, in die Mulde gießen und mit so viel Mehl vermischen, dass ein dicker Teig entsteht. Mit Mehl bestauben, die Schüssel mit einem Tuch bedecken; den Teigansatz 12 Stunden gehen lassen.

2 Für den Brotteig 300 ml lauwarmes Wasser unter den Teigansatz rühren. 500 g Mehl darübersieben, salzen und mit einem Rührlöffel kräftig durchschlagen, bis sich der Teig vom Schüsselrand löst. Zudecken und den Teig 30 Minuten gehen lassen, bis sich sein Volumen verdoppelt hat. Teig auf eine Arbeitsfläche geben und so viel Mehl unterkneten, dass er sich gut von der Arbeitsfläche löst.

3 Den Teig halbieren; 2 runde Laibe daraus formen. Blech mit Mehl bestauben; Laibe daraufsetzen, zudecken und 20 bis 25 Minuten gehen lassen, bis sich ihr Volumen deutlich vergrößert hat.

4 Backofen auf 200 °C vorheizen. Brote im Ofen (Mitte) etwa 40 Minuten backen. Um die Luftfeuchtigkeit zu erhöhen etwas kochendes Wasser auf den Boden des Ofens gießen oder die Seitenwände mit Wasser besprühen. Die fertiggebackenen Brote aus dem Ofen nehmen und auf einem Kuchengitter auskühlen lassen.

Würziges Tomatenbrot

Für die eingelegten Tomaten
120 g getrocknete Tomaten
100 ml Essig
2 Chilischoten
2 Knoblauchzehen
2 Thymianzweige
6 bis 8 Basilikumblätter
etwa 200 ml Olivenöl

Für den Teig
650 g Mehl
1 Würfel Hefe
¼ l lauwarme Milch
125 g in Öl eingelegte getrocknete Tomaten (siehe oben) und 75 ml vom Einleg-Öl
80 ml Olivenöl
1 Ei
1 TL Salz
2 EL Zucker
2 Zwiebeln
1 EL Olivenöl
1 TL gehackte Thymianblättchen

Außerdem
1 Backblech
Mehl zum Bestauben des Blechs
grob geschroteter weißer Pfeffer
grobes Meersalz

1 Zuerst die Tomaten einlegen. Dafür die getrockneten Tomaten in kochendem Essigwasser etwa 5 Minuten kochen, dann abtropfen lassen und in ein entsprechend großes Glas schichten.

2 Die Chilischoten halbieren, Stielansätze, Samen und Trennwände entfernen. Die Knoblauchzehen schälen und halbieren. Chilischoten, Knoblauch, Thymianzweige und Basilikumblätter auf die Tomaten legen. Alles mit Olivenöl vollständig bedecken. Das Glas schließen und den Inhalt 3 Tage im Kühlschrank durchziehen lassen.

3 Für den Teig das Mehl in eine Schüssel sieben und eine Mulde in die Mitte drücken. Die Hefe hineinbröckeln, mit der lauwarmen Milch auflösen und etwas Mehl vom Rand untermischen. Den Teigansatz mit Mehl bestauben, die Schüssel mit einem Tuch abdecken. An einem warmen Ort stellen und etwa 20 Minuten gehen lassen, bis der Vorteig auf der Oberfläche Risse zeigt.

4 Die eingelegten Tomaten abtropfen lassen; 75 ml des aufgefangenen Öls mit 75 ml Olivenöl und dem Ei verrühren. Mit dem Salz und dem Zucker unter den Vorteig mischen.

5 Alles gründlich und kräftig miteinander verkneten, bis der Teig glatt und glänzend ist. Den Teig zu einer Kugel formen, in eine Schüssel legen, mit einem Tuch abdecken und etwa 40 Minuten gehen lassen, bis er sein Volumen verdoppelt hat.

6 Die eingelegten Tomaten sehr klein würfeln. Die Zwiebeln schälen und fein hacken, in dem restlichen Olivenöl glasig dünsten; abkühlen lassen.

7 Tomaten, Zwiebeln und Thymian unter den Teig kneten. Diesen zugedeckt noch einmal 30 Minuten gehen lassen.

8 Das Backblech mit Mehl bestauben. Aus dem Teig zwei runde Laibe von etwa 750 g formen und auf das Blech legen. Zugedeckt etwa 40 Minuten gehen lassen. Inzwischen den Backofen auf 200 °C vorheizen.

9 Die Tomatenbrote mit etwas Wasser bestreichen, mit Pfeffer und Salz bestreuen; im vorgeheizten Ofen (Mitte) 35 bis 40 Minuten backen. Nach 20 bis 25 Minuten die Brote mit Backpapier abdecken, damit sie nicht zu dunkel werden. Die fertigen Brote auf einem Kuchengitter auskühlen lassen.

BROT

Olivenbrot

mit schwarzen Oliven

Für den Teig
500 g Mehl
½ Würfel Hefe
70 g Zwiebel
100 g schwarze Oliven ohne Stein
3 TL Salz

Außerdem
1 Backblech
Weizenkleie zum Bestreuen des Backblechs

1 Das Mehl in eine Schüssel sieben. In die Mitte eine Mulde drücken. Die Hefe in die Mulde bröckeln und mit ¼ l lauwarmem Wasser auflösen, dabei etwas Mehl vom Rand mit untermischen.

2 Den Teigansatz mit Mehl bestauben. Die Schüssel mit einem Tuch abdecken und den Teig an einem warmen, zugfreien Ort gehen lassen, bis die Oberfläche Risse zeigt.

3 Die Zwiebel schälen und fein hacken. Die Oliven mit etwas Mehl bestauben. Zwiebelwürfel, Oliven und Salz zum Vorteig geben; alles zu einem glatten Teig verkneten.

4 Den Teig zu einer Kugel formen, in eine Schüssel legen und zugedeckt gehen lassen, bis er das Doppelte seines Volumens erreicht hat.

5 Den Teig erneut durchkneten und zu einem länglichen Laib formen. Das Backblech mit Weizenkleie bestreuen; den Laib daraufsetzen. Zugedeckt an einem warmen Ort 30 Minuten gehen lassen. Inzwischen den Backofen auf 200 °C vorheizen.

6 Das Olivenbrot im vorgeheizten Ofen (Mitte) 35 bis 40 Minuten backen. Herausnehmen und auf einem Kuchengitter abkühlen lassen.

Tipps Da das Brot kaum Fett enthält – nur die Oliven haben einen geringen Fettanteil – wird es sehr schnell trocken. Aus diesem Grund sollten Sie das Olivenbrot am besten an dem Tag, an dem es gebacken wurde, verzehren.

Für ein gehaltvolleres und würzigeres Brot können Sie statt der Oliven einfach 100 g in Würfel geschnittenen Hartkäse aus Schafmilch unter den Brotteig kneten – diese Variante stammt aus Zypern.

Reife, schwarze Oliven sind meist so weich, dass man die Steine mit einem Kirschkernentsteiner entfernen kann.

REZEPTE

Pitabrot

mit Joghurtsauce

Für 16 Stück
1,2 kg Mehl
2 Päckchen Trockenhefe
3 TL Zucker
3 TL Salz
3 EL Olivenöl

Für die Joghurtsauce
200 g Salatgurke
Salz
250 g Joghurt
3 Knoblauchzehen
2 EL Olivenöl
frisch gemahlener Pfeffer
1 EL gehackter Dill
½ EL gehackte Pfefferminze

Außerdem
1 Backblech

1 Das Mehl in eine Schüssel sieben. Mit Hefe, Zucker, Salz, Öl und 550 ml lauwarmem Wasser zu einem glatten Teig verkneten. Zugedeckt gehen lassen, bis sich sein Volumen auf das Doppelte erhöht hat.

2 Den Teig kräftig durchkneten und in 16 Portionen von je etwa 130 g teilen. Diese zu runden Fladen formen, wie in der Bildfolge unten gezeigt.

3 Den Backofen auf 220 °C vorheizen, dabei das Backblech im Ofen lassen, damit es heiß wird.

4 Die Teigfladen auf das Backblech legen und im vorgeheizten Ofen (Mitte) nacheinander jeweils 10 bis 15 Minuten backen.

5 Für die Joghurtsauce die Gurke schälen, längs halbieren und die Samen mit einem Teelöffel herauskratzen. Die Gurkenhälften grob raspeln, mit Salz bestreuen und für 10 Minuten beiseitestellen. Anschließend das Wasser aus den Raspeln drücken.

6 Den Joghurt in einer Schüssel glattrühren. Den Knoblauch schälen und durch eine Presse dazudrücken. Gurkenraspel, Olivenöl, Salz und Pfeffer untermischen. Sauce in eine Schale umfüllen, mit Dill und Pfefferminze bestreuen; zu den Fladen servieren.

Jedes Teigstück auf der bemehlten Arbeitsfläche zu einer glatten Kugel rollen.

Jede Kugel mit der Handfläche – bei Bedarf diese bemehlen – ein wenig flach drücken.

Anschließend zu einem runden Fladen von 15 cm Durchmesser ausrollen.

Piadina

Für 5 Stück
500 g Mehl
½ Würfel Hefe
230 ml lauwarme Milch
50 g weiches Schweineschmalz
1 Ei
½ TL Salz
1 Prise Zucker

Außerdem
1 Piadina-Tonplatte oder
  1 gusseiserne Pfanne

1 Das Mehl in eine Schüssel sieben und in die Mitte eine Mulde drücken. Die Hefe hineinbröckeln und mit der Milch auflösen, dabei etwas Mehl vom Rand mit untermischen. Den Teigansatz mit Mehl bestäuben. Die Schüssel mit einem Tuch abdecken und den Vorteig an einem warmen, zugfreien Ort gehen lassen, bis die Oberfläche Risse zeigt.

2 Das Schweineschmalz, das Ei, Salz und Zucker zum Vorteig geben. Alle Zutaten zunächst mit einem Holzlöffel verrühren, dann mit den Händen zu einem glatten Teig verkneten. Den Teig zu einer Kugel formen, in die Schüssel legen und zugedeckt nochmals gehen lassen.

3 Den Teig kräftig durchkneten und zu einer etwa 6 cm dicken Rolle formen. Diese in 5 Stücke von je 160 g teilen.

4 Die Teigstücke auf einer leicht bemehlten Arbeitsfläche zu Fladen von 25 cm Durchmesser ausrollen.

5 Die Tonplatte oder die Pfanne ohne Fett erhitzen. Die Fladen nacheinander darauf backen, wie in der Bildfolge unten beschrieben. Die gebackenen Fladen von der Platte bzw. aus der Pfanne nehmen; auskühlen lassen.

Tipps Spezielle Tonplatten zum Backen für Piadina sind außerhalb Italiens schwer zu bekommen. Stattdessen können Sie die dünnen Teigfladen in einer schweren, gusseisernen, unbeschichteten Pfanne backen.

Piadina kann nach Belieben mit Schinken, Salami, Tomaten und Mozzarella sowie Spinat, Käse, Rucola und vielem mehr belegt oder gefüllt werden.

Den Teigfladen auf die heiße Tonplatte legen. Dabei darauf achten, dass keine Luftblasen entstehen.

Mit einer Gabel mehrmals dicht nebeneinander einstechen, damit Luft entweichen kann.

Den Fladen unter mehrmaligem Wenden in 8 bis 10 Minuten backen, bis er schön gebräunt ist.

Walnussbrot

Für den Teig
200 g grob gehackte Walnusskerne
100 g grober Weizenschrot
2 TL Puderzucker
300 g Weizenmehl Type 550
200 g Roggenmehl Type 1370
1 Würfel Hefe
1 EL brauner Zucker
⅜ l lauwarme Milch
3 TL Salz

Außerdem
1 Backblech
Mehl für das Backblech

1 Die Nüsse in einer beschichteten Pfanne ohne Fettzugabe unter ständigem Wenden rösten, bis sie angenehm zu duften beginnen und leicht Farbe annehmen. Aus der Pfanne nehmen.

2 Den Weizenschrot in die Pfanne geben und ebenfalls unter Rühren leicht anrösten. Die Nüsse untermischen. Den Puderzucker darüberstreuen und unter Rühren karamellisieren lassen. Die Mischung in eine Schüssel füllen und etwas abkühlen lassen.

3 Weizen- und Roggenmehl in einer Schüssel miteinander vermischen. Über die Nussmischung sieben. In die Mitte eine Mulde drücken.

4 Die Hefe in die Mulde bröckeln und den braunen Zucker zufügen. Etwas lauwarme Milch in die Mulde gießen und die Hefe darin unter Rühren auflösen, dabei etwas Mehl vom Rand mit untermischen.

5 Den Teigansatz dünn mit Mehl bestauben. Die Schüssel mit einem sauberen Tuch bedecken und an einen warmen, zugfreien Ort stellen. Den Vorteig etwa 15 Minuten gehen lassen, bis die Oberfläche Risse zeigt.

6 Das Salz auf den Mehlrand streuen. Die restliche Milch in die Schüssel gießen; alle Zutaten miteinander verrühren, dabei von der Mitte aus beginnen.

7 Mit den Händen so lange kneten, bis ein geschmeidiger Teig entstanden ist. Die Schüssel erneut abdecken und den Teig etwa 30 Minuten ruhen lassen, bis sich sein Volumen deutlich vergrößert hat.

8 Das Backblech mit Mehl bestauben. Den Teig kräftig durchkneten und zu einem länglichen Laib formen. Auf das Backblech legen; den Laib mit Mehl bestauben und zugedeckt etwa 45 Minuten ruhen lassen. Inzwischen den Backofen auf 200 °C vorheizen.

9 Das Walnussbrot im vorgeheizten Ofen (Mitte) etwa 45 Minuten backen. Herausnehmen, vom Blech nehmen und auf einem Kuchengitter vollständig auskühlen lassen.

Kürbisbrot

1 Kürbis (etwa 1 kg schwer)

Für den Teig
100 ml lauwarme Milch
½ Würfel Hefe
1½ EL brauner Zucker
350 g Dinkelmehl
350 g Weizenmehl Type 1050
1 TL gemahlener Ingwer
2 TL Meersalz
25 g weiche Butter

Außerdem
Alufolie, 1 Backblech
1 Brotformkörbchen von
   24 cm Durchmesser
Mehl für das Körbchen und das
   Blech, Öl für das Blech

1 Den Backofen auf 180 °C vorheizen. Kürbis vierteln, mit einem Löffel das faserige Innere mitsamt der Samen entfernen. Kürbisstücke einzeln in Alufolie wickeln; auf dem Blech in 1 Stunde im Ofen (Mitte) weich garen.

2 Kürbisstücke etwas abkühlen lassen; aus der Folie wickeln. Das Fruchtfleisch mit einem Messer aus der Schale lösen und durch ein feines Sieb streichen.

3 Für den Teig die Milch in eine Rührschüssel gießen. Die Hefe hineinbröckeln, den Zucker zufügen und beides mit der Milch unter Rühren auflösen.

4 Die beiden Mehlsorten mischen. 6 EL der Mehlmischung unter die Hefemilch rühren. Die Schüssel mit einem Tuch abdecken und den Vorteig zugedeckt an einem warmen Ort etwa 15 Minuten gehen lassen.

5 Das Kürbispüree nach und nach mit dem Knethaken der Küchenmaschine unter den Vorteig rühren. Das Ganze mit Ingwer und Salz würzen und etwa ein Drittel des Mehls einarbeiten.

6 Das restliche Mehl nach und nach darunterkneten, dann alles mit der Butter zu einem glatten Teig verarbeiten. Je nach Konsistenz des Kürbispürees kann die benötigte Mehlmenge variieren. Der Teig ist dann richtig, wenn er sich gut vom Rand der Rührschüssel löst.

7 Den Teig aus der Schüssel nehmen und weiterverfahren, wie im ersten und zweiten Bild der Bildfolge unten gezeigt.

8 Eine Tasse Wasser unten in den Ofen stellen. Den Backofen auf 220 °C vorheizen. Das Backblech mit dem Brot in den Ofen (Mitte) schieben und bei 220 °C etwa 15 Minuten backen.

9 Anschließend die Backofentemperatur auf 200 °C reduzieren und das Kürbisbrot in etwa 35 Minuten fertigbacken.

Das Brotformkörbchen mit Mehl ausstauben; Teig hineinlegen. Zugedeckt gehen lassen, bis sich sein Volumen verdoppelt hat.

Ein Backblech mit Öl fetten und mit Mehl bestauben. Den geformten Brotteig daraufstürzen und erneut kurz gehen lassen.

Das Brot im Ofen bei 220 °C etwa 15 Minuten backen. Temperatur auf 200 °C senken und das Brot in 35 Minuten fertigbacken.

Glossar
und Register

Glossar

Abbrennen: Zur Herstellung von Brandteig wird Mehl in kochend heiße Flüssigkeit gerührt, bis sich der Teig als Kloß vom Topfboden löst (Seite 405) und diesen eine weiße Haut überzieht.

Anwirken: Marzipanrohmasse mit Puderzucker verkneten.

Anziehen lassen: Überzüge erkalten lassen, bis sie beginnen, fest zu werden. Wichtig, wenn mehrere Schichten übereinander aufgetragen werden, die voneinander getrennt bleiben sollen.

Aprikotieren: Gebäck dünn mit heißer, passierter Aprikosenkonfitüre oder mit spezieller Aprikotur überziehen. So entsteht einerseits eine glatte Oberfläche für Glasuren, andererseits haften z. B. aufgestreute Mandelblättchen besser.

Aufbacken: Fertig- oder Vorgebackenes vor dem Servieren im Ofen noch einmal erhitzen. Dazu eignet sich nur unglasiertes Gebäck aus Hefe-, Mürbe-, Blätter- oder Plunderteig.

Aufschlagen: Eischnee, Sahne, Biskuitmasse, Saucen oder Cremes mit einem Schneebesen, Handrührgerät oder Mixstab bearbeiten, bis sie locker und luftig sind und ihr Volumen deutlich vergrößert haben.

Baiser: eine Schaummasse aus Eischnee und Zucker, die im Ofen mehr getrocknet als gebacken wurde.

Bayerische Creme/Creme Bavaroise: wird auf der Basis von Vanillecreme mit Gelatine und geschlagener Sahne hergestellt.

Blanchieren: Früchte oder Mandeln mit kochendem Wasser überbrühen, um sie leichter von der Haut befreien zu können.

Blindbacken: Mürbeteig ohne Belag (vor)backen. Damit der Teigrand nicht nach unten zusammenrutscht, wird der Teig mit Pergament- oder Backpapier ausgelegt und mit getrockneten Hülsenfrüchten bedeckt. Man kann auch einen Streifen aus Alufolie oben um den Teigrand legen.

Brandig/brüchig werden: Verlust der Bindung bei Mürbeteig, der zu lange bearbeitet und dabei zu warm geworden ist.

Canache: aufgekochte Sahne, in der man Kuvertüre schmelzen lässt. Sie erstarrt je nach Kuvertüreanteil beim Erkalten oder bleibt flüssig und kann aufgeschlagen werden.

Dekorieren: Gebäck oder Konfekt verzieren. Dazu eignen sich etwa gespritzte Ornamente, geraspelte Schokolade, Marzipanblumen oder kandierte Früchte.

Dressieren: Teige, Massen oder Cremes zum Beispiel mit dem Spritzbeutel und entsprechenden Tüllen in eine gewünschte Form bringen.

Englische Creme: Vanillesauce; dickflüssige, vielseitig einsetzbare Grundcreme.

Erstarren: Festwerden von Cremes oder Gelees.

Flämmen: Baiser- oder Makronenmasse »Farbe geben« durch kurzes Überbacken bei starker Oberhitze oder unter dem Grill.

Fondant: zartschmelzende weiße Glasurmasse aus feinsten Zuckerkristallen und Zuckersirup.

Garnierkamm: mit Kerbungen versehener Plastikkamm zum Herstellen von Linien und Wellen zur Dekoration.

Gehen lassen: Hefeteig mit einem Küchentuch oder mit Folie zugedeckt an einen warmen, zugfreien Ort stellen, damit der Teig durch die von der Hefe ausgelöste Gärung sein Volumen vergrößert und locker wird.

GLOSSAR

Glossar

Gelatine: geschmackloses, durchsichtiges Geliermittel tierischen Ursprungs; wird in Weiß (farblos) und Rot angeboten. Zunächst wird sie kalt eingeweicht, dann warm aufgelöst.

Glasieren: Gebäck mit einem Überzug aus Zuckerglasur oder Fondant versehen.

Glucosesirup: Zuckersirup aus Traubenzucker, Dextrinen (Stärkeprodukten) und Wasser, verhindert unerwünschtes Auskristallisieren.

Hagelzucker: grob kristalliner weißer Zucker, der zum Bestreuen von Gebäck verwendet wird.

Homogenisieren: Zutaten einer Creme oder Glasur mit dem Mixstab oder im Mixer gleichmäßig verrühren.

Karamellisieren: das Schmelzen von Zucker bis zur gewünschten Farbe (gold bis braun); aber auch das Überziehen von Obst und Nüssen mit karamellisiertem Zucker.

Konditorcreme/Creme pâtissière: gekochte Creme aus Milch, Zucker und Eigelb, mit Speisestärke gebunden.

Krokant: Bezeichnung für eine Verbindung von geschmolzenem Zucker und Mandeln oder Nüssen. Wird vor der Verwendung zerstoßen. Eignet sich zum Dekorieren von Kuchen und Torten.

Kuvertüre: Schokoladenüberzugsmasse, die sich speziell zum Überziehen von Gebäck oder Konfekt eignet.

Läuterzucker: klarer, gekochter Sirup aus Wasser und Zucker zum Tränken von Gebäck und für Cremes.

Melieren: vorsichtiges Mischen bzw. Unterziehen von Zutaten unterschiedlicher Konsistenz mit Hilfe eines Spatels unter eine Schaummasse (z. B. Eischnee). Die Schaummasse darf dabei nicht an Volumen verlieren.

Meringue: französische Bezeichnung für Baiser.

Mille-feuille: »Tausend Blätter«, französische Bezeichnung für Blätterteig.

Passieren: eine Masse wie Quark oder weich gekochte Früchte (z. B. Äpfel oder Quitten) bzw.

weiche Beeren (z. B. Himbeeren) durch ein Sieb streichen, um eine glatte Masse zu erhalten bzw. um sämtliche Klümpchen und Kernchen aus der Masse zu entfernen.

Puderzucker: sehr fein zermahlener Zucker. Wird vor allem dort eingesetzt, wo sich Zuckerkristalle nicht so leicht lösen können, und zum Bestauben von Gebäck.

Raum- oder Zimmertemperatur: liegt um die 20 °C. Zutaten für Hefe- und Rührteig sollten vor der Zubereitung Raumtemperatur angenommen haben.

Reduzieren: Einkochen von Flüssigkeiten durch Verdampfen, um deren Konsistenz dickflüssiger zu machen und ein intensiveres Aroma zu erzeugen.

Sabayon: mit Weißwein, Rotwein oder Dessertwein (wie Marsala oder Vin Santo) aufgeschlagene Eierschaumcreme.

Schnittfest schlagen: Eiweiß so lange in einer fettfreien Schüssel aufschlagen, bis ein Schnitt mit dem Messer im Eischnee sichtbar bleibt.

Stäbchenprobe: Garprobe, bei der ein Holzstäbchen in die dickste Stelle eines Gebäcks gesteckt und wieder herausgezogen wird. Haften keine feuchten Teigreste mehr daran, kann das Gebäck aus dem Ofen genommen werden.

Tablieren: Abkühlen von erwärmter Kuvertüre oder gekochtem Zucker (für Fondant) durch Aufstreichen auf eine kühle Platte (z. B. eine Marmorplatte) oder ständiges Durchmischen mit einer Palette.

Temperieren: Schmelzen, Abkühlen und langsames Wiedererwärmen (bis 32 °C) von Schokolade.

Tourieren/Touren geben: Teige, in die Butterschichten eingearbeitet werden sollen (wie Plunder- und Blätterteig), mehrfach zusammenlegen und wieder ausrollen.

Tränken: Beträufeln von lockerem luftigem Gebäck mit Zuckersirup und/oder anderen aromatischen Flüssigkeiten.

Warm- und Kaltschlagen: eine Masse unter Hitzezufuhr zu größerem Volumen aufschlagen, dann ohne Hitzezufuhr weiterschlagen, bis sie wieder abgekühlt ist. Eine derart zubereitete Masse (Biskuit, Baiser) wird besonders stabil.

Wasserbad: ein mit heißem oder kaltem Wasser gefüllter Behälter, in den eine Schüssel oder ein Schlagkessel (beides möglichst aus Metall) eingesetzt wird, der nur knapp das Wasser im Topf berührt. Etwa zum Warm- oder Kaltschlagen von Cremes oder Massen, zum Schmelzen von Kuvertüre.

Zesten: feine Streifen von Zitrusschalen, entweder mit dem Messer dünn abgeschält oder mit dem Zestenreißer (Zesteur) hergestellt.

Zur Rose abziehen: eine Creme unter Rühren erhitzen, bis sie so leicht andickt, dass sie auf einem Kochlöffel liegen bleibt und sich beim Daraufblasen Kringel bilden, die an eine Rose erinnern.

REGISTER

Sachregister

Grundrezepte und Rezepte mit Bildfolgen sind *kursiv* gesetzt.

A

Agar-Agar 8
Ahornsirup 8
Amarettiboden-Torte zubereiten 336
Amaretto 292
Amaretto-Bittermandel-Aroma 292
Ananastörtchen zubereiten 342
Anis 8
Apfelstrudel zubereiten 239
Aprikotur zubereiten 115
Aromen 292 f.
Arrak 292
Ausmahlungsgrad, von Mehl 244

B

Backaromen 9, 292 f.
Backbleche 99
Backblechrolle 110
Backformen 98 f.
– *auslegen* 184
Backhefe 94
Backkugeln 100
Backmatten 147
Backofenthermometer 110
Backpapier 10, 110
Backpinsel 110
Backpulver 10
Baisermasse 75
– *für Torte zubereiten* 285
– *zubereiten* 76 f.
Bayerische Creme zubereiten 116
Bergamotte 68
Birnenkuchen zubereiten 232
Biskuitboden zubereiten 78 f.
Biskuitroulade zubereiten 80 f., 264
Bittermandelaroma 293

Bittermandeln 36
Bitterschokolade 56
Blätterkrokant 130
Blätterteig 11
– als Tortenboden 275
– *zubereiten* 82 f., 85
Blattgelatine 125
Blindbacken 100 f.
Blitzblätterteig zubereiten 85
Blockschokolade 11
Blütenblätter überzuckern 146
Blütenhonig 26
Bourbon-Vanillezucker 63
Brandteig zubereiten 88 f., 355
– *für Flockenschnitten* 288
– *für Torte* 282
Branntweine 292
brauner Sesam 58
brauner Zucker 70
Brickteig 11
Brioches formen 376
Brot, italienisches 386 f.
Brotgetreide 244
Brotteig 94
Buchweizen 12
Butter 12
Butterkekskuchen herstellen 340
Butterkrokant 130
Butterkuchen zubereiten 226
Butterschmalz 12

C

Calzone zubereiten 372
Canache-Glasur zubereiten 119
Cashewnuss 46
Ceylonzimt 66
Chinesischer Zimt 66
Ciabatta 386
Cream cheese 14
Crème double 14
Crème fraîche 14
Crème pâtissière 128
Croissants herstellen 379

D

Dattel 15
Demerara-Zucker 71
Dinkel 15
Dinkelgrieß 22
Dinkelmehl 15, 245
doppelgriffiges Mehl 245
Dunst 245

E

Eier 16 f.
– Gewichte 86
– *trennen* 75
Eiweißglasur herstellen 121
Elsässer Flammkuchen belegen 367
Englische Creme 144
Erdnuss 46
Esslöffel, Mengen 87
EU-Kennzeichnung, von Eiern 17

F

Farinzucker 70
Fenchelsamen 18
Filoteig 18
Fleur de sel 54
Flüssigkeiten, Mengen 87
Focaccia 386
Fondant 18
– *herstellen* 122 f.
Frischkäse 20
Fromage blanc 20
Früchte, kandierte 29
Fruchtscheiben kandieren 147

G

Gelatine 21
– *auflösen* 125, 335
Gemüsestrudel zubereiten 348
Gewichte 87
Gewürznelke 22
gezuckerte Blütenblätter herstellen 146
Gianduia 43

SACHREGISTER

Glucosesirup 119
Gluten 15, 35, 40, 244
Grammangaben 87
Grissini 387
Grünkernmehl 23
Gugelhupf zubereiten 190
Gugelhupfform 99

H

Hafer 24
Haferflocken 24
Hafermehl 24
Handrührgerät 111
Hartweizengrieß 22
Haselnuss 46
Hefe 25, 94
Hefeteig 90, 92
 – *zubereiten, für Brot* 95
 – *zubereiten, kalt geführt* 93
 – *zubereiten, warm geführt* 91
Himbeerroulade zubereiten 262
Hirschhornsalz 26
Hirse 26
Holländer Kirschtorte zubereiten 276
Holländischer Blätterteig 82, 85
Holzlöffel 111
Honig 26
Hüttenkäse 20

I

Indischer Sesam 58
Ingwer 27
Instant-Gelatine 125
Italienisches Brot 386 f.

J

Joghurt 27

K

Kaffee 176 f.
Kaffeesahne 138
Kaffeetorte zubereiten 311
Kakao 28
Kakaoglasur 58

kandierte Früchte 29
kandierte Fruchtscheiben herstellen 147
Karamell kochen 127
Karamelldecke herstellen 308
Karamellgitter formen 127
Kardamom 30
Kartoffelstärke 30
Käsesahne zubereiten 280
Kassiarinde 66
Kastenform 98
 – *auslegen* 184
Kefir 31
Kiwi-Quark-Torte zubereiten 267
Klebereiweiß 40
Kochschokolade 11
Kokosfett 21
Kokosmilch 31
Kokosnuss auslösen 290
Kokosraspeln 31
Kolatschen herstellen 158
Konditorcreme herstellen 128
Konfitüre 32
Königskuchen zubereiten 186
Koriandersamen 32
Korinthen 53
Krachmandeln 36
Kristallzucker 71
Krokant 32
 – *herstellen* 130 f.
Kuchengitter 111
Küchenmaschine 111
Küchenwaage 86
Kumquat 68
Kürbisbrot zubereiten 401
Kuvertüre 33
 – *temperieren* 132 f.

L

Lagerung
 – von Eiern 16
 – von Kaffee 176
 – von Mehl 245
Lebensmittelfarben 34
Lebkuchengewürz 34

Leinsamen 34
Limette 69
Linzertorte zubereiten 208
Löffelbiskuits 80
 – *zubereiten* 306
Löffelmaß 87

M

Macadamia 46
Magerquark 51
Maisgrieß 22
Maismehl 35
Maisstärke 35
Mandarine 68, 69
Mandeln 36 f.
Mandelschnitten herstellen 168
Maracujawürfel herstellen 268
Margaretenkuchen zubereiten 204
Margarine 38
Marmelade 38
Marzipan 39
Marzipanmantel mit Glasur überziehen 135
Marzipanrohmasse kneten 134
Meersalz 54
Mehl 40 f., 244
Melasse 59
Meringuemasse 75
Messbecher 86
Milch 42
Milchreis 42
Milchschokolade 56
Mille-feuille 82
Mohn 42
Mohnbrötchen zubereiten 380
Mohrenköpfe 80
Muffins backen 152
Mürbeteig backen 100 f.
Mürbeteig zubereiten 96 f.
Muskatnuss 43

409

REGISTER

N
Natron 43
Nelken 22
Nelkenpfeffer 49
Nougat 43
Nudelholz 111
Nüsse 44 ff.
Nusshörnchen formen 157

O
Oblaten 48
Obstkuchenform 99
Orangeat 48
Orangen 68, 69
– *filetieren* 274
Orangenblütenwasser 49, 293
Ornamente
– *aufspritzen* 136 f.
– aus Eiweißglasur 121
– aus Karamell 127
– in Puderzucker 304
Osterzopf herstellen 192

P
Pampelmuse 68
Paranuss 47
Pariser Creme 119
Persipan 39
Pfirsichauflauf zubereiten 320
Pflanzenöl 50
Piadina 387
– *backen* 397
Piment 49
Pinienkerne 47
Pistazien 47
Pitabrot formen 394
Pizza backen 102 f.
Pizza belegen 359
Pizzabrot 387
Pizzaschneider 111
Plunderteig herstellen 104 f.
Pomeranze 68
Pottasche 50
Puderzucker 71
Pulvergelatine 125

Q
Quark 20, 51
Quarkkuchen 214
Quark-Öl-Teig
herstellen 106

R
Raffinade 71
Rahm 54
Ricotta 20, 51
Roggen 52
Roggenmehl 40 f., 245
Roggenschrot 52
Rohrzucker 71
Rollholz 111
Rosenwasser 52, 293
Rosinen 53
Rührschüssel 111
Rührteig zubereiten 109
Rumaroma 293
Rundkornreis 42

S
Safran 54
Sahne 54
– *steif schlagen* 138 f.
Salz 54
salziger Mürbeteig 96
Sauerrahm 55
Sauerteig 55, 112
– *ansetzen* 113
Schlagsahne 138
Schmand 55
Schneebesen 111
Schokolade 11, 33, 56 f.
Schokoladenblätter
herstellen 142 f.
Schokoladenblüten
herstellen 137
Schokoladen-Dekorationen 142
Schokoladenfettglasur 58
Schokoladenröllchen
herstellen 142 f., 300
Schokoladenroulade
herstellen 302

Schokoladen-Sahnecreme
herstellen 140
schwarzer Sesam 58
Schwarzwälder Kirschtorte
zubereiten 294
Schwarz-Weiß-Gebäck
herstellen 160
Schwimmtest,
bei Eiern 17
Sesam 58
Sirup 59
Sofort-Gelatine 125
Sonnenblumenkerne 60
Sortenhonig 26
Soufflé zubereiten 326, 328,
330, 350
Spelz 15
Spezialmehl 245
Springform 98
Spritzbeutel 111
– *verwenden* 136 f.
Spritzdekorationen
herstellen 136 f.
Sternanis 60
Stollen
zubereiten 198
Succanat 71
Sultaninen 53

T
Tee zubereiten 166 f.
Teigschaber 111
Tiefkühl-Blätterteig 85
Topfen 51
Tortelettform 99
Tortenguss 60
Tortenheber 111
Touren 82, 104
Trockenfrüchte 61
Trockenhefe 94
Typen, von Mehl 244 f.

U
Umrechnungstabellen 87
Ursüße 71

Rezeptregister

V
Vanille 62 f., 293
Vanillecreme 139
– *herstellen* 144 f.
Vanilleessenz 63
Vanilleschoten 62
Vanillezucker 63, 293
Vanillinzucker 63, 293
Vollkornmehl 244 f.
Vollrohrzucker 71

W
Waldhonig 26
Walnuss 47
Watruschki
  herstellen 360
Weinbeeren 53
Weincreme 139
Weinstein 64
weiße Schokolade 56
Weizen 64
Weizengrieß 22
Weizenkleie 65
Weizenmehl 40 f., 65, 245
Wiener Masse 78
Windbeutel füllen 154
Winkelpaletten 111

Y
Yufkablätter 66

Z
Zartbitterschokolade 56
Zibeben 53
Zimt 66
Zitronat 67
Zitrone 69
Zitrusfrüchte 68 f.
Zitrusfruchtschalen 67, 293
Zucker 70 f.
Zuckerdekorationen
  herstellen 146 f.
Zuckerglasur 18
Zuckerrohrsirup 59
Zuckerrübensirup 59

A
Acapulco-Kaffee 177
Amaretti: Aprikosen-
  Mascarpone-Torte 336
Amerikanischer
  Cheesecake 215
Ananaskompott,
  für Windbeutel 154
Ananastörtchen 342
Äpfel
  Apfel-Kokos-Kuchen 237
  Apfelkuchen mit Mandelstiften 236
  Apfelstrudel 239
  Scheiterhaufen 315
  Schokoladen-Apfel-
    Kuchen 224
Aprikosen
  Aprikosen-Mascarpone-
    Torte 336
  Aprikosentarte 234
  Aprikosen-Weincreme-
    Torte 278
  Beerenkuchen mit Aprikosen
    und Royale 241
  Mohnsoufflé 330
  Streuselkuchen mit Quark
    und Aprikosen 250
Aprikotur (Grundrezept) 115

B
Baiser
  Aprikosen-Weincreme-
    Torte 278
  Baisermasse (Grundrezept) 76
  Erdbeer-Sahne-Baiser 285
  Johannisbeer-Baiser 242
  Pfirsichauflauf 320
  Stachelbeerkuchen mit
    Baisergitter 246
  Zitronen-Pie 258
Bananentorte mit
  Schokoladensahne 299
Bayerische Creme
  (Grundrezept) 116

Beeren
  Beerenkuchen mit Aprikosen
    und Royale 241
  Beerenkuchen mit
    Löffelbiskuitboden 339
  Beerentörteletts 255
  Fruchtiger Quarkkuchen 270
Birnenbrot 202
Birnenkuchen mit
  Vanillecreme 232
Biskuit
Biskuitboden
  (Grundrezept) 78
Biskuitroulade
  (Grundrezept) 80
Biskuitroulade mit Maracuja-
  Orangen-Sahne 264
Dobostorte 308
Gestreifte Himbeerroulade 262
Kokostorte mit
  Vanillecreme 290
Malakofftorte 306
Schwarzwälder
  Kirschtorte 294
Wein-Biskuitgugelhupf 188
Blätterteig (Grundrezept) 82
Blitzblätterteig (Grundrezept) 85
Brandteig
  Brandteig (Grundrezept) 88
  Erdbeer-Rhabarber-Torte 282
  Flockenschnitten 288
  Profiteroles mit Käse 354
Brioches
  Klassische Brioches 376
  Mirabellen-Brioche-
    Auflauf 317
Brokkoli-Quiche 347
Bun loaf 375
Buttercreme 128
Butterkekse
  Frischkäse-Kirsch-
    Kuchen 338
  Klassischer
    Butterkekskuchen 340
Butterkuchen 226
Butter-Mandel-Gebäck 164

REGISTER

C
Caffè corretto 177
Calzone 372
Canache-Creme
   Canache (Grundrezept) 119
   Schokoladen-Trüffel-Torte 300
Cheesecake (Amerikanischer) 215
Christstollen 198
Ciabatta 388
Croissants 379

D
Dobostorte 308

E
Eierlikör-Kaffee 177
Einfache Käsesahnetorte 280
Eiweißglasur (Grundrezept) 121
Elsässer Flammkuchen 367
Emmentaler
   Käsetörtchen 362
   Käsewähe 363
Erdbeeren
   Erdbeerkuchen mit
      Vanillecreme 240
   Erdbeer-Rhabarber-Torte 282
   Erdbeer-Sahne-Baiser 285
   Erdbeersauce 328
   Erdbeertorte mit
      Frischkäsecreme 261
   Quark-Obst-Kuchen 271
   Rhabarberauflauf 322

F
Feigen: Löffelbrot mit
   Feigenkompott 323
Flockenschnitten 288
Florentiner 174
Focaccia: Oliven-Focaccia 384
Fondant (Grundrezept) 122
Frischkäse
   Beerenkuchen mit
      Löffelbiskuitboden 339
   Frischkäsecreme,
      für Erdbeertorte 261

   Frischkäse-Kirsch-Kuchen 338
   Profiteroles mit Käse 354
Früchtebrot 200
Fruchtige Maracujawürfel 268
Fruchtiger Quarkkuchen 270

G
Gefüllte Marzipanplätzchen 180
Gekühlter
   Schokoladenkuchen 225
Gemüsestrudel 348
Gemüsetörtchen 368
Gestreifte Himbeerroulade 262
Greyerzer
   Käsetörtchen 362
   Käsewähe 363
   Mürbes Käsegebäck 356
Grissini (Grundrezept) 387
Gugelhupf
   Gugelhupf mit Rosinen 190
   Wein-Biskuitgugelhupf 188

H
Haferflocken
   Ananastörtchen 342
   Haferflockentaler 174
Hähnchenfleisch: Spanisches
   Brot mit Huhn 371
Haselnuss
   Florentiner 174
   Haselnussmuffins 152
   Orangen-Nuss-Plätzchen 173
Hefeteig
   Hefeteig, für Brot
      (Grundrezept) 94
   Hefeteig, kalt geführt
      (Grundrezept) 92
   Hefeteig, warm geführt
      (Grundrezept) 90
   Hefezopf mit dreierlei
      Füllung 194
Heidelbeerkuchen 251
Himbeeren
   Flockenschnitten 288
   Gestreifte Himbeerroulade 262

   Himbeerplätzchen 164
   Himbeersauce 324
   Himbeertörtchen 231
   Orangen-Clafoutis 318
   Quark-Obst-Kuchen 271
   Holländer Kirschtorte 276
Hot Cross Buns 375

I
Indischer Chai 167
Italienischer Mandelkuchen 221

J
Japonaisböden
   Bananentorte mit
      Schokoladensahne 299
   Kaffeetorte 311
   Joghurt-Krokant-Torte 296
   Joghurtsauce: Pitabrot mit
      Joghurtsauce 394
Johannisbeeren
   Johannisbeer-Baiser 242
   Johannisbeerfladen 249
   Johannisbeer-Tarte 243
   Muffins mit Beeren 151

K
Kaffeetorte 311
Kaffeevarianten 177
Kalte Teebowle mit Früchten 167
Kalte Zitronentarte 335
Karamelldecke: Dobostorte 308
Käsekuchen 212 ff.
   Käsekuchen (Grundrezept) 214
   Käsekuchen mit Rosinen 212
   Käsekuchen ohne Boden 215
   Käsesahnetorte (Einfache) 280
   Käsetörtchen 362
   Käsetorte 352
   Käsewähe 363
Kirschen
   Frischkäse-Kirsch-Kuchen 338
   Holländer Kirschtorte 276
   Kirsch-Clafoutis 319
   Kirschenmichel 316

REZEPTREGISTER

Kirschmuffins 153
Schwarzwälder Kirschtorte 294
Kiwi-Quark-Torte 266
Klassische Brioches 376
Klassische Linzertorte 208
Klassischer Butterkekskuchen 340
Kokosraspel: Apfel-Kokos-Kuchen 237
Kokostorte mit Vanillecreme 290
Kolatschen 159
Konditorcreme (Grundrezept) 128
Königskuchen 186
Krokant
  Joghurt-Krokant-Torte 296
  Krokant (Grundrezept) 130
Kürbis
  Kürbisbrot 401
  Kürbiskuchen 217
Kuvertüre: Schokoladen-Sahnecreme 140

L
Lachsfüllung: Piroschki 361
Latte macchiato 177
Linzertorte (klassische) 208
Löffelbiskuit
  Beerenkuchen mit Löffelbiskuitboden 339
  Löffelbiskuits (Rezept) 306
  Kalte Zitronentarte 335
Löffelbrot mit Feigenkompott 323

M
Madeleines 179
Makronen: Orangen-Mandel-Makronen 181
Malakofftorte 306
Mandeln
  Italienischer Mandelkuchen 221
  Klassische Linzertorte 208
  Mandelbiskuit: Joghurt-Krokant-Torte 296
  Mandelcreme 231
  Mandelplätzchen 164
  Mandelschnitten 168

Orangen-Mandel-Makronen 181
Schokoladenkipferl 171
Vanillekipferl 170
Zimtsterne 172
Mangold-Soufflé 350
Maracuja
  Biskuitroulade mit Maracuja-Orangen-Sahne 264
  Fruchtige Maracujawürfel 268
Margaretenkuchen 204
Marmorkuchen 183
Marzipan
  Gefüllte Madeleines 179
  Gefüllte Marzipanplätzchen 180
  Marzipanmantel (Grundrezept) 134
  Marzipanmöhren 216
  Mazarintorte 304
  Rehrücken mit Marzipan-Schokoladen-Decke 207
Mascarpone: Aprikosen-Mascarpone-Torte 336
Mazarintorte 304
Miesmuscheln: Pizza mit Muscheln 359
Mirabellen-Brioche-Auflauf 317
Mohn
  Mohnbrötchen 380
  Mohnfüllung, für Hefezopf 194
  Mohnkuchen 222
  Mohnsoufflé 330
  Mohnstreuselkuchen 228
Möhrentorte 216
Muffins
  Haselnussmuffins 152
  Kirschmuffins 153
  Muffins mit Beeren 151
  Mürbes Käsegebäck 356
  Mürbeteig (Grundrezepte) 96

N
Nektarinenkompott, für Windbeutel 154
Nussfüllung, für Hefezopf 194
Nusshörnchen 156

O
Oblatentorte 312
Oliven
  Olivenbrot 390
  Oliven-Focaccia 384
  Spanisches Paprikabrot 370
Orangen
  Biskuitroulade mit Maracuja-Orangen-Sahne 264
  Orangen-Clafoutis 318
  Orangencreme 296
  Orangencremetorte (Variante) 301
  Orangenkaffee 177
  Orangenkuchen 206
  Orangen-Mandel-Makronen 181
  Orangen-Nussplätzchen 173
  Orangenpunsch 167
  Orangen-Quark-Torte 274
  Orangensauce 333
  Orangen-Tarte 256
Osterbrote 192
Osterzopf 192
Ostfriesenpunsch 167

P
Panettone 197
Paprikaschoten: Spanisches Paprikabrot 370
Pfirsichauflauf 320
Pharisäer 177
Piadina 397
Piroschki 361
Pitabrot mit Joghurtsauce 394
Pizza
  Pizza Margherita (Grundrezept) 102
  Pizza mit Muscheln 359
  Pizzabrot (Grundrezept) 387
Plunderteig
  Nusshörnchen 156
  Plunderteig (Grundrezept) 104
  Schoko-Plunder 157
Profiteroles mit Käse 354

Q

Quark
Apfel-Kokos-Kuchen 237
Einfache Käsesahnetorte 280
Fruchtiger Quarkkuchen 270
Kiwi-Quark-Torte 266
Orangen-Quark-Torte 274
Quark-Obst-Kuchen 271
Quark-Öl-Teig
  (Grundrezept) 106
Quark-Streuselkuchen 229
Schokoladen-Quark-Kuchen 213
Streuselkuchen mit Quark und
  Aprikosen 250
Watruschki 360
Quiche mit Kartoffeln 346

R

Rehrücken mit Marzipan-
  Schokoladen-Decke 207
Rhabarber
Erdbeer-Rhabarber-Torte 282
Rhabarberauflauf 322
Rhabarberkuchen 235
Rieslingtorte 286
Rooibus-Punsch 167
Royale, für Beerenkuchen 241
Rührteig (Grundrezept) 109
Rustikales Weißbrot 389

S

Sachertorte 273
Salzburger Nockerln 324
Sandkuchen 184
Sauerteig (Grundrezept) 112
Scheiterhaufen 315
Schinken-Gemüse-Torte 364
Schneller Käsekuchen ohne
  Boden 215
Schokolade
Bananentorte mit
  Schokoladensahne 299
Gekühlter Schokoladen-
  kuchen 225
Schokoladen-Apfel-Kuchen 224
Schokoladenkipferl 171
Schokoladen-Quark-
  Kuchen 213
Schokoladenröllchen 295, 300
Schokoladenroulade 302
Schokoladen-Sahnecreme 140
Schokoladensoufflé 328
Schokoladenspäne 295
Schokoladenstreusel 229
Schokoladen-Trüffel-Torte 300
Schokoladen-Zimtsterne 172
Schoko-Plunder 157
Schokoladenbiskuit
Sachertorte 273
Schokoladenroulade 302
Schokoladen-Trüffel-Torte 300
Schwarzwälder Kirschtorte 294
Schwarz-Weiß-Gebäck 160
Sesamringe aus gewürztem
  Hefeteig 382
Shortbread-Variationen 163
Spanische Vanilletorte 211
Spanisches Brot mit Huhn 371
Spanisches Paprikabrot 370
Stachelbeerkuchen mit
  Baisergitter 246
Stachelbeerkuchen vom Blech 248
Stollen: Christstollen 198
Streuselkuchen 228 f., 251, 252
Streuselkuchen mit Quark und
  Aprikosen 250
Strudel
Apfelstrudel 239
Gemüsestrudel 348

T

Teebowle, kalte, mit Früchten 167
Tomatenbrot 390
Traubentarte 254

V

Vanille
Kokostorte mit Vanillecreme 290
Spanische Vanilletorte 211
Vanillecreme (Grundrezept) 144
Vanillecreme,
  für Birnenkuchen 232
  für Erdbeerkuchen 240
Vanillekipferl 170
Vanillesauce
Kirschenmichel 316
Rhabarberauflauf 322
Vanillesoufflé 326

W

Walnuss
Walnussbrot 398
Walnusstarte 218
Watruschki 360
Wein-Biskuitgugelhupf 188
Weincreme
Aprikosen-Weincreme-
  Torte 278
Fruchtige Maracujawürfel 268
Rieslingtorte 286
Scheiterhaufen 315
Weinschaumsauce (rot):
  Kirsch-Clafoutis 319
Weißbrot 389
Windbeutel mit dreierlei
  Fruchtkompott 154
Würziges Tomatenbrot 390

Z

Zimt
Zimt-Mandel-Belag:
  Quark-Öl-Teig 106
Zimtsterne 172
Zitronen
Kalte Zitronentarte 335
Zitronencreme,
  für Beerentorteletts 255
Zitronen-Pie 258
Zitronensoufflé 333
Zitrusfrüchtekompott,
  für Windbeutel 154
Zwetschgendatschi 252
Zwiebeln
Elsässer Flammkuchen 367
Zwiebelkuchen 345

Wahrer Genuss beginnt schon vor dem Genuss.

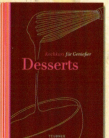

Für ein Kocherlebnis, wie es im Buche steht, müssen Sie einfach den Profis über die Schulter schauen.
Jetzt in der neuen Reihe von TEUBNER, der Kochkurs für Genießer: Desserts.

www.teubner-verlag.de

Impressum

VERLAG	© 2008 TEUBNER
	Grillparzerstr. 12
	D-81675 München
	TEUBNER ist ein Unternehmen
	des Verlagshauses GRÄFE UND UNZER,
	GANSKE VERLAGSGRUPPE
	Teubner-Leserservice@graefe-und-unzer.de
	www.teubner-verlag.de
VERLAGSLEITUNG	Dorothee Seeliger
PROJEKTLEITUNG	Claudia Bruckmann
REDAKTION	Redaktionsbüro Cornelia Klaeger, München
TEXT	Claudia Bruckmann (Extra-Seiten)
FOTOGRAFIE	Dorothee Gödert, Frankfurt (siehe Bildnachweis unten); Teubner Foodfoto, Füssen
TITELFOTO	Eising FoodPhotography (Martina Görlach), München
LAYOUT/DTP	h3a GmbH, München
HERSTELLUNG	Susanne Mühldorfer
REPRODUKTION	Repromayer GmbH, Reutlingen
DRUCK	aprinta, Wemding
BINDUNG	m. appl, Wemding
AUFLAGE/JAHR	3. Auflage 2010
SYNDICATION	www.jalag-syndication.de

Wir danken der Firma die Bereitstellung der verschiedenen Küchenutensilien.

GRÄFE UND UNZER
Ein Unternehmen der
GANSKE VERLAGSGRUPPE

Liebe Leserin und lieber Leser,

wir freuen uns, dass Sie sich für ein TEUBNER-Buch entschieden haben. Mit Ihrem Kauf setzen Sie auf die Qualität, Kompetenz und Aktualität unserer Bücher. Dafür sagen wir Danke! Ihre Meinung ist uns wichtig, daher senden Sie uns bitte Ihre Anregungen, Kritik oder Lob zu unseren Büchern. Haben Sie Fragen oder benötigen Sie weiteren Rat zum Thema? Wir freuen uns auf Ihre Nachricht!

Wir sind für Sie da!
Montag – Donnerstag:
8.00 – 18.00 Uhr
Freitag: 8.00 – 16.00 Uhr

Tel.: 01 80-5 00 50 54*
Fax: 01 80-5 01 20 54*
*(0,14 €/Min. aus dem dt. Festnetz/ Mobilfunkpreise maximal 0,42 €/Min.)
E-Mail:
leserservice@graefe-und-unzer.de

P.S. Wollen Sie noch mehr Aktuelles von TEUBNER wissen, dann abonnieren Sie doch unseren kostenlosen Genuss-Newsletter und/oder unser kostenloses TEUBNER MAGAZIN.

GRÄFE UND UNZER Verlag
Leserservice
Postfach 86 03 13
81630 München

BILDNACHWEIS

Dorothee Gödert, Frankfurt: Seiten: 2, 3, 4, 5, 6, 7, 9, 10, 11, 13, 14 (Mitte),18 (Mitte, unten), 19, 22 (unten), 23, 25, 26 (oben), 27 (unten), 28, 29, 30, 31 (oben, unten), 32 (oben, unten), 33, 34 (oben, Mitte), 36, 38, 39, 40, 43 (unten), 44, 45, 46 (oben), 47 (unten),48, 49, 50 (oben), 51, 52 (unten),53 (oben rechts), 55 (Mitte, unten), 56, 57, 58 (oben), 59 (unten) 60 (oben, unten), 61, 62, 63, 65 (oben), 66 (unten), 67, 70, 71 (oben rechts), 72, 73, 74, 82, 84, 85, 86, 87, 88, 90, 92, 94, 98, 99, 100, 104, 106, 107, 108, 110, 111, 112, 114, 116, 118, 120, 121, 122, 124, 125, 126, 129, 130, 131, 132, 136, 137, 138, 139, 141, 142, 144, 145, 146, 147, 148,149, 150, 156, 157, 159, 161, 162, 164, 165, 166, 167, 172, 173, 175, 176, 177, 182, 183, 193, 195, 196, 197, 207, 210, 211, 213, 214, 215, 216, 218, 220, 223, 224, 225, 228, 230, 235, 244, 245, 247, 251, 252, 253, 259, 272, 273, 277, 284, 291, 292, 293, 295, 298, 303, 307, 310, 313, 314, 315, 321, 329, 331, 334, 335, 336, 337, 338, 339, 340, 341, 342, 343, 344, 349, 351, 356, 360, 363, 373, 374, 378, 380, 385, 386, 387, 388, 389, 402, 403, 405, 406

alle anderen Fotos: Teubner Foodfoto, Füssen

Das Werk einschließlich aller seiner Teile ist urheberrechtlich geschützt. Jede Verwertung außerhalb der engen Grenzen des Urheberrechtsgesetzes ist ohne Zustimmung des Verlages Gräfe und Unzer GmbH unzulässig und strafbar.
Das gilt insbesondere für Vervielfältigungen, Übersetzungen, Mikroverfilmungen und die Einspeicherung und Verarbeitung in elektronischen Systemen.

ISBN 978-3-8338-1087-9